零基础学
财报编制与分析

会计真账实操训练营 编著

中国铁道出版社有限公司
CHINA RAILWAY PUBLISHING HOUSE CO., LTD.

图书在版编目（CIP）数据

零基础学财报编制与分析/会计真账实操训练营
编著．—北京：中国铁道出版社有限公司,2023.3
ISBN 978-7-113-29700-8

Ⅰ．①零… Ⅱ．①会… Ⅲ．①会计报表-编制②会计
报表-会计分析 Ⅳ．①F231.5

中国版本图书馆 CIP 数据核字（2022）第 181664 号

书　　名：**零基础学财报编制与分析**
　　　　　LING JICHU XUE CAIBAO BIANZHI YU FENXI
作　　者：会计真账实操训练营

责任编辑：王淑艳　　　　编辑部电话：（010)51873022　　电子邮箱：554890432@qq.com
封面设计：喀左动力
责任校对：孙　玫
责任印制：赵星辰

出版发行：中国铁道出版社有限公司（100054，北京市西城区右安门西街 8 号）
网　　址：http://www.tdpress.com
印　　刷：北京柏力行彩印有限公司
版　　次：2023 年 3 月第 1 版　2023 年 3 月第 1 次印刷
开　　本：710 mm×1 000 mm 1/16　印张：16　字数：268 千
书　　号：ISBN 978-7-113-29700-8
定　　价：69.80 元

前　言

　　企业非常重视财务报表，财务人员每月工作都会涉及财务报表的编制、上报与分析。在实务中，他们还要通过对各种数据的分析，为企业负责人提供有用的信息，以便及时调整经营策略。

　　为解决企业在财务报告编制中的实际问题，规范企业财务报表列报，提高会计信息质量，财政部发出《关于修订印发 2019 年度一般企业财务报表格式的通知》，对资产负债表、利润表、现金流量表、所有者权益变动表项目列报进行规定。《零基础学财报编制与分析》严格按照财政部的要求编写，以《企业会计准则》为指导，重点介绍财务报表项目原理和财务分析的方法。采用案例作为学习的范本，不容易遗忘。

◆ 内容全面

　　秉承基础实用的原则，以图表的形式解析复杂的数据，从而洞察数据背后的秘密。编制单个公司的财务报表以及集团公司的合并报表，分析企业的竞争能力、成长能力、偿债能力、盈利能力等，非常适合零基础的读者。

◆ 章节介绍

　　全书共 16 章，第 1 章至第 6 章介绍单个企业财务报表编制，具体介绍财务报表编制项目的含义、填列方法与计算公式。以富强毛毯有限公司一个月发生的经济业务为案例，详细说明如何根据这些数据编制资产负债表、利润表、现金流量表、所有者权益变动表。第 7 章介绍合并财务报表的编制原理与方法。第 8 章至第 16 章介绍财务报表分析，以上市公司的数据为蓝本，具体分析资产负债表、利润表、现金流量表。从资产负债表中不仅能看到企业的规模、实力，还能看到企业的债务；从利润表能看到企业当期收入、成本、费用、税金等，扣除这些，企业是盈是亏，一目了然；从现金流量表看"真金白银"流入流出的情况，最能体现现金流的真实状况；从所有者权益变动表可以看出股东资产增减情况。分析这些内容，可以知道这家上市公司成长能力、偿债能力、发展能力以及在行业中的地位。

　　本书可以作为零基础财税爱好者自学辅导书，也可以作为会计专业基础课教材，还可以供在职人员自学。

编　者

目 录

**第 4 章
利润表的原理与编制方法**

**第 5 章
现金流量表原理与编制方法**

第 12 章
费用主要项目分析

第 13 章
现金流量主要项目分析

上篇
财务报表编制

根据《企业会计准则第30号——财务报表列报》规定，财务报表是指企业对外提供的反映企业某一特定日期的财务状况和某一会计期间的经营成果、现金流量等会计信息的文件。我国一般以一个月、一个季度或一年为单位编撰财务报表，上市公司的财务报表一年公布四次，一般称作第一季报、半年报、第三季报、年报。

财务报表由报表本身及其附注两部分构成。一套完整的财务报表至少应当包括"四表一注"，即资产负债表、利润表、现金流量表、所有者权益（或股东权益）变动表及附注。

财务报表是企业会计部门在日常会计核算的基础上，利用统一的货币计量单位，按照会计报表统一规定的格式、内容和编制方法定期编制的，能够综合反映企业财务状况和经营成果、现金流量状况的书面文件。

第1章

为什么编制财务报表

企业生产经营一段时间后，取得怎样的经营成果，又存在哪些问题，财务人员需要编制反映企业资产规模、负债规模以及利润成果的总结性文件，这就是财务报表。小企业编制的会计报表可以不包括现金流量表。

1.1 财务报表的内容与使用者

我们一般以上市公司的财务报表为分析蓝本，因为分析一家企业的资本规模、偿债能力、盈利能力、发展能力等至少需要三年或五年以上的数据，才可能得到比较有价值的信息。

1.1.1 财务报表的内容

上市公司年报不仅包括财务信息，还包括很多经营和公司治理信息。下面是万科企业股份有限公司（以下简称"万科 A"）2020 年报扉页、目录。

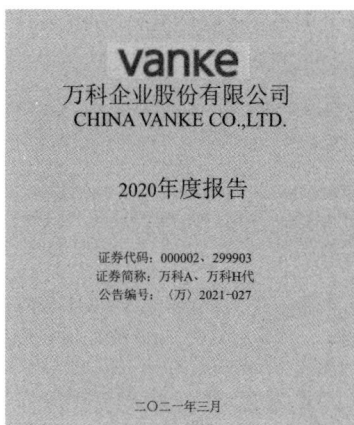

vanke

万科企业股份有限公司
CHINA VANKE CO.,LTD.

2020年度报告

证券代码：000002、299903
证券简称：万科A、万科H代
公告编号：（万）2021-027

二〇二一年三月

万科A目录共十三节，基本囊括公司人事变动、经营情况、财务状况、内部管理等基本情况。

在第一节重要提示、目录和释义中，一般是上市公司对财报的保证、审计师事务所出具的审计声明以及公司分红的内容。这些信息十分重要，是判断一家企业是否健康的依据。

保证财务报表真实性、完整性与准确性是每家上市公司的义务，因此在重要提示中都会有这么一段话。

> 本公司董事会、监事会及董事、监事、高级管理人员保证2020年度报告（以下简称"本报告"）内容的真实性、准确性和完整性，不存在虚假记载、误导性陈述或者重大遗漏，并承担个别和连带的法律责任。

作为散户与机构投资者，特别关注审计公司出具的报告：审计报告一共分为标准审计报告与非标准审计报告。

释义是解释财务报告中的简称，如单位名称等。

第二节致股东，这是万科增加的内容，相当于写给股东的一封信。

第三节公司简介与主要财务指标，主要财务指标取自第十二节财务报告的数据。

第四节至第十一节，是关于企业经营决策、人事变动等情况的报告。

第十二节财务报告，财务报告的内容占了一半，足以说明财务报告的重要性。

第十三节备查文件目录，说明财务报告放置的地点。

一般上市公司主要是这些内容，某些公司稍有细微变化。即使是同一家公司，目录也有差别，但不影响阅读。

1.1.2　财务报表为哪些人提供信息服务

财务报表所提供的财务信息主要表现在投资决策、经营管理、利润分配、政府调控等方面。

对经营者来说，企业运营的最终目标就是盈利，编制财务报表可以直接反映企业一段时间的经营成果，根据盈亏，及时调整经营策略；对税务部门来说，可通过财务报表知悉企业的盈利状况，并根据相关数据完成税收；对债务人来说，通过财务报表核实企业偿债能力；对股东来说，看企业的成长能力和发展前景等。

1. 提供经济决策的重要依据

企业的资本金不外乎有两种来源：一是由所有者提供的永久性资本；二是由债权人提供的信贷资金。所有者和债权人所面对的问题即为投资决策和信贷决策，两种决策均需求助于企业的财务报告。理性的所有者与债权人在作出上述抉择时，都会对企业的资本保值增值的情况、盈利水平以及资产的流动性、偿债能力、现金流转等给予极大的关注，而所有这些信息都来源于公司的财务报表。

2. 提供企业管理信息

现代股份公司实行"两权分离"制度，使企业所有者和债权人与管理者之间出现委托关系，也就是说，所有者和债权人将资金投入企业，委托管理者进行经营管理，即企业管理者所保管和运用的经济资源，都是所有者与债权人的投入，管理者理应尽妥善保管和运用的责任；所有者与债权人也需要随时了解管理人员营运其资源的情况，以便对管理人员达到经营目标能力作出恰当的评判，适当调整投资方向或者重新考虑代理人的人选。鉴于这样的考虑，财务报表所提供的信息，就应该有助于评价企业管理人员过去的经营业绩，以明确委托与受托的责任。财务报表通过一定表格及附注的形式，将企业生产经营的全面情况，特别是财务信息方面的情况，进行搜集、整理，将分散的信息加工成系统的信息资料，传递给企业内部经营管理部门。企业内部经营管理部门通过财务报表及时了解企业一定日期的财务状况和一定时期的经营情况，分析企业成本费用开支是否节约，分析资产结构、负债状况以及产权结构等情况，从而达到加强经济核算、资金管理的目的。

3. 提供企业税后利润分配信息

一般而言，企业支付的股利（被分配部分）和还本付息的能力均取决于其获利能力。长期未能获利的企业将会逐渐丧失其分配利润和还本付息的能力。因此，财务报告的重心在于提供有关公司盈利及其构成的信息，以帮助用户评价其未来的投资回报与现金流量。

然而，企业在一定期间所实现的利润与所产生的现金净流入并不一定相等，也不一定呈同比例增加或减少。这正如会计人员所知道的那样，1 000 万元的利润并不意味着有相应的 1 000 万元的银行存款。利润 1 000 万元，但账上却没有钱，这说明什么？因为企业执行的是权责发生制，商品卖出去了，货也交了，但没收到钱，也确认为收入，记在应收账款中。这就是为什么有利润，没现钱的主要原因。另外就是付款较多，这也是上市公司必须在财务报表附注中披露的一个项目。不论所有者或债权人，其所能收到的现金流入的金额、时间及其不确定性，都取决于公司本身现金流入的金额、时间及其不确定性。显而易见，只有当公司产生了现金注入，才会有能力支付所分配的利润和还本付息。因此，所有者与债权人在预测各自现金流量时，应当首先要预测他们所投资的公司本身的现金流量的信息。换言之，财务报表不仅应当向用户提供有关经营成果的会计信息，还应该提供引起财务状况变动的现金流转的会计信息。

4. 有助于政府管理部门进行宏观调控和管理

为了满足国家对企业实行间接调控的信息需要，财务报表可为财政、税务、审计、企业上级主管机关等部门提供干预或管制所依据的信息，有利于政府管理部门对企业进行管理，借以引导企业的发展。如可以利用会计报表提供的情况，监督银行借贷资金的使用，促使公司提高资金使用效果；税务部门通过会计报表了解税收的执行情况；国家宏观经济管理部门还可以通过对公司的财务报表提供的资料进行汇总分析，分析和考核国家经济总体的运行情况，从中发现国民经济运行中存在的问题，对宏观经济运行做出准确的决策，为政府进行国民经济宏观调控提供依据。

1.2 | 哪些人需要读懂财务报表

财务报表使用者通常包括企业的股东、债权人、管理者、政府部门、企业内部财务人员等。若是上市公司的话，财务报告定期在网站公布，为投资机构和散户提供企业经营信息。

1.2.1　股东

股东最关心的是企业的盈利状况，有些股东在投资以后不一定参与经营，但他们必须要清楚知道这个企业的运作，所以就需要通过分析财务报表，了解企业的具体经营状况。一般来说，股东最关注的是企业的利润表。通过利润表，可以看出收入、销售毛利润、净利润，进而分析企业的销售毛利率、净利率等。若是上市公司的话，可以计算每股收益、市净率等指标。通过这些数据，决定是否增加投资或减资等决策。股东一般会通过几年的数据比较，做出对自己有利的选择。图 1-1 为蓝天公司近几年盈利指标。

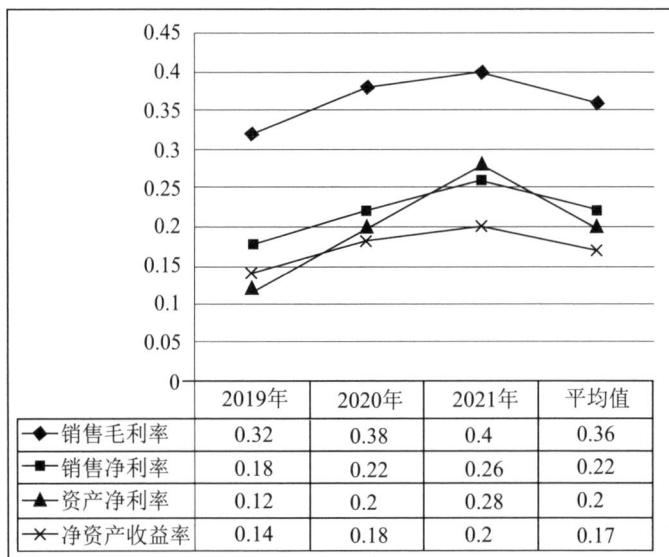

	2019年	2020年	2021年	平均值
◆ 销售毛利率	0.32	0.38	0.4	0.36
■ 销售净利率	0.18	0.22	0.26	0.22
▲ 资产净利率	0.12	0.2	0.28	0.2
✕ 净资产收益率	0.14	0.18	0.2	0.17

图 1-1　反映盈利能力的指标

1.2.2　债权人

资产负债表是给债权人看的。债权人看的是企业资金的流动性，借出的钱是否安全，企业是否有能力支付本金和利息。所以债权人十分注重债务人的偿还能力，如果要借钱给一家公司，就要关心这家公司现状，通过分析企业的财务报表，了解企业的短期与长期偿债能力。短期偿债能力是反映企业在不用变卖或处置固定资产的情况下能够偿还短期债务的能力。短期债务是指流动负债,具体包括短期借款,应付、应交及预收款项等不长于一年或一个经营周期的债务。评估企业的短期偿债能力可通过分析流动比率、速动比率、现金比率来进行。以图1-2为例,蓝天公司3年短期偿债指标分析。

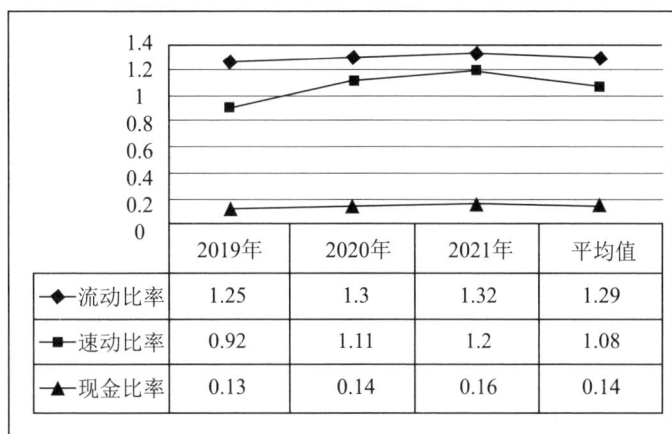

	2019年	2020年	2021年	平均值
◆流动比率	1.25	1.3	1.32	1.29
■速动比率	0.92	1.11	1.2	1.08
▲现金比率	0.13	0.14	0.16	0.14

图 1-2 反映短期偿债能力的指标

从图1-2上反映的数据来看,蓝天公司流动比率、速动比率、现金比率比较稳定。长期偿债能力是指企业偿还长期负债的能力。企业的长期负债主要包括长期借款、应付长期债券、长期应付款等偿还期在一年以上的债务。对于企业的长期债权人和投资者来说,不仅关注短期债务偿还能力,更关心长期债务的偿还能力。分析和评价企业长期偿债能力的指标有:资产负债率、产权比率、权益乘数等,如图1-3所示。

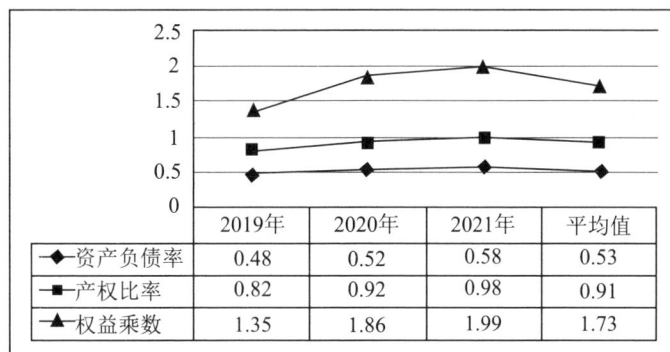

	2019年	2020年	2021年	平均值
◆资产负债率	0.48	0.52	0.58	0.53
■产权比率	0.82	0.92	0.98	0.91
▲权益乘数	1.35	1.86	1.99	1.73

图 1-3 反映长期偿债能力的指标

1.2.3 管理者

对于企业管理者来说，他们重视的是企业的绩效。管理者可从利润表中看到营业收入、毛利率、利润总额、净利润及每股收益；从资产负债表中可看出存货、资产负债率，借款等情况；从现金流量表中看到现金流入与流出、新增债务带来的现金；从所有者权益变动表中看到是否有员工和股东分红。综合来看，会计报表可以反映企业的盈利能力、偿债能力、营运能力、成长能力的好坏。只有利润丰厚，才能让投资者、债权人、企业员工和管理者均受益。管理者关注企业偿债能力、运营能力、获利能力、发展能力，进行综合分析，规避企业财务风险和经营风险。

1.2.4 政府部门工作人员

要保证市场经济沿着正确的轨道健康发展，政府部门在宏观上必须了解企业的经营行为、经营成果，借以引导企业的发展，适度对企业进行间接调控。为了满足国家对企业实行间接调控的信息需要，国家政府相关部门工作人员也必须学会看懂企业的财务报表，因为这些财务报表可提供干预或管制所依据的信息。

1.2.5 企业内部员工

懂得财务报表，作为企业内部员工就能够分析目前就职企业的发展前景是否良好，过去的盈余是否能够支撑企业度过眼前的经济危机，企业最近会不会有减薪裁员的可能性，是否濒临破产或倒闭，年终奖金能否达到自己期望的额度，从而做出正确的判断和选择。作为企业内部员工，可能重视的是企业的经营现状，期望在企业经营良好的情况下，得到更多薪水，所以他们更多关注利润表。虽然不同的人站在不同的角度对某个企业会有不同的评价，但是这些评价大都是通过财务报表来进行的。所以，不管我们是股东、债权人、管理者，还是其他相关人士，都需要读懂财务报表。

第2章

财务报表编制的原则与钩稽关系

本章主要介绍财务报表的编制原则以及它们之间的钩稽关系。资产负债表、利润表、现金流量表以及所有者权益变动表并不是孤立存在的，它们之间是有关联的，虽然编制依据与方法不同。掌握钩稽关系，有利于理解财务报表项目之间的平衡公式。

2.1 财务报表编制的原则与钩稽关系

资产负债表、利润表按照权责发生制编制，而现金流量表则按照收付实现编制。三张报表编制依据不同，要解决什么问题呢？它们之间存在怎样的关系？这是本节要介绍的内容。

2.1.1 财务报表编制的依据

根据《企业会计准则——基本准则》规定，会计记账基础是权责发生制。利用会计凭证与账簿的数据编制的资产负债表与利润表体现的是权责发生制的要求，而现金流量表编制原则是收付实现制。既然利润表能体现企业盈利的情况，为什么还要编制现金流量表呢？实际上，很多企业报表上都是盈利的，但账户上却没有钱。2021年，最大的"灰犀牛"就是恒大地产集团有限公司（以下简称恒大集团），债务高达1.97万亿元，虽然利润表上有利润，事实是企业没有足够的现金流来支付到期的债务，表 2-1 至表 2-2 是恒大集团利润表与现金流量表中的数据。

表 2-1　利润表

(2021 年恒大集团近 12 个月数据)

项　　目	金　　额
营业收入（千亿元）	5.54
营业成本（千亿元）	4.53
毛利（千亿元）	1.01
毛利率（%）	18.23
一销售及管理费用（百亿元）	6.81
一其他费用（亿元）	56.52
营业利润（百亿）	2.72
营业利润率（%）	4.92
＋利息收入（亿元）	62.38
＋利息支出（百亿元）	−1.27
净利息收入（亿元）	−67.72
税前利润（百亿元）	2.07
所得税（亿元）	44.97
净利润（持续经营业务）（百亿元）	1.62

表 2-2　现金流量表

(2021 年恒大集团近 12 个月数据)

项　　目	金　　额
经营活动产生现金流量净额（百亿元）	1.08
投资活动产生现金流量净额（百亿元）	−3.73
筹资活动产生现金流量净额（百亿元）	−1.36
现金及现金等价物净增加额（百亿元）	−4.01

利润表中净利润为 162 亿元，但现金流量表中净现金流量为−401 亿元，差距何其大。这就是中华人民共和国财政部要求企业必须编制现金流量表的原因。

现金流量表的前身是资金表，最早出现于 1862 年的英国。自 20 世纪 70 年代后，资金表成为西方国家企业对外必编的财务报表之一。1985 年，我国财政部颁布《中外合资企业会计制度》及 1992 年 1 月 1 日起执行的《股份制试点企业会计制度》，要求合资企业和股份制试点企业必须编制"财务状况变动表"。1998 年 3 月，财政部颁布《企业会计准则——现金流量表》，以现金流量表代替财务状况变动表。目前被 2006 年财政部颁布的《企业会计准则第 31 号——现金流量表》（财会〔2006〕3 号）取代。

2.1.2 财务报表之间的基本关系

企业的财报是对其财务状况、经营成果和现金流量的高度概括总结。三大财务报表基本关系，如图 2-1 所示。

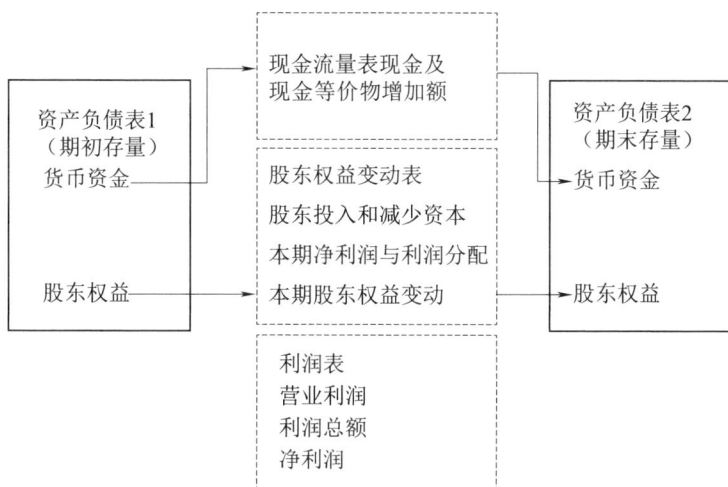

图 2-1　三大报表基本关系

从图 2-1 可以看出，资产负债表的货币资金期初与期末项目是编制现金流量表的基础；股东权益是编制股东权益变动表的基础。企业资产项目产生利润表的收入，负债项目产生费用。现金流量表经营活动包括销售商品和购买商品等现金流入与流出活动，这就是利润表中收入和费用的数据来源的一部分；现金流量表投资活动，比如购置固定资产、金融投资等，构成资产负债表固定资产、长期投资、其他资产等；筹资活动是指企业借款、融资等，构成资产负债表中负债项目。大家知道现金流量表是涉及现金流入流出，未收到现金的应收账款、其他应收款等不在现金流量中。所以利润表中的收入与费用大于现金流量表。现金流量表期初与期末现金余额与资产负债表货币资金项目大体一致。

其实，财务报表可以体现出很多信息，如下所示。

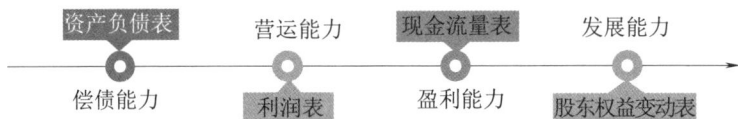

掌握财务报表的钩稽关系有利于检查报表编制的准确性。三者之间的钩稽关系如下：

（1）资产负债表中期末"未分配利润"＝利润表中"净利润"＋资产负债表中"未分配利润"的年初数；

（2）现金流量表中的"现金及现金等价物增加净额"＝资产负债表中"货币资金"期末金额－期初金额；

（3）资产负债表中除现金及其等价物之外的其他各项流动资产和流动负债的增加（减少）额＝现金流量表中各相关项目的减少（增加）额；

（4）资产负债与利润表最简单的关系就是利润表的附表——利润分配表中的"未分配利润"项所列数字，等于资产负债表中"未分配利润"项数字。

现金流量表与资产负债表、利润表的钩稽关系主要表现在现金流量的编制方法之中。现金流量表的一种编制方法是工作底稿法，即以工作底稿为手段，以利润表和资产负债表数据为基础，对每一项目进行分析并编制调整分录，从而编制现金流量表，我们会在第 5 章中详细介绍。

注：上述算式中，（1）式未考虑提取盈余公积、分配利润及其他影响净资产因素。

（2）式未考虑现金等价物的存在及银行存款定期（定期指长于 3 个月）、被冻结、指定用途等不能随时变现等因素。

2.1.3　上市公司审计报告

截至 2022 年 5 月 3 日，中国注册会计师俱乐部根据上市公司已披露的信息进行统计，A 股上市公司已披露审计报告 4 752 份。具体如下：

（资料来源：知乎专栏）

上市公司公布的财报由审计报告正文和经审计的财务报表——"四表一注"两大部分组成。审计报告正文一般由三段组成，其中第三段是审计意见。通过阅读审计意见，可以对这份财报的可信度进行甄别。

审计意见分两种类型：第一种类型是标准审计意见（也称无保留意见）；第二种类型是非标准审计意见。

1. 标准审计意见

图 2-2 为苏亚金诚会计师事务所对 2021 年江苏洋河酒厂股份有限公司财务报告出具的标准审计意见。

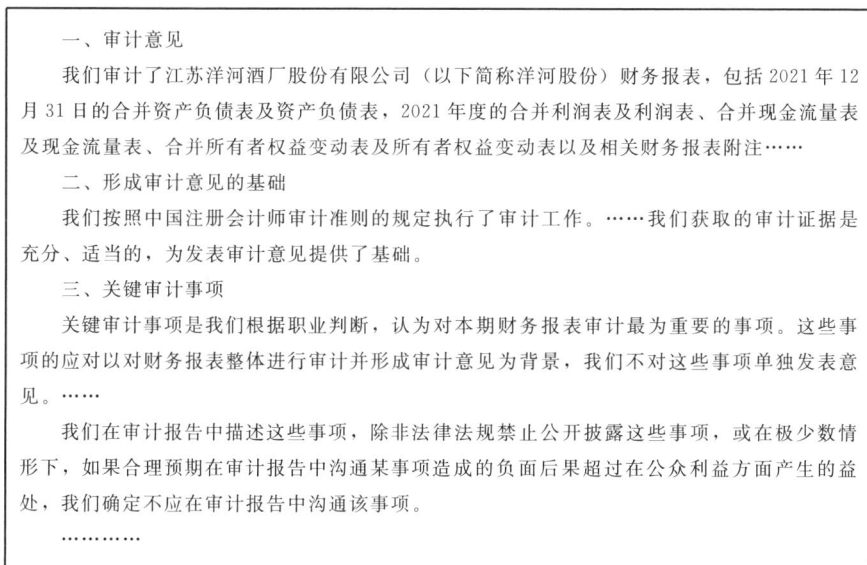

一、审计意见

我们审计了江苏洋河酒厂股份有限公司（以下简称洋河股份）财务报表，包括 2021 年 12 月 31 日的合并资产负债表及资产负债表，2021 年度的合并利润表及利润表、合并现金流量表及现金流量表、合并所有者权益变动表及所有者权益变动表以及相关财务报表附注……

二、形成审计意见的基础

我们按照中国注册会计师审计准则的规定执行了审计工作。……我们获取的审计证据是充分、适当的，为发表审计意见提供了基础。

三、关键审计事项

关键审计事项是我们根据职业判断，认为对本期财务报表审计最为重要的事项。这些事项的应对以对财务报表整体进行审计并形成审计意见为背景，我们不对这些事项单独发表意见。……

我们在审计报告中描述这些事项，除非法律法规禁止公开披露这些事项，或在极少数情形下，如果合理预期在审计报告中沟通某事项造成的负面后果超过在公众利益方面产生的益处，我们确定不应在审计报告中沟通该事项。

…………

图 2-2　标准审计意见（部分）（来源于巨潮资讯网）

2. 非标准审计意见

非标准审计意见根据具体情形分为以下四种：

（1）带强调事项段的无保留意见，即审计报告中含有的一个段落，注册会计师对已在财务报表中恰当列报或披露的事项，提示财务报表使用者予以重视或关注，如图 2-3 所示。

大华会计师事务所（特殊普通合伙）为本公司出具了带强调事项段保留意见的审计报告，本公司董事会、监事会对相关事项已有详细说明，请投资者阅读。

图 2-3　带强调事项段保留意见

（2）财务报表如果存在错报对财务报表影响重大，但不具有广泛性，或者认为未发现的错报对财务报表可能产生的影响重大，但不具有广泛性时，注册会计师应当发表保留意见，如图 2-4 所示。

重要提示

一、本公司董事会、监事会及董事、监事、高级管理人员保证年度报告内容的真实、准确、完整，不存在虚假记载、误导性陈述或重大遗漏，并承担个别和连带法律责任。

二、公司全体董事出席董事会会议。

三、天健会计师事务所（特殊普通合伙）为本公司出具了保留意见的审计报告，本公司董事会、监事会对相关事项已有详细说明，请投资者注意阅读。

图 2-4　保留意见

（3）审计中，在获取充分、适当的审计证据后，如果认为错报对财务报表的影响重大且具有广泛性，注册会计师应当发表否定意见，如图 2-5 所示。

大信会计师事务所（特殊普通合伙）对公司 2018 年度财务报告出具无法表示意见的审计报告，本公司董事会、监事会对相关事项已有详细说明，请投资者注意阅读。

大信会计师事务所（特殊普通合伙）对公司 2018 年度内部控制情况出具了否定意见的内部控制审计报告，请投资者注意阅读年度报告第九节公司治理中内部控制评价和审计的相关信息。

图 2-5　否定意见

（4）审计中，如果无法获取充分、适当的审计证据以作为形成审计意见的基础，但认为未发现的错报对财务报表可能产生的影响重大且具有广泛性，注册会计师应当发表无法表示意见，如图 2-6 所示。

重要提示

一、本公司董事会、监事会及董事、监事、高级管理人员保证年度报告内容的真实、准确、完整，不存在虚假记载、误导性陈述或重大遗漏，并承担个别和连带法律责任。

二、公司全体董事出席董事会会议。

三、中审华会计师事务所（特殊普通合伙）为本公司出具了无法表示意见的审计报告，本公司董事会、监事会对相关事项已有详细说明，请投资者注意阅读。

图 2-6　无法表示意见

对于投资者来说，被出具非标准审计意见的公司，要慎重对待。

2.2 │ 财务报表编制前的准备

企业编制财务报表，应根据真实的交易、事项以及登记完整、核对无误的会计账簿记录和其他有关资料，按照国家统一的会计制度规定的编制基础、编制依据、编制原则和方法，做到内容完整、数字真实、计算准确、编报及时。

2.2.1　基本原则

编制财务报表的基本原则包括：数字真实准确、内容完整、编制报送及时、前后一致、手续完备。

1. 数字真实准确

财务报表必须根据登记完整、核对无误的账簿记录和其他核算资料，按一定的指标体系加工、整理、编制而成的，各项指标和数据必须计算准确、真实可靠，做到表从账出，账表相符，切忌匡算估计，弄虚作假。

2. 内容完整

《关于修订印发2019年度一般企业财务报表格式的通知》（财会〔2019〕6号）对财务报表格式进行修订，会计人员应按照规定格式编报。不论主表、附表或补充资料，都不得漏填、漏报，更不能任意改变报送的内容。如报表规定项目容纳不下，可以利用附表、附注以及其他形式加以说明。

财务报表之间、财务报表各项目之间，凡是有对应关系的数字，应当相互一致，财务报表中本期与上期的有关数字，应当相互衔接。

3. 编制报送及时

及时性是信息的重要特征，财务报表信息只有及时地传递给信息使用者，才能为使用者的决策提供依据。否则，即使是真实可靠和内容完整的财务报告，由于编制和报送不及时，对报告使用者来说，就大大降低了会计信息的使用价值。财务报表应在保证质量的前提下，在规定期限内编制完毕并如期报送，以满足报表使用者及时了解单位报告期内财务状况和经营成果。

4. 前后一致

编制财务报表前后期应当遵循一致性原则，不能随意变更。如确需改变应将改变原因及改变后对报表指标的影响，在报表附注中详细说明，便于报表使用者正确理解与利用财务信息。

5. 手续完备

企业对外提供的财务报表应加具封面、装订成册、加盖公章。财务报表封面上应当注明：企业名称、企业统一代码、组织形式、地址、报表所属年度或者月份、报出日期，并由企业负责人和主管会计工作的负责人、会计机构负责人（会计主管人员）签名并盖章；设置总会计师的企业，还应当由总会计师签名并盖章。如下所示。

财 务 报 表

2023 年 1 月（季）

名称：富强毛毯有限公司　　地址：广州白云区白云路 3××号　　电话：020-8973××××

填报日期：2×23 年 2 月 5 日

法定代表人（或负责人）：李漫芳　　财务主管人员：姜旭

制表人：陈衡

2.2.2　基本要求

在编制财务报表之前，企业要确定本期的收入和费用、核实资产、清理核对往来账目、进行内部调账、结转并分配企业损益等。

1. 确认本期的收入和费用

按照《企业会计准则第 14 号——收入（2017）》的规定，检查是否有收入提前确认或延后确认的情况，重点检查预收账款销售方式、分期收款销售方式等特殊的销售行为，保证真实确认本期实现的收入。同时，企业应准确确认本会计期间应负担的成本费用，应摊销的待摊费用做到及时摊销、应预提的借款利息及时计入当期费用，保证本期的会计事项不延至以后各期。

2. 核实资产

核实资产是企业编制报表前一项重要的基础工作，主要包括：

（1）清点现金和应收票据；

（2）核对银行存款，编制银行存款余额调节表；

（3）与购货人核对应收账款；

（4）与供货人核对预付账款；

（5）与其他债务人核对其他应收款；

（6）清查各项存货；

（7）检查各项投资的回收利润分配情况；

（8）清查各项固定资产及在建工程；

（9）企业应及时处理各项财产的盘盈、盘亏及毁损情况，并按规定报批处理，及时调整账面记录，转销"待处理财产损溢"科目的余额。

3. 清理核对往来账目

企业对于和其他单位的往来款项，在结账前也要清理核对，发现问题及时更正处理。往来款项的核对可采用发函证的方法核对，对于核对不符的款项及时上报解决。对于长期挂账、无法收回的应收账款，符合坏账损失核销条件的，及时报批处理。

4. 进行内部调账

内部调账（转账）主要有如下几点：

（1）计提坏账准备。应按规定比例计算本期坏账准备，并及时调整入账；

（2）摊销待摊费用，凡本期负担的待摊费用应在本期摊销；

（3）计提固定资产折旧；

（4）摊销各种无形资产和递延资产；

（5）实行绩效挂钩的企业，按规定计提"应付职工薪酬"；

（6）转销经批准的"待处理财产损溢"，财务部门对此要及时提出处理意见，报有关领导审批，不能长期挂账。

5. 结转并分配企业损益

企业编制年度财务报表前，必须将所有损益类科目转入本年利润，并将本年利润的余额转入利润分配项目。同时，将企业利润分配各明细账的本期分配利润数转入"利润分配——未分配利润"明细账户。企业在年终结账前，所有的损益类账户应当没有余额，本年利润科目没有余额，除"利润分配——未分配利润"外，其他利润分配明细均没有余额。

第3章

资产负债表原理与编制方法

会计的记账基础是权责发生制，资产负债表也是按照权责发生制编制的，权责发生制是会计核算的基本前提，资产负债表的原理与编制方法并不复杂。

3.1 | 资产负债表项目编制原理

资产负债表实际是账户式借贷记账法，左侧为资产类项目，为借方科目与数据；右侧为负债和所有者权益，为贷方科目与数据，正好借方等于贷方，是很完美的借贷方试算平衡法。

3.1.1 资产负债表的数据是怎么来的

资产负债表分为左右两列，用会计平衡原理，将合乎会计原则的资产、负债、股东权益科目分为"资产"和"负债及所有者权益（股东权益）"两部分，左边是资产项目，右边是负债和所有者权益项目；实际上左边代表资金的占用，右边代表资金的来源，如下所示。

资金的占用　　资金的来源

负债

流动资产

所有者（股东）权益

非流动资产

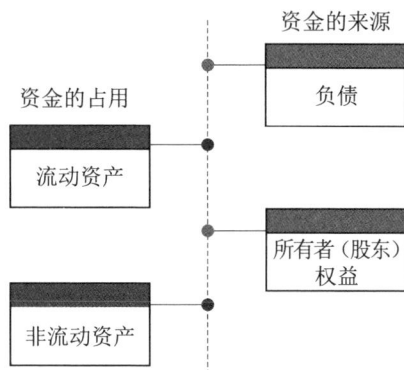

左侧资金的占用按照资产的变现能力来排序，分为流动性资产与非流动性资产。右侧资金的来源分为借入资金与企业自有资金，借入资金按照偿还时间长短分为流动负债与非流动负债；所有者（股东）权益是按照其可辨认程度来排列的，其序列依次为：股本、资本公积、盈余公积、其他综合收益、未分配利润等。它体现一个等式，即资金的占用等于资金的来源，进一步细化为：

$$资产＝负债＋所有者权益$$

资产负债表就是根据这个等式编制，当资产负债表列有上期期末数时，称为"比较资产负债表"，它通过前后期资产负债的比较，可以反映企业财务变动状况。

根据股权有密切联系的几个独立企业的资产负债表汇总编制的资产负债表，称为"合并资产负债表"。它可以综合反映本企业以及与其股权上有联系的企业的全部财务状况。

3.1.2 资产负债表的编制要求

在编制资产负债表时，应满足以下基本要求：

（1）企业应按期编制资产负债表。资产负债表日一般分为公历月末、季末和年末，但在年度终了时必须编制。

（2）报表和企业的名称应在资产负债表的表首得到体现。资产负债表的表首应列明报表和企业的名称，列示编制该表的编制日期、货币单位和报表标号，这些分别体现了会计主体假设、持续经营和会计分期假设以及以货币为基本计量单位假设。

（3）资产负债表各项目金额应以元为单位。金额均以元为单位，元以下填至分；采用外币作为记账本位币的企业，应当将以外币反映的资产负债表折算为报告货币反映的资产负债表；特殊目的报表可取元、百元或千元等为整数单位。

（4）企业资产负债表应该条目清晰，井然有序。企业编制资产负债表应采用适当的分类方法及排列顺序。

（5）资产负债表中资产项目金额合计应等于负债与所有者权益项目金额之和，主要分类的明细分类的总额应分别加以列示；所有在资产负债表上表述的项目都要分别计入有关的合计，并全部计入总计。此外，计价账户应直接与其调整的项目相联系；分类不可重叠，不同项目不能混合在一起或相互抵销，各项资产和负债的金额一般也不应相互抵销。

3.1.3　报表项目解释

1. 资产项目解释

《企业会计准则》规定，资产是企业从事生产经营活动的物质基础，任何一个企业要进行正常的生产经营活动，都必须拥有一定数量和结构的资产。

资产特征如下：

（1）资产是由于过去的交易或事项所形成的。即资产必须是现实的资产，而不能是预期的。它是企业在过去一个时期里已经发生的交易或事项所产生的结果。未发生的交易或事项可能产生的结果，则不属于现实的资产，不能作为资产确认。

富强毛毯有限公司 2022 年在某市用部分银行存款和贷款购买土地，建设厂房，购买设备与原材料，打算生产毛毯。土地、厂房、设备、原材料都是企业的现实资产，是实实在在存在的。富强毛毯有限公司经过筹建期，正式生产运营，并与苏州百货大楼签订 10 000 条毛毯购货合同，在下月底交付10 000条毛毯。货款在商品交付后 3 日内支付。这是将来要发生的，具有不确定性，所以不能算作资产。

（2）资产是企业拥有或者控制的。一般来说，一项资源是否属于企业的资产，通常要看其所有权是否属于该企业。但拥有一项资源的所有权，并不是确认资产的绝对标准。对于一些特殊方式（如融资租赁）形成的资产，企业虽然不拥有其所有权，但能够实际控制的，按照实质重于形式原则的要求，也应当将其作为企业的资产予以确认。

富强毛毯有限公司购置土地、建设厂房、购买设备与原材料，这些资产的所有权掌握在企业手中，是企业拥有或者控制的。

（3）资产预期会给企业带来经济利益，是指资产拥有直接或间接导致现金和现金等价物流入企业的潜力。

富强毛毯有限公司与苏州百货大楼签订 10 000 条毛毯购货合同，这是能够在未来获得经济利益的，生产毛毯的厂房、机器设备、原材料等属于直接或间接产生现金流的资产。

按照资产的变现能力强弱可分为流动性资产与非流动性资产，如下所示。

流动资产	非流动资产
• 货币资金 • 交易性金融资产 • 应收票据 • 应收账款 • 预付款项 • 其他应收款 • 存货 • 合同资产 • 一年内到期的非流动资产 • 其他流动资产	• 债权投资 • 其他债权投资 • 其他权益工具投资 • 长期应付款 • 使用权投资 • 固定资产 • 在建工程 • 无形资产 • 其他非流动性资产

2. 负债项目解释

负债具有的基本特征如下：

（1）负债是企业承担的现时义务。现时义务是指由于过去交易事项发生，企业在现行条件下已承担的义务。未来发生的交易或事项形成的义务，不属于现时义务，不应当确认为负债。

富强毛毯有限公司从银行贷款用于建厂房等，贷款就是负债，根据贷款期限长短可分为短期贷款和长期贷款。

（2）负债预期会导致经济利益流出企业。预期会导致经济利益流出企业是负债的另一个本质特征，它说明当企业履行义务时会导致经济利益流出企业的，才符合负债的定义，如果不会导致企业经济利益流出的，就不能确认为企业的负债。

（3）负债是由企业过去的交易或事项形成的。换句话说，只有过去的交易或者事项才形成负债，企业在未来发生的承诺、签订的合同等交易或者事项，不形成负债。

这很好理解，富强毛毯有限公司向银行借款，形成负债。但与苏州百货大楼签订货物销售合同，因为还没有交货，未来存在很大的不确定性，此时企业不确认为一项负债。

按照负债偿还期限的长短可分为流动负债与非流动负债，如下所示。

流动负债	非流动负债
• 短期借款 • 交易性金融负债 • 应付票据 • 应付账款 • 预收款项 • 合同负债 • 应付税费 • 其他应付款 • 一年内到期的非流动负债 • 其他流动负债	• 长期借款 • 应付债券 • 租赁负债 • 长期应付款 • 预计负债 • 递延收益 • 递延所得税负债 • 其他非流动负债

3. 所有者权益项目解释

所有者权益是指企业资产扣除负债后由所有者享有的剩余权益。公司的所有者权益又称为股东权益。所有者权益在数量上等于企业资产总额扣除债权人权益后的净额，即为企业的净资产，反映所有者（股东）在企业资产中享有的经济利益。

资产－负债＝净资产＝所有者权益

所有者权益具有以下特征：

（1）除非发生减资、清算或分派现金股利，企业不需要偿还所有者权益；

（2）企业清算时，只有在清偿所有的负债后，所有者权益才返还给所有者；

（3）所有者凭借所有者权益能够参与企业利润的分配。

3.2 资产负债表格式与编制方法

资产负债表正表的格式，目前在国际上较为流行的有两种：一是账户式表格；二是报告式表格。不管采取什么格式，资产各项目的合计等于负债和所有者权益各项目的合计这一等式不变。

3.2.1 报告式资产负债表

报告式资产负债表为垂直式，资产、负债和所有者权益各项目自上而下排列，即首先列示企业的所有资产，其次列示企业的所有负债，然后列示企业的所有者（股东）权益。由于上下排列类似于领导的报告，所以称为报告式的资产负债表。

现在手工编制报表的比较少，一般都是用计算机打印报表，使用的纸型以 A4 纸型为主。如果用账户式的资产负债表，不仅字小，而且很难看。而使用报告式的表格，不仅字比较清晰，而且格式也比较美观。

由于《企业会计准则第 14 号——收入》（财会〔2017〕22 号）自 2021 年 1 月 1 在所有企业中施行，财政部于 2019 年颁布《关于印发修订印发 2019 年度一般企业财务报表格式的通知》（财会〔2019〕6 号），对财务报表项目进行增加、修改与删除，以适应执行新金融准则、新收入准则和新租赁准则的企业，表 3-1 为报告式资产负债表样式。

表 3-1 资产负债表   会企 01 表

编制单位：   年   月   日   金额单位：元

资产	期末余额	上年年末余额	负债和所有者权益（或股东权益）	期末余额	上年年末余额
流动资产：			流动负债：		
货币资金			短期借款		
交易性金融资产			交易性金融负债		
衍生金融资产			衍生金融负债		
应收票据			应付票据		
应收账款			应付账款		

资产	期末余额	上年年末余额	负债和所有者权益（或股东权益）	期末余额	上年年末余额
应收款项融资			预收款项		
预付款项			合同负债		
其他应收款			应付职工薪酬		
存货			应交税费		
合同资产			其他应付款		
持有待售资产			持有待售负债		
一年内到期的非流动资产			一年内到期的非流动负债		
其他流动资产			其他流动负债		
流动资产合计			流动负债合计		
非流动资产：			非流动负债：		
债权投资			长期借款		
其他债权投资			应付债券		
长期应收款			租赁负债		
长期股权投资			长期应付款		
其他权益工具投资			预计负债		
其他非流动金融资产			递延收益		
投资性房地产			递延所得税负债		
固定资产			其他非流动负债		
在建工程			非流动负债合计		
生产性生物资产			负债合计：		
油气资产			所有者权益（或股东权益）：		
使用权资产			实收资本（或股本）		
无形资产			其他权益工具		
开发支出			其中：优先股		
商誉			永续债		
长期待摊费用			资本公积		
递延所得税资产			减：库存股		
其他非流动资产			其他综合收益		
非流动资产合计			专项储备		

资产	期末余额	上年年末余额	负债和所有者权益（或股东权益）	期末余额	上年年末余额
			盈余公积		
			未分配利润		
			所有者权益（或股东权益）合计		
资产总计			负债和所有者权益（或股东权益）总计		

3.2.2　年初余额与期末余额

为便于各项指标的期末数与期初数比较，资产负债表设有"年初余额"和"期末余额"两个金额栏，相当于比较两个年度的资产负债表。

1. 年初余额

资产负债表中"年初余额"栏内各项数字应根据上年末资产负债表的"期末余额"栏内所列数字来填列。如果上年度资产负债表规定的各个项目的名称和内容与本年度不相一致，应对上年年末资产负债表各项目的名称和数字按照本年度的规定进行调整，填入报表"年初余额"栏内。

2. 期末余额

资产负债表"期末余额"的编制方法主要有两种，如下所示。

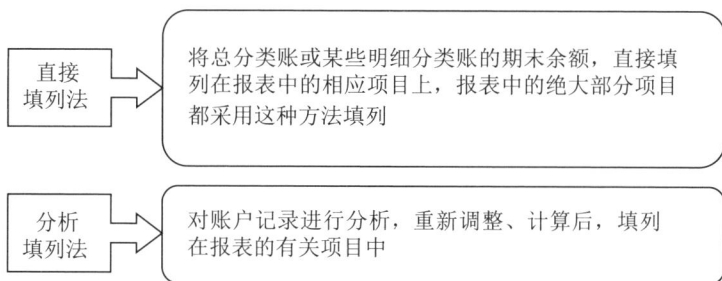

直接填列法 ⇨	将总分类账或某些明细分类账的期末余额，直接填列在报表中的相应项目上，报表中的绝大部分项目都采用这种方法填列
分析填列法 ⇨	对账户记录进行分析，重新调整、计算后，填列在报表的有关项目中

3.3 | 资产负债表填列方法

资产负债表分为资产、负债、所有者权益三部分，报表项目填列的依据是什么呢，下面就逐一介绍。

3.3.1 资产项目的填列方法

资产分为流动资产和非流动资产。

1. 流动资产的填列方法

流动资产填列方法，见表 3-2。

表 3-2 流动资产填列方法

项 目	填列方法
货币资金	根据"库存现金""银行存款""其他货币资金"科目的期末余额合计数填列
交易性金融资产	根据"交易性金融资产"科目的相关明细科目的期末余额分析填列
应收票据	根据"应收票据"科目的期末余额，减去"坏账准备"科目中相关坏账准备期末余额后的金额分析填列
应收账款	根据"应收账款"科目的期末余额，减去"坏账准备"科目中相关坏账准备期末余额后的金额分析填列
应收款项融资	反映资产负债表日以公允价值计量且其变动计入其他综合收益的应收票据和应收账款融资等
其他应收款	根据"应收利息""应收股利"和"其他应收款"科目的期末余额合计数，减去"坏账准备"科目中相关坏账准备期末余额后的金额填列
存货	根据"材料采购""原材料""材料成本差异""生产成本""库存商品""周转材料""发出商品""委托加工物资""商品进销差价"以及不超过一年的"合同履约成本"等科目的期末余额合计数减去"存货跌价准备"科目期末余额后的金额填列
合同资产	根据相关明细科目期末余额分析填列，同一合同下的合同资产和合同负债应当以净额列示，其中净额为借方余额的，应当根据其流动性在"合同资产"或者"其他非流动资产"项目中填列，已计提减值准备的，还应减去"合同资产减值准备"科目中相关的期末余额后的金额填列
一年内到期的非流动资产	包括在一年内到期的债权投资、长期应收款等，根据上述账户分析计算填列
其他流动资产	指除货币资金、应收票据、应收账款、其他应收款、存货等流动资产以外的流动资产。一般企业"待处理流动资产净损益"科目未处理转账，报表时挂在"其他流动资产"项目中。另外，不超过一年的"合同取得成本、应收退货成本"科目，以及不超过一年的"合同履约成本"科目余额在"其他流动资产"中列示

2. 非流动资产填列方法

非流动性资产填列方法，见表 3-3。

表 3-3　非流动性资产填列方法

项　　目	填列方法
债权投资	根据"债权投资"科目的相关明细科目期末余额，减去"债权投资减值准备"科目中相关减值准备的期末余额后的金额分析填列
其他债权投资	根据"其他债权投资"科目的相关明细科目的期末余额分析填列
其他权益工具投资	根据"其他权益工具投资"科目的期末余额填列
固定资产	根据"固定资产"科目的期末余额，减去"累计折旧"和"固定资产减值准备"科目的期末余额后的金额，加上"固定资产清理"科目的借方余额，再减去"固定资产清理"贷方余额填列
在建工程	根据"在建工程"科目的期末余额，减去"在建工程减值准备"科目的期末余额后的金额，加上"工程物资"科目的期末余额，减去"工程物资减值准备"科目的期末余额后的金额填列
使用权资产	根据"使用权资产"科目的期末余额，减去"使用权资产累计折旧"和"使用权资产减值准备"科目的期末余额后的金额填列
其他非流动资产	按照《企业会计准则第 14 号——收入》（财会〔2017〕22 号）的相关规定，超过一年或一个正常营业周期的"合同资产""合同履约成本""应收退货成本"科目借方余额在"其他非流动资产"项目中填列
其他流动资产	企业购入的以公允价值计量且其变动计入其他综合收益的一年内到期的债权投资的期末账面价值，在"其他流动资产"项目反映待抵扣进项税、多交税款等
一年内到期的非流动资产	企业在"其他流动资产"项目反映的资产；自资产负债表日起一年内到期的长期债权投资的期末账面价值，在"一年内到期的非流动资产"项目反映

3.3.2　负债项目的填列方法

负债是企业筹措资金的重要渠道，但它不能归企业永久支配使用，必须按期归还或偿还。负债实质上反映了企业与债权人之间的一种债务关系，它所代表的是企业对债权人所承担的全部经济责任或义务。

1. 流动负债的填列方法

流动负债填列方法，见表 3-4。

表 3-4　流动负债各项目填列方法

项　　目	填列方法
短期借款	根据"短期借款"科目的期末余额填列
交易性金融负债	根据"交易性金融负债"科目的相关明细科目的期末余额填列
应付票据	根据"应付票据"科目的期末余额填列

项　目	填列方法	
应付账款	根据"应付账款"和"预付账款"科目所属的相关明细科目的期末贷方余额合计数填列	
预收款项	根据"应收账款"和"预收账款"科目所属的相关明细科目的期末贷方余额合计数填列	
应付职工薪酬	根据"应付职工薪酬"科目期末贷方余额填列	
应交税费	"应交增值税""未交增值税""待抵扣进项税额""待认证进项税额""增值税留抵税额""预交增值税"等明细科目期末借方余额	短于一年或一个营业周期在"其他流动资产"填报，超过一年或一个营业周期在"其他非流动资产"填报
	"应交税费——待转销项税额"等科目期末贷方余额	短于一年或一个营业周期在"其他流动负债"填报，超过一年或一个营业周期在"其他非流动负债"填报
	"未交增值税""简易计税""转让金融商品应交增值税""代扣代抵增值税"等科目贷方余额	根据"应交税费"科目的期末贷方余额填列
其他应付款	根据"应付利息""应付股利"和"其他应付款"科目的期末余额合计数填列。其中，"应付利息"仅反映相关金融工具已到期应支付但于资产负债表日尚未支付的利息。基于实际利率法计提的金融工具的利息应包含在相应金融工具的账面余额中	

2. 非流动负债填列方法

非流动负债填列方法，见表 3-5。

表 3-5　非流动负债各项目填列方法

项　目	填列方法
合同负债	根据"合同负债"科目的相关明细科目的期末余额分析填列，同一合同下的合同负债应当以净额列示，其中净额为贷方余额的，应当根据其流动性在"合同负债"或"其他非流动负债"项目中填列
预计负债	根据"预计负债"科目的期末余额填列，按照《企业会计准则第 22 号——金融工具确认和计量》（财会〔2017〕7 号）的相关规定对贷款承诺、财务担保合同等项目计提的损失准备，应当在"预计负债"项目中填列
租赁负债	根据"租赁负债"科目的期末余额填列。自资产负债表日起一年内到期应予以清偿的租赁负债的期末账面价值，在"一年内到期的非流动负债"项目反映
长期应付款	根据"长期应付款"科目的期末余额，减去相关的"未确认融资费用"科目的期末余额后的金额，加上"专项应付款"科目的期末余额填列
递延收益	"递延收益"项目中摊销期限只剩一年或不足一年的，或预计在一年内（含一年）进行摊销的部分，不得归类为流动负债，仍在该项目中填列，不转入"一年内到期的非流动负债"项目

项　　目	填列方法
一年内到期的非流动负债	根据租赁负债科目的期末余额分析计算填列自资产负债表日起一年内到期应予以清偿的租赁负债的期末账面价值
其他流动负债	"预计负债"科目下的"应付退货款"明细科目是否在一年或一个正常营业周期内清偿,在"其他流动负债"或"预计负债"项目中填列
其他非流动负债	根据有关科目的期末余额填列,如应在财务报表附注中披露其他非流动负债价值较大的说明和金额,超过一年的合同负债贷方余额

3.3.3　所有者（股东）权益项目

所有者权益各项目的具体内容和填列方法,见表 3-6。

表 3-6　所有者权益各项目填列方法

项　　目	填列方法
实收资本	根据"实收资本"（"股本"）科目的期末余额填列
资本公积	根据"资本公积"科目的期末余额填列
其他权益工具	对于资产负债表日企业发行的金融工具,分类为金融负债的,应在"应付债券"项目填列,对于优先股和永续债,还应在"应付债券"项目下的"优先股"项目和"永续债"项目分别填列;分类为权益工具的应在"其他权益工具"项目填列,对于优先股和永续债,还应在"其他权益工具"项目下的"优先股"项目和"永续债"项目分别填列
盈余公积	根据"盈余公积"科目的期末余额填列
其他综合收益	采用总额列报方式填列
专项储备	根据"专项储备"科目的期末余额填列
未分配利润	根据"本年利润"科目和"利润分配"科目的余额计算填列

3.4 | 资产负债表编制案例

【例 3-1】富强毛毯有限责任公司是增值税一般纳税人,增值税税率为 13%,企业所得税税率为 25%。其 2023 年 1 月 1 日有关科目的余额见表 3-7。

表 3-7　科目余额表

2023 年 1 月 1 日　　　　　　　　　　　　　　　　金额单位：元

科目名称	年初数	科目名称	年初数
库存现金	6 800.00	短期借款	1 000 000.00
银行存款	2 450 000.00	应付票据	400 000.00
其他货币资金	208 000.00	应付账款	2 560 000.00
交易性金融资产	30 900.00	其他应付款	46 000.00
应收票据	100 000.00	应付职工薪酬	154 600.00
应收账款	2 400 000.00	合同负债	209 000.00
坏账准备	−9 000.00	应交税费	133 300.00
合同资产	525 000.00	应付利息	45 000.00
其他应收款	12 800.00	长期借款	4 000 000.00
材料采购	580 000.00	其他非流动负债	1 120 000.00
原材料	1 520 000.00	递延所得税负债	10 000.00
包装物	10 000.00	股本	5 000 000.00
低值易耗品	50 000.00	资本公积	143 200.00
库存商品	250 000.00	盈余公积	150 000.00
材料成本差异	8 600.00	利润分配（未分配利润）	290 000.00
存货跌价准备	−6 500.00		
待摊费用			
长期股权投资	1 200 000.00		
长期股权投资减值准备	−3 500.00		
固定资产	5 408 000.00		
累计折旧	−60 000.00		
固定资产减值准备	−110 000.00		
工程物资			
在建工程			
无形资产	560 000.00		
累计摊销	−160 000.00		
开发支出			
长期待摊费用	290 000.00		
合计	15 261 100.00	合计	15 261 100.00

2023 年 1 月，富强毛毯有限责任公司发生的经济业务如下：

（1）从明鑫羊毛厂购入羊毛一批，价款 800 000 元，增值税额 104 000 元，共计 904 000 元，先用银行存款支付 68 000 元，其余货款三个月后支付，材料未到。

（2）收到一批腈纶面料，实际成本 160 000 元，计划成本 155 200 元，材料已验收入库，货款已于上月支付。

（3）购入不需安装的设备一台，价款 120 000 元，支付增值税 15 600 元。货款与增值税款 135 600 元均以银行存款支付。设备已交付使用。

（4）收到银行通知，用银行存款支付到期的商业承兑汇票 200 000 元，偿还应付账款 185 000 元。

（5）销售一批腈纶毛毯，销售价款 600 000 元，应收取增值税 78 000 元，产品已发出，价款尚未收到。

（6）销售 10 000 条羊毛毛毯，价款 3 000 000 元，应收取增值税 390 000 元，货款银行已收妥。

（7）出售一台 2009 年之前购入的固定资产，价款 103 000 元，设备原价 400 000 元，已提折旧 120 000 元，已提减值准备 10 000 元，设备已交付。企业出售已使用过不得抵扣进项税额的固定资产，依 3% 减按 2% 缴纳增值税。

（8）收到一项长期股权投资的现金股利 20 000 元，存入银行。该项投资按成本法核算，对方公司的所得税税率与本公司一致，均为 25%。

（9）归还短期借款本金 1 000 000 元，利息 89 000 元，共计 1 089 000 元。

（10）用银行汇票支付原料款，收到开户银行转来银行汇票多余款收账通知，通知上所填多余款为 680 元，购入材料的价款 45 000 元，支付的增值税额为 5 850 元。

（11）材料已验收入库，该批材料的计划价格为 47 000 元。

（12）分配应支付的职工工资 903 700 元，其中，生产人员工资 480 000 元，车间管理人员工资 11 5000 元，行政管理部门人员工资 308 700 元。

（13）计提企业应负担的社保费，车间工人社保费 76 800 元、车间管理人员社保费 18 400 元、行政管理部门应负担的社保费 49 392 元。

（14）代扣员工负担的社会保险费 180 740 元。

（15）结转代扣个人所得税 38 500 元。

（16）以银行存款支付员工工资 684 460 元。

（17）企业上缴由企业和个人承担的社保费及个人所得税 363 832 元。

（18）用银行存款支付产品展览费 14 000 元，广告费 23 000 元。

（19）生产车间领用原材料，计划成本 340 000 元；领用低值易耗品，计划成本 40 000 元。

（20）结转领用原材料与低值易耗品的成本差异，材料成本差异率为 2%。

（21）公司采用商业承兑汇票结算方式销售产品一批，价款 20 000 元，增值税额 2 600 元，收到 22 600 元的商业承兑汇票 1 张。

（22）提取应计入本期损益的借款利息共 43 500 元，其中，短期借款利息 29 000 元，长期借款利息 14 500 元。

（23）计提固定资产折旧 200 000 元，其中，应计入制造费用 140 000 元，管理费用 60 000 元。

（24）摊销无形资产 5 608 元。

（25）用银行存款支付本年度企业财产保险费 601 00 元。

（26）计算并结转本期完工产品成本 1 217 800 元。没有期初在产品，本期生产的产品全部完工入库，包含结转制造费用 314 200 元。

（27）结转本期产品销售成本 1080 000 元。

（28）偿还长期借款本金 900 000 元。

（29）收回应收账款 420 000 元，存入银行。

（30）计提存货跌价准备 97 600 元。

（31）公司本月无留抵税额。当月缴纳上月增值税 133 300 元。计算本月应缴纳增值税 345 150 元，城市维护建设税 24 160.50 元，教育费附加 10 354.50元。

（32）结转收入、成本与费用。

（33）计算本月应缴税费。

（34）提取盈余公积。

（35）结转"未分配利润"账户。

根据上述资料，编制本期借贷方发生额数据，见表 3-8。

表 3-8　本期借贷方发生额

会计分录	借方发生额（元）	贷方发生额（元）
（1）借：材料采购——羊毛——明鑫羊毛厂	800 000	
应交税费——应交增值税（进项税额）	104 000	
贷：银行存款		68 000
应付账款		836 000
（2）借：原材料——腈纶	155 200	
材料成本差异	4 800	
贷：材料采购		160 000
（3）借：固定资产	120 000	
应交税费——应交增值税（进项税额）	15 600	
贷：银行存款		135 600
（4）借：应付票据	200 000	
应付账款	185 000	
贷：银行存款		385 000
（5）借：应收账款	678 000	
贷：主营业务收入		600 000
应交税费——应交增值税（销项税额）		78 000
（6）借：银行存款	3 390 000	
贷：主营业务收入		3 000 000
应交税费——应交增值税（销项税额）		390 000
（7）借：固定资产清理	270 000	
累计折旧	120 000	
固定资产减值准备	10 000	
贷：固定资产		400 000
借：银行存款	103 000	
贷：固定资产清理		103 000
借：固定资产清理	2 000	
贷：应交税费——应交增值税（简易计税）		2 000
借：应交税费——应交增值税（简易计税）	2 000	
贷：银行存款		2 000
借：资产处置损益	169 000	
贷：固定资产清理		169 000

会计分录	借方发生额（元）	贷方发生额（元）
（8）借：应收股利	20 000	
贷：投资收益		20 000
借：银行存款	20 000	
贷：应收股利		20 000
（9）借：财务费用	89 000	
贷：应付利息		89 000
借：短期借款	1 000 000	
应付利息	89 000	
贷：银行存款		1 089 000
（10）借：材料采购	45 000	
银行存款	680	
应交税费——应交增值税（进项税额）	5 850	
贷：其他货币资金		51 530
（11）借：原材料	47 000	
贷：材料采购		45 000
材料成本差异		2 000
（12）借：生产成本	480 000	
制造费用	115 000	
管理费用	308 700	
贷：应付职工薪酬——工资		903 700
（13）借：生产成本	76 800	
制造费用	18 400	
管理费用	49 392	
贷：应付职工薪酬——社保费（企业）		144 592
（14）借：应付职工薪酬——社会保险费	180 740	
贷：其他应付款——个人代扣		180 740
（15）借：应付职工薪酬——工资	38 500	
贷：应交税费——应交个人所得税		38 500
（16）借：应付职工薪酬——工资	684 460	
贷：银行存款		684 460

会计分录	借方发生额（元）	贷方发生额（元）
（17）借：应付职工薪酬——社会保险费	144 592	
其他应付款——个人代扣	180 740	
应交税费——应交个人所得税	38 500	
贷：银行存款		363 832
（18）借：销售费用——展览费	14 000	
——广告费	23 000	
贷：银行存款		37 000
（19）借：生产成本	340 000	
贷：原材料		340 000
借：制造费用	40 000	
贷：周转材料——低值易耗品		40 000
（20）借：生产成本	6 800	
制造费用	800	
贷：材料成本差异		7 600
（21）借：应收票据	22 600	
贷：主营业务收入		20 000
应交税费——应交增值税（销项税额）		2 600
（22）借：财务费用	43 500	
贷：应付利息		29 000
长期借款——应付利息		14 500
（23）借：制造费用——折旧费	140 000	
管理费用——折旧费	60 000	
贷：累计折旧		200 000
（24）借：管理费用——无形资产摊销	5 608	
贷：累计摊销		5 608
（25）借：管理费用——财产保险费	60 100	
贷：银行存款		60 100
（26）借：库存商品	1 217 800	
贷：生产成本		903 600
制造费用		314 200
（27）借：主营业务成本	1 080 000	
贷：库存商品		1 080 000

会计分录	借方发生额（元）	贷方发生额（元）
（28）借：长期借款	900 000	
贷：银行存款		900 000
（29）借：银行存款	420 000	
贷：应收账款		420 000
（30）借：资产减值损失——计提的存货跌价准备	97 600	
贷：存货跌价准备		97 600
借：递延所得税资产	24 400	
贷：所得税费用		24 400
（31）借：应交税费——未交增值税	133 300	
贷：银行存款		133 300
借：应交税费——应交增值税（转出未交增值税）	345 150	
贷：应交税费——未交增值税		345 150
借：税金及附加	34 515	
贷：应交税费——应交城市维护建设税		24 160.50
——应交教育费附加		10 354.50
（32）借：主营业务收入	3 620 000	
投资收益	20 000	
贷：本年利润		3 640 000
借：本年利润	2 034 415	
贷：主营业务成本		1 080 000
财务费用		132 500
销售费用		37 000
管理费用		483 800
税金及附加		34 515
资产处置损益		169 000
资产减值损失		97 600
（33）借：所得税费用	425 796.25	
贷：应交税费——应交所得税		425 796.25
借：本年利润	401 396.25	
贷：所得税费用		401 396.25
借：本年利润	1 204 188.75	
贷：利润分配——未分配利润		1 204 188.75

会计分录	借方发生额（元）	贷方发生额（元）
（34）借：利润分配——提取法定盈余公积	120 418.88	
贷：盈余公积——法定盈余公积		120 418.88
（35）借：利润分配——未分配利润	120 418.88	
贷：利润分配——提取法定盈余公积		120 418.88
合计	22 941 161.01	22 941 161.01

注：本月应缴纳增值税 345 150 元，城市维护建设税 24 160.50 元，教育费附加 10 354.50 元。

本期进项税额＝104 000＋15 600＋5 850＝125 450（元）

本期销项税额＝78 000＋390 000＋2 600＝470 600（元）

当期应纳税额＝470 600－125 450＝345 150（元）

下月 15 日前缴纳，本期转出未交增值税 345 150 元。

借：应交税费——应交增值税（转出未交增值税）　　345 150

　　贷：应交税费——未交增值税　　　　　　　　　　　345 150

借：税金及附加　　　　　　　　　　　　　　　34 515

　　贷：应交税费——应交城市维护建设税　　　　　24 160.50

　　　　　　　　——应交教育费附加　　　　　　　10 354.50

（33）计算并结转应交所得税。

按税法规定，调增应纳税所得额。

应纳税所得额＝3 640 000－2 034 415＋97 600＝1 703 185（元）

应纳税额＝1 703 185×25％＝425 796.25（元）

同时应确认递延所得税资产＝97 600×25％＝24 400（元）

借：所得税费用　　　　　　　　　　　　　401 396.25

　　递延所得税资产　　　　　　　　　　　24 400

　　贷：应交税费——应交所得税　　　　　　425 796.25

借：本年利润　　　　　　　　　　　　　　401 396.25

　　贷：所得税费用　　　　　　　　　　　　401 396.25

结转利润分配＝3 640 000－2 034 415－401 396.25＝1 204 188.75（元）

借：本年利润　　　　　　　　　　　　　1 204 188.75

　　贷：利润分配——未分配利润　　　　　　1 204 188.75

编制本月发生额科目汇总表，见表 3-9。

表 3-9　本月发生额科目汇总表

金额单位：元

银行存款				其他货币资金				材料采购				生产成本			
序号	借方	序号	贷方	序号	借方	序号	贷方	序号	借方	序号	贷方	序号	借方	序号	贷方
6	3 390 000	1	68 000			10	51 530	1	800 000	2	160 000	12	480 000	26	903 600
7	103 000	3	135 600					10	45 000	11	45 000	13	76 800		
8	20 000	4	385 000									19	340 000		
10	680	7	2 000									20	6 800		
29	420 000	9	1 089 000												
		16	684 460												
		17	363 832												
		18	37 000												
		25	60 100												
		28	900 000												
		31	133 300												
	3 933 680		3 858 292				51 530		845 000		205 000		903 600		903 600

原材料				周转材料—低值易耗品				应收账款				应收票据			
序号	借方	序号	贷方	序号	借方	序号	贷方	序号	借方	序号	贷方	序号	借方	序号	贷方
2	155 200	19	340 000			19	40 000	5	678 000	29	420 000	21	22 600		
11	47 000														
	202 200		340 000				40 000		678 000		420 000		22 600		

存货跌价准备

序号	借方	序号	贷方
7	120 000	30	97 600
	120 000		97 600

资产减值损失

序号	借方	序号	贷方
30	97 600	32	97 600
	97 600		97 600

固定资产

序号	借方	序号	贷方
3	120 000	7	400 000
	120 000		400 000

固定资产清理

序号	借方	序号	贷方
7	270 000	7	103 000
7	2 000	7	169 000
	272 000		272 000

累计折旧

序号	借方	序号	贷方
23	120 000	7	200 000
	120 000		200 000

固定资产减值准备

序号	借方	序号	贷方
7	10 000	8	20 000
	10 000		20 000

材料成本差异

序号	借方	序号	贷方
2	4 800	11	2 000
		20	7 600
	4 800		9 600

库存商品

序号	借方	序号	贷方
26	1 217 800	27	1 080 000
	1 217 800		1 080 000

累计摊销

序号	借方	序号	贷方
24	5 608		
	5 608		

应收股利

序号	借方	序号	贷方
8	20 000	8	20 000
	20 000		20 000

短期借款

序号	借方	序号	贷方
9	1 000 000		
	1 000 000		

应付票据

序号	借方	序号	贷方
4	200 000		
	200 000		

应交税费

序号	借方	序号	贷方
1	104 000	5	78 000
3	15 600	6	390 000
7	2 000	7	2 000
10	5 850	15	38 500
17	38 500	21	2 600
31	133 300	31	345 150
31	345 150	31	24 160.50
		31	10 354.50
		33	425 796.25
	644 400		1 316 561.25

应付职工薪酬

序号	借方	序号	贷方
14	180 740	12	903 700
15	38 500	13	144 592
16	684 460		
17	144 592		
	1 048 292		1 048 292

其他应付款

序号	借方	序号	贷方
17	180 740	14	180 740
	180 740		180 740

应付账款

序号	借方	序号	贷方
1	185 000	1	836 000
	185 000		836 000

应付利息

序号	借方	序号	贷方
9	89 000	9	89 000
		22	29 000
	89 000		118 000

长期借款

序号	借方	序号	贷方
28	900 000	22	900 000
	900 000		900 000

盈余公积

序号	借方	序号	贷方
		34	14 500
		34	120 418.88
			120 418.88

投资收益

序号	借方	序号	贷方
8	20 000	32	20 000
	20 000		20 000

续上表

资产处置损益

序号	借方	序号	贷方
7	169 000	32	169 000
	169 000		169 000

税金及附加

序号	借方	序号	贷方
31	34 515	32	34 515
	34 515		34 515

所得税费用

序号	借方	序号	贷方
33	425 796.25	33	401 396.25
		30	24 400
	425 796.25		425 796.25

主营业务成本

序号	借方	序号	贷方
27	1 080 000	32	1 080 000
	1 080 000		1 080 000

财务费用

序号	借方	序号	贷方
9	89 000	32	132 500
22	43 500		
	132 500		132 500

销售费用

序号	借方	序号	贷方
18	14 000	32	37 000
18	23 000		
	37 000		37 000

管理费用

序号	借方	序号	贷方
12	308 700	32	483 800
13	49 392		
23	60 000		
24	5 608		
25	60 100		
	483 800		483 800

制造费用

序号	借方	序号	贷方
12	115 000	26	314 200
13	18 400		
19	40 000		
20	800		
23	140 000		
	314 200		314 200

递延所得税资产

序号	借方	序号	贷方
30	24 400		
	24 400		

利润分配

序号	借方	序号	贷方
34	120 418.88	33	1 204 188.75
35	120 418.88	35	120 418.88
	240 837.76		1 324 607.63

本年利润

序号	借方	序号	贷方
32	2 034 415	32	3 640 000
33	401 396.25		
33	1 204 188.75		
	3 640 000		3 640 000

主营业务收入

序号	借方	序号	贷方
32	3 620 000	5	600 000
		6	3 000 000
		21	20 000
	3 620 000		3 620 000

根据《关于修订印发 2019 年度一般企业财务报表格式的通知》（财会〔2019〕6 号），计算期初与期末资产负债表项目数据。

货币资金期初余额＝6 800＋2 450 000＋208 000＝2 664 800（元）

货币资金期末余额＝货币资金期初余额＋银行存款（本期借方发生额－本期贷方发生额）＋其他货币资金（本期借方发生额－本期贷方发生额）＋库存现金（本期借方发生额－本期贷方发生额）

＝2 664 800＋（3 933 680－3 858 292）－51 530

＝2 688 658（元）

应收票据期末余额＝应收票据期初余额＋应收票据（本期借方发生额－本期贷方发生额）

＝100 000＋22 600＝122 600（元）

存货期初余额＝580 000＋1 520 000＋10 000＋50 000＋250 000＋8 600＋（－6 500）＝2 412 100（元）

存货期末余额＝期初余额＋材料采购（借方发生额－贷方发生额）＋生产成本（借方发生额－贷方发生额）＋原材料（借方发生额－贷方发生额）＋周转材料（借方发生额－贷方发生额）＋库存商品（借方发生额－贷方发生额）＋材料成本差异（借方发生额－贷方发生额）－存货跌价准备

＝2 412 100＋（845 000－205 000）＋（903 600－903 600）＋（202 200－340 000）＋（0－40 000）＋（1 217 800－1 080 000）＋（4 800－9 600）－97 600

＝2 412 100＋640 000－137 800－40 000＋137 800－4 800－97 600

＝2 909 700（元）

应收账款期初余额＝2 400 000－9 000＝2 391 000（元）

应收账款期末余额＝2 391 000＋（678 000－420 000）＝2 649 000（元）

其他应收款期初余额＝12 800（元）

其他应收款期末余额＝期初余额＋应收股利（借方发生额－贷方发生额）

＝12 800＋20 000－20 000

＝12 800（元）

长期股权投资期初余额＝1 200 000－3 500＝1 196 500（元）

长期股权投资期末余额＝1 196 500（元）

固定资产期初余额＝5 408 000－60 000－110 000＝5 238 000（元）

固定资产期末余额＝期初余额＋固定资产（借方发生额－贷方发生额）＋
固定资产清理（借方发生额－贷方发生额）＋固定资
产减值准备（借方发生额－贷方发生额）－累计折旧
（借方发生额－贷方发生额）

$$＝5\ 238\ 000＋（120\ 000－400\ 000）＋（273\ 600－273\ 600）$$
$$＋10\ 000－（120\ 000－200\ 000）$$

$$＝5\ 238\ 000－280\ 000＋10\ 000－80\ 000$$

$$＝4\ 888\ 000（元）$$

无形资产期初余额＝560 000－160 000＝400 000（元）

无形资产期末余额＝560 000－165 608＝394 392（元）

短期借款期初余额＝1 000 000（元）

短期借款期末余额＝1 000 000－1 000 000＝0（元）

应付票据期初余额＝400 000（元）

应付票据期末余额＝400 000－200 000＝200 000（元）

应付账款期初余额＝2 560 000（元）

应付账款期末余额＝2 560 000－（185 000－836 000）＝3 211 000（元）

其他应付款期初余额＝其他应付款余额＋应付利息余额＝46 000＋45 000
＝91 000（元）

其他应付款期末余额＝91 000＋（118 000－89 000）＝120 000（元）

应交税费期初余额＝133 300（元）

应交税费期末余额＝133 300＋1 316 561.25－644 400＝805 461.25（元）

应付职工薪酬期初余额＝154 600（元）

应付职工薪酬期末余额＝期初余额＋应付职工薪酬（贷方发生额－借方
发生额）

$$＝154\ 600＋（1\ 048\ 292－1\ 048\ 292）$$

$$＝154\ 600（元）$$

长期借款期初余额＝4 000 000（元）

长期借款期末余额＝4 000 000－900 000＋14 500＝31 145 00（元）

盈余公积期初余额＝150 000（元）

盈余公积期末余额＝150 000＋120 418.88＝270 418.88（元）

未分配利润期初余额＝290 000（元）

未分配利润期末余额＝290 000＋（1 204 188.75－120 418.88）

＝1 373 769.87（元）

根据上表数据，整理本月期末余额，见表3-10。

表 3-10 期末科目余额表 金额单位：元

科目名称	年末数	科目名称	年末数
库存现金	6 800.00	短期借款	
银行存款	2 525 388.00	应付票据	200 000.00
其他货币资金	156 470.00	应付账款	3 211 000.00
交易性金融资产	30 900.00	其他应付款	46 000.00
应收票据	122 600.00	应付职工薪酬	154 600.00
应收账款	2 658 000.00	合同负债	209 000.00
坏账准备	−9 000.00	应交税费	805 461.25
合同资产	525 000.00	应付利息	74 000.00
其他应收款	12 800.00	长期借款	3 114 500.00
材料采购	1 220 000.00	其他非流动负债	1 120 000.00
原材料	1 382 200.00	递延所得税负债	10 000.00
包装物	10 000.00	实收资本	5 000 000.00
低值易耗品	10 000.00	资本公积	143 200.00
库存商品	387 800.00	盈余公积	270 418.88
材料成本差异	3 800.00	利润分配（未分配利润）	1 373 769.87
存货跌价准备	−104 100.00		
待摊费用			
长期股权投资	1 200 000.00		
长期股权投资减值准备	−3 500.00		
固定资产	5 128 000.00		
累计折旧	−140 000.00		
固定资产减值准备	−100 000.00		
工程物资			
在建工程			
无形资产	560 000.00		
累计摊销	−165 608.00		
开发支出			
长期待摊费用	290 000.00		
递延所得税资产	24 400.00		
合计	15 731 950.00	合计	15 731 950.00

根据表3-8至表3-11的数据，编制2023年1月31日的资产负债表，见表3-11。

表 3-11　资产负债表

编制单位：富强毛毯有限责任公司　　　2023 年 1 月 31 日　　　　　　　　金额单位：元

资产	期末余额	年初余额	负债和所有者权益	期末余额	年初余额
流动资产：			流动负债：		
货币资金	2 688 658	2 664 800.00	短期借款	—	1 000 000.00
交易性金融资产	30 900.00	30 900.00	交易性金融负债	—	—
应收票据	122 600.00	100 000.00	应付票据	200 000.00	400 000.00
应收账款	2 649 000.00	2 391 000.00	应付账款	3 211 000.00	2 560 000.00
预付款项	—	—	预收款项		
合同资产	525 000.00	525 000.00	合同负债	209 000.00	209 000.00
其他应收款	12 800.00	12 800.00	应付职工薪酬	154 600.00	154 600.00
存货	2 909 700.00	2 412 100.00	应交税费	805 461.25	133 300.00
一年内到期非流动资产	—	—	其他应付款	120 000.00	91 000.00
其他流动资产	—	—	其他流动负债	—	—
流动资产合计	8 938 658	8 136 600.00	流动负债合计	4 700 061.25	4 547 900
非流动资产：	—	—	非流动负债：		
债权投资			长期借款	3 114 500.00	4 000 000.00
其他权益工具投资			应付债券		
长期应收款			长期应付款		
长期股权投资	1 196 500.00	1 196 500.00	预计负债		
投资性房地产	—		递延收益		
固定资产	4 888 000.00	5 238 000.00	递延所得税负债	10 000.00	10 000.00
在建工程	—		其他非流动负债	1 120 000.00	1 120 000.00
生产性生物资产			非流动负债合计	4 244 500	5 130 000.00
无形资产	394 392.00	400 000.00	负债合计	8 944 561.25	9 677 900.00
开发支出			所有者权益：		
商誉	—		股本	5 000 000.00	5 000 000.00
长期待摊费用	290 000.00	290 000.00	资本公积	143 200.00	143 200.00
递延所得税资产	24 400.00		盈余公积	270 418.88	150 000.00
其他非流动资产			未分配利润	1 373 769.87	290 000.00
非流动资产合计	6 793 292.00	7 124 500.00	所有者权益合计	6 787 388.75	5 583 200.00
资产总计	15 731 950.00	15 261 100.00	负债和所有者权益总计	15 731 950.00	15 261 100.00

单位领导：　　　　　　　　　　　会计主管：　　　　　　　　　　　会计：

第4章

利润表的原理与编制方法

利润表是根据"收入－费用＝利润"的会计平衡公式的原理以及收入与费用的配比原则编制。

4.1 | 利润表的原理

企业一般要在月底编制利润表，销售收入减去成本，得出主营业务利润，就是通常说的毛利，毛利再减去税金、费用等，就是税前利润总额，即核心利润，利润表中为营业利润。核心利润是检验一家企业经营是否优秀的重要指标。什么是核心利润？核心利润来源于企业经营产生的毛利，扣除税金、销售费用、管理费用以及财务费用后的部分。核心利润公式如下：

核心利润＝营业收入－营业成本－税金及附加－销售费用－管理费用－财务费用

毛利高低代表了企业产品的竞争力等，而费用高低则代表了企业费用控制的能力。总体来说，核心利润高，盈利能力越强，盈利质量越高。核心利润减去企业所得税就是净利润了，这就是企业实实在在赚的钱。

4.1.1 利润表的结构

利润表反映的经营成果是企业一定期间的收入与费用配比而形成的净收益（或净亏损）顺序如下：

（1）企业在一定时期内取得的全部收入，包括营业收入、营业外收入和投资收益。

（2）企业在一定时期内为取得收入而发生的全部费用和支出，包括营业成本、管理费用、销售费用、财务费用和营业外支出。

（3）全部收入与全部支出相抵后计算出的企业在一定时期内实现的利润（或发生的亏损）总额，即营业利润（或亏损）和利润总额（亏损）。

根据收入与费用配比原则，我国企业的利润表采用多步式格式，分以下三个步骤编制。

第一步，以营业收入为基础，减去营业成本、税金及附加、销售费用、管理费用、财务费用、资产减值损失，加上公允价值变动收益（减去公允价值变动损失）和投资收益（减去投资损失），加上其他收益（减其他损失），再加上资产处置收益（减去资产处置损失），计算营业利润。

第二步，以营业利润为基础，加上营业外收入，减去营业外支出，计算出利润总额。

第三步，以利润总额为基础，减去所得税费用，计算出净利润（或净亏损）。

4.1.2 利润表的填列方法

利润表各项目均需填列"本期金额"和"上期金额"两栏。利润表"本期金额""上期金额"栏内各项数字，应当按照相关科目的发生额分析填列。

利润表项目的填列说明，见表4-1。

表 4-1　利润表项目填列说明

项　　目	填列方法
营业收入	本项目应根据"主营业务收入"和"其他业务收入"科目的发生额分析填列
营业成本	本项目应根据"主营业务成本"和"其他业务成本"科目的发生额分析填列
税金及附加	本项目应根据"税金及附加"科目的发生额分析填列
销售费用	本项目应根据"销售费用"科目的发生额分析填列
管理费用	本项目应根据"管理费用"科目的发生额分析填列
研发费用	本项目应根据"管理费用"科目下的"研发费用"明细科目的发生额分析填列
其他收益	本项目应根据"其他收益"科目的发生额分析填列
财务费用	本项目应根据"财务费用"科目的发生额分析填列
其中：利息费用行项目	本项目应根据"财务费用"科目的相关明细科目的发生额分析填列

项　目	填列方法
利息收入行项目	本项目应根据"财务费用"科目的相关明细科目的发生额分析填列
资产减值损失	本项目应根据"资产减值损失"科目发生额分析填列
公允价值变动收益	本项目应根据"公允价值变动损益"科目的发生额分析填列。如为净损失，本项目以"－"号填列
投资收益	本项目应根据"投资收益"科目的发生额分析填列。如为投资损失，本项目用"－"号填列
资产处置收益	本项目应根据"资产处置损益"科目的发生额分析填列；如为处置损失，以"－"号填列
营业利润	反映企业实现的营业利润。如为亏损，本项目以"－"号填列
营业外收入	本项目应根据"营业外收入"科目的发生额分析填列
营业外支出	本项目应根据"营业外支出"科目的发生额分析填列
利润总额	反映企业实现的利润。如为亏损，本项目以"－"号填列
所得税费用	本项目应根据"所得税费用"科目的发生额分析填列
净利润	反映企业实现的净利润。如为亏损，本项目以"－"号填列
每股收益	包括基本每股收益和稀释每股收益两项指标，反映普通股或潜在普通股已公开交易的企业，以及正在公开发行普通股或潜在普通股过程中的企业的每股收益信息
其他综合收益	反映根据《企业会计准则》规定未在损益中确认的各项利得和损失扣除所得税影响后的净额
综合收益总额	反映企业净利润与其他综合收益的合计金额
"（一）持续经营净利润"和"（二）终止经营净利润"	分别反映净利润中与持续经营相关的净利润和与终止经营相关的净利润；如为净亏损，以"－"号填列。该两个项目应按照《企业会计准则第42号——持有待售的非流动资产、处置组和终止经营》的相关规定分别列报

4.2 | 利润表的编制实例

【例 4-1】接【例 3-1】，编制利润表项目本期借贷方发生额，见表 4-2。

表 4-2　利润表项目本期发生额　　　　　　　金额单位：元

科目名称	借方发生额	贷方发生额
主营业务收入		3 620 000.00
主营业务成本	1 080 000.00	
税金及附加	34 515.00	
销售费用	37 000.00	
管理费用	483 800.00	

科目名称	借方发生额	贷方发生额
管理费用——工资	308 700.00	
管理费用——摊销	5 608.00	
管理费用——社保（企业）	49 392.00	
管理费用——折旧	60 000.00	
管理费用——保险费用	60 100.00	
财务费用	132 500.00	
财务费用——利息收入	89 000.00	
财务费用——利息费用	43 500.00	
投资收益		20 000.00
资产处置损益	169 000.00	
资产减值损失	97 600.00	
所得税费用	401 396.25	

根据上述资料填制利润表，见表 4-3。

表 4-3　利　润　表

会企 02 表

编制单位：富强毛毯有限责任公司　　　　2023 年度　　　　　　　　金额单位：元

项目	本期金额	上期金额（略）
一、营业收入	3 620 000.00	
减：营业成本	1 080 000.00	
税金及附加	34 515.00	
销售费用	37 000.00	
管理费用	483 800.00	
研发费用	—	
财务费用	132 500.00	
其中：利息费用	132 500.00	
利息收入		
资产减值损失	97 600.00	
加：其他收益	—	
投资收益（损失以"—"号填列）	20 000.00	
其中：对联营企业和合营企业的投资收益	—	

项目	本期金额	上期金额（略）
公允价值变动收益（损失以"－"号填列）	—	
资产处置收益（损失以"－"号填列）	－169 000.00	
二、营业利润（亏损以"－"号填列）	1 605 585.00	
加：营业外收入	—	
减：营业外支出	—	
三、利润总额（亏损总额以"－"号填列）	1 605 585.00	
减：所得税费用	401 396.25	
四、净利润（净亏损以"－"号填列）	1 204 188.75	
（一）持续经营净利润（净亏损以"－"号填列）	1 204 188.75	
（二）终止经营净利润（净亏损以"－"号填列）	—	
五、其他综合收益的税后净额	—	
（一）不能重分类进损益的其他综合收益	—	
1. 重新计量设定受益计划变动额	—	
2. 权益法下不能转损益的其他综合收益	—	
3. 其他权益工具投资公允价值变动	—	
4. 企业自身信用风险公允价值变动	—	
……		
（二）将重分类进损益的其他综合收益	—	
1. 权益法下可转损益的其他综合收益	—	
2. 其他债权投资公允价值变动	—	
3. 金融资产重分类计入其他综合收益的金额	—	
4. 其他债权投资信用减值准备	—	
5. 现金流量套期储备	—	
6. 外币财务报表折算差额	—	
……		
六、综合收益总额	—	
七、每股收益：	—	
（一）基本每股收益	—	
（二）稀释每股收益	—	

第 5 章

现金流量表原理与编制方法

　　《企业会计准则第 31 号——现金流量表》规定，现金流量表披露企业在一定期间内现金（包括现金等价物）的流入、流出，以及期初和期末现金结余的状况。现金流量表是以收付实现制为基础编制的，现金流量表是期间报表，不是时点报表。净利润和净现金流量都是反映企业盈利能力和盈利水平的财务指标。净现金流量是现金流量表中的一个指标，是指一定时期内，现金及现金等价物的流入减去流出的余额，反映企业本期内净增加或净减少的现金及现金等价数额。

5.1 ｜ 现金流量表原理与编制方法

　　根据企业运营的方式，将现金流量分为经营活动产生的现金流量、投资活动产生的现金流量、筹资活动产生的现金流量，再按照收付实现制的原理，将涉及现金交易业务剥离出来，厘清现金流量，以此为企业把脉。

5.1.1　现金和现金流量

首先对"现金"和"现金流量"概念、范围加以明确。

1. 现金的范畴

"现金流量表"所指的现金是包括库存现金、银行活期存款、其他货币资金及现金等价物等。现金等价物是指短期高流动性的票据、证券投资等，通常变现期不超过 3 个月，由于这类投资易于转换为已知金额的现金，价格变动风险很小，其支付能力与现金的差别不大。企业为了保证支付能力，必须持有一定量的现金，为了不使现金闲置，企业通常会购置短期债券等低风险、高流动性的证券。在现金流量表中，这类投资被视为现金一样对待。

企业应该根据经营特点的具体情况，确定现金等价物的范围，并将这种划分标准作为一项会计政策加以一贯性的保持，在会计报表附注中对现金等价物的划分标准进行披露。

常见的现金等价物包括三个月之内到期的国债、企业债券、商业票据等。应该注意的是，并不是所有短期投资都是现金等价物，短期投资必须满足期限短（通常 3 个月以内到期）、流动性强、易于转换成已知金额的现金、价值变动风险很小这四个条件。

2. 现金流量

现金流量是一定期间内现金流入或流出的金额。引起企业现金流动的经济业务有以下三种：

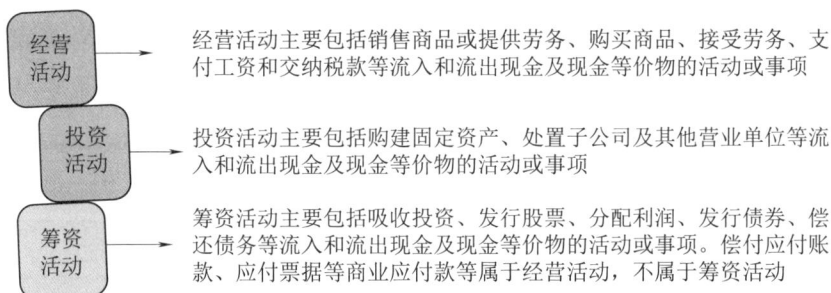

经营活动 → 经营活动主要包括销售商品或提供劳务、购买商品、接受劳务、支付工资和交纳税款等流入和流出现金及现金等价物的活动或事项

投资活动 → 投资活动主要包括购建固定资产、处置子公司及其他营业单位等流入和流出现金及现金等价物的活动或事项

筹资活动 → 筹资活动主要包括吸收投资、发行股票、分配利润、发行债券、偿还债务等流入和流出现金及现金等价物的活动或事项。偿付应付账款、应付票据等商业应付款等属于经营活动，不属于筹资活动

《企业会计准则》规定企业应当采用直接法编报现金流量表，同时要求提供在净利润基础上调节为经营活动产生的现金流量的信息。也就是说，同时采用直接法和间接法两种方法编报现金流量表。在编制过程中，可以运用公式分析法、工作底稿法等辅助完成，还可以通过记账凭证法、明细分类账法完成。在本章中我们主要介绍公式分析法、工作底稿法。

5.1.2　直接法与间接法

编制现金流量表时，列报经营活动现金流量的方法有两种：一是直接法；二是间接法。在直接法下，一般是以利润表中的营业收入为起算点，调节与经营活动有关的项目的增减变动，然后计算出经营活动产生的现金流量。间接法主要是剔除与现金支出无关的经营活动。

1. 直接法

直接法，是指按现金收入和现金支出的主要类别直接反映企业经营活动产生的现金流量。在我国，采用直接法编制现金流量表时经营活动产生的现金流入项目主要包括：

（1）销售商品、提供劳务收到的现金；

（2）收到的税费返还；

（3）收到的其他与经营活动有关的现金。

经营活动产生的现金流出项目主要包括：

（1）购买商品、接受劳务支付的现金；

（2）支付给职工以及为职工支付的现金；

（3）支付的各项税费；

（4）支付的其他与经营活动有关的现金。

2. 间接法

间接法是指以净利润为起算点，调整不涉及现金的收入、费用、营业外收支等有关项目，据此计算出经营活动产生的现金流量。由于净利润是按照权责发生制原则确定的，且包括了投资活动和筹资活动收益和费用，将净利润调节为经营活动现金流量，实际上就是将按权责发生制原则确定的净利润调整为现金净流入，并剔除投资活动和筹资活动对现金流量的影响。

具体来说，需要在净利润基础上进行调节的项目主要包括：

（1）计提的资产减值准备；

（2）固定资产折旧；

（3）无形资产摊销；

（4）长期待摊费用摊销；

（5）预提费用计提；

（6）处置固定资产、无形资产和其他长期资产的损益；

（7）固定资产报废损失；

（8）财务费用；

（9）投资损益；

（10）递延税款；

（11）存货的增减；

（12）经营性应收项目的增减；

（13）经营性应付项目的增减。

采用直接法编报的现金流量表，便于分析企业经营活动产生的现金流量的来源和用途，预测企业现金流量的未来前景；采用间接法编报现金流量表，便于将净利润与经营活动产生的现金流量净额进行比较，了解净利润与经营活动产生的现金流量差异的原因，从现金流量的角度分析净利润的质量。

5.2 | 现金流量表各项目调整方法

现金流量表各项目调整方法主要有公式分析法和工作底稿法。公式分析法是利用资产负债表、利润表资料，通过项目关系的分析，得出填列各项目的计算公式，无须编制调整分录编制现金流量表的方法。

采用工作底稿法编制现金流量表，是以工作底稿为手段，以利润表和资产负债表数据为基础，结合有关的账簿资料（主要是有关的明细资料和备查账簿），对利润表项目和资产负债表项目逐一进行分析，并编制调整分录，进而编制现金流量表。我们运用公式分析法调整经营活动、筹资活动以及投资活动产生的现金流量。

5.2.1 用公式分析法计算经营活动产生的现金流量

经营活动产生的现金流量是指企业投资活动和筹资活动以外的所有交易和事项产生的现金流量，它是企业现金的主要来源。经营活动现金流量项目主要根据"主营业务收入""其他业务收入""应交税费——应交增值税""应收票据""应收账款""预收账款"的发生额填列。

经营活动现金流量包括：销售商品提供劳务收到的现金、收到的其他与经营活动有关的现金、购买商品、接受劳务支付的现金、支付给职工以及为职工支付的现金、支付的各项税费、支付与其他经营活动有关的现金。

1. 销售商品、提供劳务收到的现金计算公式与调整分录

销售商品、提供劳务收到的现金计算公式如下：

> 销售产商品、提供劳务收到的现金
>
> ＝营业收入
>
> ＋应交税金（应交增值税——销项税额）
>
> ＋（应收账款期初余额－应收账款期末余额）
>
> ＋（应收票据期初余额－应收票据期末余额）
>
> ＋（预收账款期末余额－预收账款期初余额）
>
> －当期转销的坏账损失
>
> ＋当期收回的已核销的坏账
>
> －票据贴现利息
>
> ＋应收票据中与收入无关的代垫运杂费
>
> ＋应付销售退回款
>
> －以非现金资产清偿债务而减少的应收账款和应收票据

公式说明：

（1）营业收入。

利润表"营业收入"包括"主营业务收入"和"其他业务收入"。在编制现金流量表时，直接取其发生额在调整分录中列示。

（2）应交税费——应交增值税（销项税额）。

增值税销项税额包含在"销售商品、提供劳务收到的现金"项目之中。在会计核算中，应交增值税销项税额包含在"应收账款""应收票据"科目之中，但却没有包括在"营业收入"之中，故以"营业收入"在计算基础时应加上此项。

增值税是价外税，收取的销项税额不影响企业损益，但属于销售商品收到的现金。在编制调整分录时，我们以"应交税费——应交增值税（销项税额）"的贷方发生数直接填列。

（3）"应收票据"调整。

应收票据是指企业持有的未到期或未兑现的商业票据。在现金流量表中以"（应收票据期初余额－应收票据期末余额）"的数据填列，在编制调整分录时，直接反映。

（4）"应收账款"调整。

应收账款表示企业在销售过程中被购买单位所占用的资金。在现金流量表中以"（应收账款期初余额－应收账款期末余额）"的数据填列。"应收账款"减少净额，表明本期销售商品、提供劳务的收到的现金中有一部分是上期的应收账款，故在以"营业收入"为计算基数中应予以增加。

（5）"预收账款"调整。

根据"（预收账款期末余额－预收账款期初余额）"列示，但预收账款的增加并没有记入"营业收入"，故在以"营业收入"为计算基数中应加上此项。

（6）"坏账准备"的调整。

①"当期转销的坏账损失"并不增加企业的现金，而在前面的计算中是将"应收账款"的减少额全部记入"销售商品、提供劳务收到的现金"之中的，故应予以冲减。

②"当期收回的已核销的坏账"与本期应收账款的增减无关，但在收付实现制下，它也属于本期"销售产成品、商品、提供劳务收到的现金"。可依据"坏账核销备查登记簿"中"已核销坏账收回"栏目数字填列。

（7）"票据贴现利息"的调整。

"票据贴现利息"并不增加企业的现金，在"应收票据"调整的计算中是将"应收票据"的减少额全部记入"销售商品、提供劳务收到的现金"之中，故应予以冲减。

（8）"应付销售退回款"调整。

如果存在销售退回，情况将变得较为复杂。销售退回一般都通过"营业收入"处理，即都减少本期销售收入。但销售退回有两种情况：第一种情况是本来货款就未收，这种销售退回肯定不涉及现金的退回，一方面减少"营业收入"，另一方面也减少"应收账款"，不影响"销售商品、提供劳务收到的现金"；第二种情况是销售商品时货款已收，销售退回时可能货款立即退回，也可能本期没有退回现金。如果本期退回货款，其对"销售产成品、商品、提供劳务收到的现金"的影响已经通过"营业收入"的减少得到了体现，因而不存在调整问题；如果本期没有退回货款，（会计核算中可以通过设置"其他应付款——应付销售退回款"进行处理，即借记"营业收入"账户，贷记"其他应付款——应付销售退回款"账户。）由于前面在计算"营业收入"时已将这种退回扣除，而实际上货款并未退回，不能从"销售商品、提供劳务收到的现金"中扣除，故应对这种情况予以冲回。可以通过"其他应付款——应付销售退回款"账户或"销售退回备查簿"进行计算。

（9）以非现金资产清偿债务的调整。

以非现金资产清偿债务而减少的"应收账款"和"应收票据"，并不增加企业的现金，而在前面的计算中是将"应收账款""应收票据"的减少净额全部计入"销售商品、提供劳务收到的现金"之中的，故应予以冲减。

【例 5-1】某企业有关的会计资料见表 5-1。

表 5-1　会计资料　　　　　　　　　　　　　　　金额单位：元

项　　目	本期数发生额	期末余额	上年年末余额
一、资产负债表项目			
应收票据		550 000	790 000
应收账款		158 670	183 000
预付账款		52 386	35 800
预收账款		0	84 000
二、利润表项目			
营业收入	2 782 000		

其他补充资料：

（1）本期"应交税费——应交增值税（销项税额）"112 680 元；

（2）坏账准备期初余额 120 000 元，期末余额 187 250 元。本期确认的坏账损失 47 250 元，本期收回已做坏账损失处理的款项 50 000 元，计提坏账准备 90 000 元。

根据以上资料，可以计算如下：

销售商品、提供劳务收到的现金＝营业收入＋应交税费（应交增值税——销项税额）＋（应收账款期初余额－应收账款期末余额）＋（应收票据期初余额－应收票据期末余额）＋（预收账款期末余额－预收账款期初余额）－当期转销的坏账损失＋回收的已核销坏账

＝2 782 000＋112 680＋（183 000－158 670）＋（790 000－550 000）＋（0－84 000）－47 250＋50 000

＝2 782 000＋112 680＋24 330＋240 000－84 000－47 250＋50 000

＝3 077 760（元）

调整会计分录如下：

借：销售商品、提供劳务收到的现金　　　　　　　　　3 075 010

　　预收账款　　　　　　　　　　　　　　　　　　　84 000

	贷：应收账款	24 330
	应收票据	240 000
	营业收入	2 782 000
	应交税费——应交增值税（销项税额）	112 680

借：资产减值损失　　　　　　　　　　　　　　　90 000

　　贷：坏账准备　　　　　　　　　　　　　　　　　90 000

借：应收账款　　　　　　　　　　　　　　　　　50 000

　　贷：坏账准备　　　　　　　　　　　　　　　　　50 000

借：销售商品、提供劳务收到的现金　　　　　　　50 000

　　贷：应收账款　　　　　　　　　　　　　　　　　50 000

借：坏账准备　　　　　　　　　　　　　　　　　47 250

　　贷：应收账款　　　　　　　　　　　　　　　　　47 250

借：应收账款　　　　　　　　　　　　　　　　　47 250

　　贷：销售商品、提供劳务收到的现金　　　　　　　47 250

销售商品、提供劳务收到的现金＝3 075 010＋（50 000－47 250）

＝3 077 760（元）

通过调整会计分录，可核对计算结果是否正确。

2. 收到的税费返回

收到的税费返回包括返还的各项税费，包括关税、增值税等。

收到的税费返还＝返还的（增值税＋消费税＋关税＋所得税＋教育费附加）

企业销售商品收到的增值税销项税额以及出口产品按规定退税而取得的现金，应单独反映，为便于计算这一项目的现金流量，企业应在"应收账款"及"应收票据"科目下分设"货款"和"增值税"两个明细科目。"应收账款（应收票据）——货款"科目用以调整计算销售商品、提供劳务收到的现金。

【例 5-2】某企业本期销售商品收到增值税返回 240 000 元，收到前期应收账款——增值税 69 000 元；收到前期应收票据——增值税 39 000 元。

收到的税费返还＝本期增值税返回收到的现金＋收回前期应收增值税＋

当期增值税销项税额及出口退税

＝240 000＋（69 000＋39 000）＝348 000（元）

企业除增值税税额退回外，还有其他税费返还，如所得税、消费税、关税和教育费附加返还款等。这些返还的税费按实际收到的款项反映。

3. 收到的其他与经营活动有关的现金

"收到的其他与经营活动有关的现金"是对前述经营活动产生的现金流入各项的补充，包括：捐赠现金收入，罚款收入，流动资产损失中由个人赔偿的现金收入。"收到的其他与经营活动有关的现金"应根据现金科目的借方数额与"资本公积""营业外收入""其他应收款"等科目的贷方记录分析填列。

收到的其他与经营活动有关的现金＝除上述经营活动以外的其他经营活动有关的现金

4. "购买商品、接受劳务支付的现金"的调整

企业购买商品、接受劳务支付的现金（包括支付的增值税进项税额）。主要包括：本期购买商品接受劳务支付的现金，本期支付前期购买商品、接受劳务的未付款项，本期预付款项。

本期发生购货退回而收到的现金应从购买商品或接受劳务支付的款项中扣除。

与购买商品、接受劳务有关的经济业务主要涉及利润表中的"主营业务成本"项目，资产负债表中的"应交税费——应交增值税（进项税额）"项目、"应付账款"项目、"应付票据"项目、"预付账款"项目和"存货"项目等，通过对上述等项目进行分析，则能够计算确定"购买商品、接受劳务支付的现金"项目。若上述项目的发生额均与购买商品、接受劳务有关，该项目的确定则比较容易。我们只需以购买商品、接受劳务产生的"销售成本和增值税进项税额"为计算的起点，对应付账款、应付票据、预付账款和存货等项目进行余额变动的调整即可计算出"购买商品、接受劳务支付的现金"。

典型的特殊调整业务包括：

（1）当期实际发生的制造费用（不包括消耗的物料）；

（2）生产成本中含有的生产工人工资；

（3）当期以非现金和非存货资产清偿债务减少的应付账款和应付票据；

（4）销售业务往来账户与购货业务往来账户的对冲，如应收账款与应付账款的对冲；

（5）工程项目领用本企业商品等。

调整法下购买商品、接受劳务支付的现金的计算公式为：

（1）购买商品、接受劳务支付的现金

　＝营业成本

　＋当期支付的增值税进项税额

　＋（应付账款期初余额－期末余额）

　＋（应付票据期初余额－期末余额）

　＋（预付账款期末余额－期初余额）

　＋（存货期末余额－期初余额）

　－当期计入生产成本和制造费用的职工薪酬

　－当期计入生产成本和制造费用的折旧费用

（2）购买商品、接受劳务支付的现金

　＝当期购买商品、接受劳务支付的现金

　＋当期支付的应付账款和应付票据

　＋当期预付的账款

　－当期因购货退回收到的现金

上述公式中的特殊调整业务作为加项或减项的处理原则是：应付账款、应付票据、预付账款和"存货类"等账户（不含四个账户内部转账业务）借方对应的账户不是购买商品、接受劳务产生的"现金类"账户，则作为减项处理，如分配的工资费用等；应付账款、应付票据、预付账款和"存货类"等账户（不含四个账户内部转账业务）贷方对应的账户不是"销售成本和增值税进项税额类"账户，则作为加项处理，如工程项目领用本企业商品等。

【例 5-3】甲企业是一般纳税人，2022 年确认主营业务成本 1 459 000 元，应付账款期末比期初减少 1 904 000 元，预付账款期末比期初增加 980 000 元。存货期末比期初减少 1 120 000 元，应付票据期末比期初增加 674 000 元。本年发生增值税进项税额 198 300 元，进项税额转出额为 24 300 元。

本年在生产成本和制造费用中列支职工薪酬 450 000 元，列支固定资产折旧费用 13 400 元。

调整会计分录如下：

借：主营业务成本　　　　　　　　　　　　　　　　1 459 000

预付账款		980 000
应付账款		1 904 000
应交税费——应交增值税（进项税额）		198 300
贷：存货		1 120 000
应交税费——应交增值税（进项税额转出）		24 300
应付票据		674 000
购买商品、接受劳务支付的现金		2 723 000
借：购买商品、接受劳务支付的现金		463 400
贷：应付职工薪酬		450 000
累计折旧		13 400

5. 支付给职工以及为职工支付的现金

"支付给职工以及为职工支付的现金"项目反映企业实际支付给职工，以及为职工支付的现金，包括本期实际支付给职工的工资、奖金、各种津贴和补贴等，以及为职工支付的其他费用。企业代扣代缴的职工个人所得税，也在本项目反映。企业为职工支付的养老、失业等社会保险基金、补充养老保险、住房公积金、支付给职工的住房困难补助，以及企业支付给职工或为职工支付的其他福利费用等，应按职工的工作性质和服务对象，分别在本项目和"购建固定资产、无形资产和其他长期资产支付的现金"项目反映。支付给职工以及为职工支付的现金计算公式如下：

支付给职工以及为职工支付的现金＝生产成本、制造费用、管理费用中职工薪酬＋（应付职工薪酬年初余额－应付职工薪酬期末余额）－（应付职工薪酬在建工程年初余额－应付职工薪酬在建工程年末余额）

会计调整分录为：

借：支付的其他与经营活动有关的现金（指管理费用）
　　购买商品、接受劳务支付的现金（指生产成本）
　　购买商品、接受劳务支付的现金（指制造费用）
　　支付的其他与经营活动有关的现金（指销售费用）
　贷：应付职工薪酬

借：应付职工薪酬
　贷：支付给职工以及为职工支付的现金

6. 支付的各项税费

"支付的各项税费"项目反映企业按规定支付的各项税费，包括本期发生并支付的税费，以及本期支付以前各期发生的税费和预交的税金。

需要注意的是，修订前的会计准则中的"支付的增值税款""支付的所得税款""支付的除增值税、所得税以外的其他税费"项目，包括在修订后的《企业会计准则》中的"支付的各项税费"项目中。

【例5-4】甲企业本期向税务机关交纳增值税34 000元；本期发生的所得税3 100 000元已全部交纳；企业期初未交所得税280 000元；期末未交所得税120 000元。

支付的各项税费＝本期支付的增值税额＋本期发生并交纳的所得税额＋
前期发生本期交纳的所得税额
＝34 000＋3 100 000＋（280 000－120 000）
＝3 294 000（元）

这里还需强调本期所得税计算中经常遇到的几个概念：

（1）会计利润，指某一会计期间利润表上所列示的扣除所得税费用之前的利润或亏损。

（2）应纳税所得额，指按照税法规定计算的某一会计期间的利润（或亏损）。

（3）本期所得税费用，指某一会计期间列入利润表的所得税金额。

（4）时间性差异，指某一会计期间，由于有些收入和支出项目计入税前会计利润，与计入纳税所得的时间不一致所产生的税前会计利润与纳税所得之间的差额。

（5）永久性差异，指某一会计期间，税前会计利润与纳税所得之间由于计算口径不同而产生的差额。

（6）应交所得税，指某一会计期间，按照纳税所得和实际执行的税率计算的本期应付的所得税金额。

（7）递延所得税负债，指按应纳税时间性差异和确定的税率计算在未来期间应付的所得税金额。

（8）递延所得税资产，指按可抵减时间性差异以及累计纳税亏损和确定的税率计算的未来期间内可抵减的所得税金额。

除增值税、所得税以外的其他税费，有教育费附加、矿产资源补偿费、印花税、房产税、土地增值税、车船税等，不包括计入固定资产价值、实际支付的耕地占用税等。

（1）教育费附加是国家为了发展我国的教育事业，提高人民的文化素质而征收的一项费用。这项费用按照企业交纳流转税的一定比例计算，并与流转税一起交纳。

（2）矿产资源补偿费是国家对在我国境内开采矿产品或者生产盐的单位和个人征收的税种，按照应税产品的课税数量和规定的单位税额计算。

（3）印花税是对经济活动和经济交往中书立、使用、领受具有法律效力的凭证的单位和个人征收的一种税。

（4）房产税是以房屋为征税对象，依据房产价格或房产租金收入向房产所有人或经营人征收的一种财产税。

（5）土地增值税是对转让国有土地使用权、地上建筑物及其附着物并取得收入的单位和个人，就其转让房地产所取得的增值额征收的一种税。

（6）车船税是指国家对行驶在境内公共道路的车辆和航行于境内河流、湖泊或者邻海的船舶，依法征收的一种税。

5.2.2　用公式分析法计算投资活动产生的现金流量

投资活动产生的现金流量净额计算。投资活动产生的现金流量净额各个子项目计算方法具体见表 5-2。

表 5-2　投资活动产生的现金流量净额计算

项　　目	计算公式
收回投资所收到的现金	＝（短期投资期初数－短期投资期末数）＋（长期股权投资期初数－长期股权投资期末数）＋（长期债权投资期初数－长期债权投资期末数）
取得投资收益所收到的现金	＝利润表投资收益－（应收利息期末数－应收利息期初数）－（应收股利期末数－应收股利期初数）
处置固定资产、无形资产和其他长期资产所收回的现金净额	＝"固定资产清理"的贷方余额＋（无形资产期末数－无形资产期初数）＋（其他长期资产期末数－其他长期资产期初数）

项　　目	计算公式
收到的其他与投资活动有关的现金	如收回融资租赁设备本金等
购建固定资产、无形资产和其他长期资产所支付的现金	＝（在建工程期末数－在建工程期初数）（剔除利息）＋（固定资产期末数－固定资产期初数）＋（无形资产期末数－无形资产期初数）＋（其他长期资产期末数－其他长期资产期初数）
投资所支付的现金	＝（短期投资期末数－短期投资期初数）＋（长期股权投资期末数－长期股权投资期初数）（剔除投资收益或损失）＋（长期债权投资期末数－长期债权投资期初数）（剔除投资收益或损失）
支付的其他与投资活动有关的现金	如投资未按期到位罚款

5.2.3　用公式分析法计算筹资活动产生的现金流量

筹资活动产生的现金流量净额计算。筹资活动产生的现金流量净额各个子项目计算方法具体见表 5-3。

表 5-3　筹资活动产生的现金流量净额计算

项　　目	计算公式
吸收投资所收到的现金	＝（实收资本或股本期末数－实收资本或股本期初数）＋（应付债券期末数－应付债券期初数）
借款收到的现金	＝（短期借款期末数－短期借款期初数）＋（长期借款期末数－长期借款期初数）
收到的其他与筹资活动有关的现金	如投资人未按期缴纳股权的罚款现金收入等
偿还债务所支付的现金	＝（短期借款期初数－短期借款期末数）＋（长期借款期初数－长期借款期末数）（剔除利息）＋（应付债券期初数－应付债券期末数）（剔除利息）
分配股利、利润或偿付利息所支付的现金	＝应付股利借方发生额＋其他利息支出＋长期借款利息＋在建工程利息＋应付债券利息－票据贴现利息支出
支付的其他与筹资活动有关的现金	如发生融资费用所支付的现金、融资租赁所支付的现金、减少注册资本所支付的现金（收购本公司股票，退还联营单位的联营投资等）、企业以分期付款方式购建固定资产，除首期付款支付的现金以外的其他各期所支付的现金等

5.2.4 其他变动对现金流量的影响

1. 汇率变动对现金及现金等价物的影响

企业外币现金流量折算成记账本位币时，所采用的是现金流量发生日的汇率或即期汇率的近似汇率，而现金流量表"现金及现金等价物净增加额"项目中外币现金净增加额是按资产负债表日的即期汇率折算。这两者的差额即为汇率变动对现金的影响。

2. 确定补充资料的"现金及现金等价物的净增加额"

确定补充资料的"现金及现金等价物的净增加额"相关公式如下：

现金的期末余额＝资产负债表"货币资金"期末余额

现金的期初余额＝资产负债表"货币资金"期初余额

现金及现金等价物的净增加额＝现金的期末余额－现金的期初余额

一般企业很少有现金等价物，故该公式未考虑此因素，如有则应填列。

5.2.5 确定补充资料中的"经营活动产生的现金流量净额"

现金流量附表利用公式分析法填列见表 5-4。

表 5-4 现金流量附表

补充资料	行次	公 式
1. 将净利润调节为经营活动现金流量：		
净利润	57	
加：计提的资产减值准备	58	＝本期计提的各项资产减值准备发生额累计数（注：直接核销的坏账损失，不计入）
固定资产折旧	59	＝制造费用中折旧＋管理费用中折旧 或：＝累计折旧期末数－累计折旧期初数 （注：未考虑因固定资产对外投资而减少的折旧）
无形资产摊销	60	＝无形资产（期初数－期末数） 或：＝无形资产贷方发生额累计数 （注：未考虑因无形资产对外投资减少）
长期待摊费用摊销	61	＝长期待摊费用（期初数－期末数） 或＝长期待摊费用贷方发生额累计数
待摊费用减少（减：增加）	64	＝待摊费用期初数－待摊费用期末数
预提费用增加（减：减少）	65	＝预提费用期末数－预提费用期初数

补充资料	行次	公 式
处置固定资产、无形资产和其他长期资产的损失（减：收益）	66	根据固定资产清理及营业外支出（或收入）明细账分析填列
固定资产报废损失	67	根据固定资产清理及营业外支出明细账分析填列
财务费用	68	＝利息支出－应收票据的贴现利息
投资损失（减：收益）	69	＝投资收益（借方余额正号填列，贷方余额负号填列）
递延税款贷项（减：借项）	70	＝递延税款（期末数－期初数）
存货的减少（减：增加）	71	＝存货（期初数－期末数）
经营性应收项目的减少（减：增加）	72	＝应收账款（期初数－期末数）＋应收票据（期初数－期末数）＋预付账款（期初数－期末数）＋其他应收款（期初数－期末数）＋待摊费用（期初数－期末数）－坏账准备期末余额
经营性应收项目的增加（减：减少）	73	＝应付账款（期末数－期初数）＋预收账款（期末数－期初数）＋应付票据（期末数－期初数）＋应付职工薪酬（期末数－期初数）＋应交税费（期末数－期初数）＋其他应付款（期末数－期初数）
其他	74	—
经营活动产生的现金流量净额	75	—
2. 不涉及现金收支的投资和融资活动：		—
债务转为资本	76	根据直接根据"实收资本"账户分析填列
一年内到期的可转换公司债券	77	根据"应付债券——可转换公司债券"账户分析填列
融资租入固定资产	78	根据"长期应付款——应付融资租赁贷款"账户分析填列
3. 现金及现金等价物净增加情况：		
现金的期末余额	79	＝资产负债表"货币资金"期末余额
减：现金的期初余额	80	＝资产负债表"货币资金"期初余额
加：现金等价物的期末余额	81	—
减：现金等价物的期初余额	82	—
现金及现金等价物净增加额	83	＝现金的期末余额－现金的期初余额

5.3 工作底稿法

采用工作底稿法编制现金流量表，就是以工作底稿为手段，以利润表和资产负债表数据为基础，结合有关的账簿资料（主要是有关的明细资料和备查账簿），对利润表项目和资产负债表项目逐一进行分析，并编制调整分录，进而编制出现金流量表。

5.3.1 工作底稿法基本程序

工作底稿的设计格式见表 5-5 至表 5-7。

表 5-5 利润表工作底稿

项目	本期数	调整分录	
		借方	贷方
一、利润表项目			

表 5-6 资产负债表工作底稿

项目	本期数	调整分录	
		借方	贷方
二、资产负债表项目			

表 5-7 现金流量表工作底稿

项目	本期数	调整分录	
		借方	贷方
三、现金流量表项目			
调整分录合计			

编制调整分录时的基本思路是：先假设本期利润表中发生的各项收支（净利润）均为现金收支，然后再结合资产负债表项目对应收、应付项目进行调整。在对资产负债表项目进行调整时，按照各项目在资产负债表中的排列顺序，当前项目容易一次性作出调整的，一次性进行调整；当前项目不能一次性调整的，在后面的有关项目中再进行调整。

采用工作底稿法编制现金流量表的基本程序：

第一步，将利润表的本期发生数和资产负债表的期初、期末数过入工作底稿的有关栏目；

第二步，对当期业务进行分析并编制调整分录。编制调整分录时，要以利润表项目为基础，从"主营业务收入"开始，结合有关的账簿资料，对利润表和资产负债表项目逐一进行调整。其中，对资产负债表项目的调整主要是调整期初、期末余额的差额。

第三步，核对调整分录。借贷合计应当相等。资产负债表期初数加减调整分录中的借贷金额以后，应当等于期末数；利润表项目调整分录借贷金额应当等于本期数。

第四步，根据工作底稿中的现金流量表项目部分编制正式的现金流量表。

5.3.2　现金流量表编制案例

【例 5-5】根据【例 3-1】所提供的资料，在按直接法报告经营活动产生的现金流量的情况下，采用工作底稿法，可按以下步骤编制现金流量表。

第一步，将资产负债表各项目的期初数和期末数过入工作底稿的期初数栏和期末数栏；将利润表各项目的本期数过入工作底稿的本期数栏。

第二步，对当期业务进行分析并编制调整分录。编制调整分录时，以利润表项目为基础，从"营业收入"开始，结合资产负债表项目逐一进行分析。本例调整分录如下：

（1）分析调整营业收入。分析本期所确认的营业收入，对应哪些非现金项目。本例中对应应收账款、应收票据两个非现金项目。

本期所确认的主营业务收入为 3 620 000 元，增值税销项税额为 470 600 元。由于收入并非全部为现金交易，营业收入与销项税额还对应非现金项目。本例中对应应收账款、应收票据项目，因而需要分析这两个非现金项目的变动（增加或减少数）。本例中应收账款余额增加 258 000 元，应收票据余额增加 22 600 元。

借：经营活动现金流量——销售商品收到的现金　　3 810 000

　　　应收账款　　　　　　　　　　　　　　　　258 000

　　　应收票据　　　　　　　　　　　　　　　　 22 600

　　贷：营业收入　　　　　　　　　　　　　　　　　　3 620 000

　　　　应交税费——应交增值税（销项税额）　　　　 470 600

（2）分析调整营业成本。分析营业成本与购买商品支付的现金之间的关系，购买商品支付的现金还应包括支付的增值税进项税额。

①如果是一家商品流通企业，假如本期和以前各期所有商品购进都是现购，且每期所有购进商品都于当期对外销售，即无期初期末存货，则：

购买商品支付的现金＝营业成本＋进项税额

但实际情形却不是这样，商品的购进不一定都是现购；购进的商品也不一定都在本期销售，并构成销售商品成本。

②如果是一家工业企业，则存货成本的增加，进而商品销售成本的构成除了购进存货之外，还有存货的加工成本与分摊成本，如工资、折旧费、待摊费用摊销等。本笔分录只是作初步调整，即在营业成本的基础上，将应付票据的减少数，以及存货的增加数都暂且作为"购买商品支付的现金"。本期进项税额 125 450 元（其中，购进固定资产进项税额为 15 600 元）。

借：营业成本   1 080 000
　　应交税费——应交增值税（进项税额）   125 450
　　应付票据   200 000
　　存货   753 089
　　贷：经营活动现金流量——购买商品支付的现金   1 507 539
　　　　应付账款   651 000

（3）调整应交税费——企业所得税。

借：所得税费用   425 796.25
　　贷：应交税费——应交企业所得税   425 796.25

（4）调整递延所得税资产对所得税费用的影响。

借：递延所得税资产   24 400
　　贷：所得税费用   24 400

（5）调整本年营业税费。暂且将本期所确认的"税金及附加"作为"支付的各项税费"的现金流出，如有必要，后面再在此基础上做进一步调整，确定"支付的各项税费"的准确金额。

借：税金及附加   34 515
　　贷：经营活动现金流量——支付的各项税费   34 515

（6）调整个人所得税变动数。

借：支付给职工以及为职工支付的现金   38 500
　　贷：应交税费——应交个人所得税   38 500

（7）调整本期确认的管理费用。暂且将本期确认的"管理费用"的发生额都作为"支付的其他与经营活动有关的现金"，后面再在此基础上做进一步调整。

借：管理费用　　　　　　　　　　　　　　　　　　483 800
　　贷：经营活动现金流量——支付的其他与经营活动有关的现金
　　　　　　　　　　　　　　　　　　　　　　　　483 800

（8）计算销售费用付现。暂且将本期确认的销售费用都作为"支付的其他与经营活动有关的现金"，后面再在此基础上做进一步调整。

借：销售费用　　　　　　　　　　　　　　　　　　　37 000
　　贷：经营活动现金流量——支付的其他与经营活动有关的现金
　　　　　　　　　　　　　　　　　　　　　　　　　37 000

（9）调整利息支出，利息支出属于筹资活动现金流量。

借：财务费用　　　　　　　　　　　　　　　　　　132 500
　　贷：筹资活动现金流量——分配股利、利润和偿付利息支付的现金
　　　　　　　　　　　　　　　　　　　　　　　　132 500

（10）调整固定资产的计提折旧。管理费用中计提累计折旧 60 000 元，制造费用中计提累计折旧 140 000 元。

借：支付其他与经营活动有关的现金　　　　　　　　60 000
　　支付其他与经营活动有关的现金　　　　　　　　140 000
　　贷：累计折旧　　　　　　　　　　　　　　　　200 000

（11）调整其他货币资金。

借：支付其他与经营活动有关的现金　　　　　　　　　　680
　　贷：其他货币资金　　　　　　　　　　　　　　　　680

（12）分析调整投资收益。在我国，"取得投资收益所收到的现金"属于投资活动产生的现金流量。

借：投资活动现金流量——取得投资收益所收到的现金　20 000
　　贷：投资收益　　　　　　　　　　　　　　　　　20 000

（13）分析调整资产处理损益。确认资产处置损益 167 000 元，处置固定资产有 103 000 元现金流入。

借：资产处理损益　　　　　　　　　　　　　　　　167 000
　　投资活动现金流量——处置固定资产收到的现金 103 000

固定资产（累计折旧）　　　　　　　　　　120 000

固定资产（减值准备）　　　　　　　　　　　10 000

贷：固定资产（原价）　　　　　　　　　　　　　　400 000

（14）分析调整本期计提的折旧。本期计提折旧 200 000 元，其中 140 000 元计入了产品成本，它导致存货增加 140 000 元，但并没有任何现金流出，而分录（2）假设将所有存货的增加都列入"购买商品支付的现金"，故而应在分录（2）的基础上再调整该项折旧费用，调整减少"购买商品支付的现金"；另外 60 000 元计入了管理费用，由于前述分录（7）假设本期确认的全部管理费用都对应有现金流出，属于"支付的其他与经营活动有关的现金"，因而这 60 000 元折旧费用应调整减少"支付的其他与经营活动有关的现金"。

借：经营活动现金流量——购买商品支付的现金　　　　140 000

　　　　　　　——支付的其他与经营活动有关的现金 60 000

贷：固定资产（累计折旧）　　　　　　　　　　　　200 000

（15）分析调整无形资产。分析"无形资产"项目的变动，首先看本期有无购买和出售无形资产的业务，是否伴随有相应的现金流出与流入，如果有的话，则属于"投资活动现金流量——购建固定资产、无形资产和其他长期资产所支付的现金"或"投资活动现金流量——处置固定资产、无形资产和其他长期资产所收到的现金净额"，本例中富强毛毯有限公司本期无购建或处置无形资产的经济业务。其次要分析本期无形资产的摊销 5 608 元，它增加了本期管理费用 5 608 元，但无相应的现金流出，而上述调整分录（7）假设本期确认的所有管理费用都对应有现金流出，并记作"支付的其他与经营活动有关的现金"，因而需要对分录（7）的初步调整做进一步的调整：

借：经营活动现金流量——支付的其他与经营活动有关的现金 5 608

贷：无形资产（累计摊销）　　　　　　　　　　　　　5 608

（16）分析调整短期借款。看"短期借款"项目有无增减变动，是否有相应的现金流入或流出。富强毛毯有限公司本期"短期借款"有 100 000 元的借方发生额，系该公司以现金偿还短期借款本金。

借：短期借款　　　　　　　　　　　　　　　100 000

贷：筹资活动现金流量——偿还债务所支付的现金　100 000

（17）分析调整应付职工薪酬。本期通过"管理费用"计提职工薪酬 308 700 元，在此冲减"支付其他与经营活动有关的现金"。通过制造费用计提工资 115 000 元，已在（2）中通过存货计入"购买商品、接受劳务支付的现金"，在此调整要通过"支付其他与经营活动有关的现金"和"购买商品、接受劳务支付的现金"进行调整。

借：经营活动现金流量——支付其他与经营活动有关的现金 308 700

购买商品、接受劳务支付的现金 115 000

贷：应付职工薪酬——工资 423 700

（18）计提社保费。本期通过"制造费用"计提社保费 18 400 元，通过管理费用计提社保费 49 392 元。

借：经营活动现金流量——支付给职工及为职工支付的现金 18 400

购买商品、接受劳务支付的现金 49 392

贷：应付职工薪酬——社保费 67 792

（19）调整应付职工薪酬的发放。

借：应付职工薪酬 684 460

应付职工薪酬——社保费 144 592

贷：经营活动现金流量——支付给职工以及为职工支付的现金

829 052

（20）分析调整应交税费（该项目的调整较复杂，与前面有关项目的联系紧密，且不止与一个项目相关，其调整可以有不同的顺序或表现形式）。

由于增值税的销项税额已于分录（1）调整，进项税额已通过分录（2）调整，本期确认的"税金及附加"已通过分录（5）调整，而且本期确认的"税金及附加"与实际缴纳数一致，因而此处只需分析调整确定该公司实际上缴税务机关的增值税与所得税。本期实际缴纳增值税 133 300 元。

借：应交税费 133 300

贷：经营活动现金流量——支付的各项税费（增值税） 133 300

（21）调整固定资产进项税额。本期发生的进项税额已全部计入"购买商品、接受劳务支付的现金"，实际为"购建固定资产、无形资产及其他长期资产支付现金"。

借：购买商品、接受劳务支付的现金 15 600

贷：购建固定资产、无形资产及其他长期资产支付现金 15 600

（22）分析调整应付利息。本期"应付利息"科目有借方发生额 89 000 元，系偿付利息支付的现金。贷方发生额 132 500 元，系预提的短期借款利息，已由分录（9）调整。

借：应付利息   89 000

　　贷：筹资活动现金流量——分配股利、利润或

　　　　偿付利息所支付的现金   89 000

（23）分析调整长期借款。

借：长期借款   900 000

　　贷：筹资活动的现金流量——偿还借款支付的现金   900 000

（24）结转净利润。

借：净利润   1 204 188.75

　　贷：未分配利润   1 204 188.75

（25）提取盈余公积。

借：未分配利润   120 418.88

　　贷：盈余公积   120 418.88

（26）最后调整现金净变化额。

借：现金净减少额   23 858

　　贷：现金（货币资金）   23 858

（27）结转损益。

借：营业收入   3 620 000

　　投资收益   20 000

　　贷：营业成本   1080 000

　　　　税金及附加   34 515

　　　　销售费用   37 000

　　　　管理费用   483 800

　　　　财务费用   132 500

　　　　资产减值损失   97 600

　　　　资产处置收益   169 000

　　　　所得税费用   401 396.25

　　　　净利润   1 204 188.75

（28）调整固定资产变动。

借：固定资产   120 000

　　贷：购建固定资产、无形资产及其他长期资产支付的现金   120 000

资产负债表试算平衡底稿见表 5-8，利润表试算平衡底稿见表 5-9，现金流量表工作底稿见表 5-10。

表 5-8　资产负债表试算平衡底稿　　　　　　金额单位：元

项目	期末余额	上年年末余额	变动数	调整借方	调整贷方
流动资产：					
货币资金	2 688 658.00	2 664 800	23 858		
交易性金融资产	30 900	30 900	0		
衍生金融资产	—	—	—		
应收票据	122 600	100 000	22 600	22 600	
应收账款	2 649 000	2 391 000	258 000	258 000	
应收款项融资	—	—	—	—	—
预付款项	—	—	—		
其他应收款	12 800	12 800	0	—	
存货	2 909 700	2 412 100	497 600	497 600	—
合同资产	525 000	525 000			
流动资产合计	8 938 658	8 136 600	802 058		
长期股权投资	1 196 500	1 196 500	0		
固定资产	5 128 000	5 408 000	−280 000		
累计折旧	140 000	60 000	80 000		200 000
固定资产减值准备	100 000	110 000	−10 000		
固定资产净值	4 888 000	5 238 000	−350 000		
无形资产	560 000	560 000	—		
累计摊销	165 608	160 000	5 608		5 608
无形资产净额	394 392	400 000	−5 608		
长期待摊费用	290 000	290 000	0		
递延所得税资产	24 400	—	24 400	24 400	
非流动资产合计	6 793 292	7 124 500	−331 208		
资产总计	15 731 950	15 261 100	470 850		
流动负债：					
短期借款	0	1 000 000	−1 000 000	100 000	
应付票据	200 000	400 000	−200 000	200 000	
应付账款	3 211 000	2 560 000	651 000		651 000
预收款项	—	—	—		
合同负债	209 000	209 000	—		
应付职工薪酬	154 600	154 600	—	684 460	308 700
应交税费	805 461.25	133 300	672 161.25		

项目	期末余额	上年年末余额	变动数	调整借方	调整贷方
其他应付款	46 000	46 000	—		
应付利息	74 000	45 000	29 000	89 000	118 000
一年内到期的非流动负债	—	—	—		
其他流动负债	—	—	—		
流动负债合计	4 700 061.25	4 547 900	152 161.25		
非流动负债：					
长期借款	3 114 500	4 000 000	−885 500	885 500	
应付债券	—	—	—		
其中：优先股	—	—	—		
永续债	—	—	—		
租赁负债	—	—	—		
长期应付款	—	—	—		
预计负债	—	—	—		
递延收益	—	—	—		
递延所得税负债	10 000	10 000	0		
其他非流动负债	1 120 000	1 120 000	0		
非流动负债合计	4 244 500	5 130 000	−885 500		
负债合计：	8 944 561.25	9 677 900	−733 338.75		
所有者权益（或股东权益）：					
实收资本（或股本）	5 000 000	5 000 000	0		
其他权益工具	—	—	—		
其中：优先股	—	—	—		
永续债	—	—	—		
资本公积	143 200	143 200	0		
减：库存股	—	—	—		
其他综合收益	—	—	—		
专项储备	—	—	—		
盈余公积	270 418.88	150 000	120 418.88		120 418.88
未分配利润	1 373 769.87	290 000	1 083 769.87		
所有者权益（或股东权益）合计	6 787 388.75	5 583 200	1 204 188.75		
负债和所有者权益（或股东权益）总计	15 731 950	15 261 100	470 850		

表 5-9　利润表项目

科目名称	本期发生额	调整金额
主营业务收入	3 620 000	3 620 000
主营业务成本	1 080 000	1 080 000
税金及附加	34 515	34 515
销售费用	37 000	37 000
管理费用	483 800	483 800
财务费用	132 500	132 500
投资收益	20 000	20 000
资产处置损益	−169 000	−169 000
资产减值损失	−97 600	−97 600
所得税费用	401 396.25	401 396.25
净利润（亏损以"−"号填列）	1 204 188.75	

第三步，编制现金流量表工作底稿。

表 5-10　现金流量表工作底稿

项　目	行次	调整分录 借方（元）	调整分录 贷方（元）	合计数（元）
一、经营活动产生的现金流量	1			
销售商品、接受劳务支付的现金	2	(1) 3 810 000		3 810 000
收到的税费返还	3			
收到其他与经营活动有关的现金	4	(11) 680		608
现金流入小计	5			3 810 680
购买商品、接受劳务支付的现金	6	(17) 115 000 (18) 49 392 (21) 15 600	(2) 1 507 539	1 327 547
支付给职工以及为职工支付的现金	7	(6) 38 500 (18) 18 400	(19) 829 052	772 152
支付的各项税费	8	—	(5) 34 515 (20) 133 300	167 815
支付其他与经营活动有关的现金	9	(20) 308 700	(7) 483 800 (8) 37 000 (10) 60 000 (10) 140 000 (15) 5 608	417 708

项　　目	行次	调整分录		合计数（元）
		借方（元）	贷方（元）	
现金流出小计	10			2 685 222
经营活动产生的现金流量净额	11			1 125 458
二、投资活动产生的现金流量	12			
收回投资所收到的现金	13			
取得投资收益所收到的现金	14	（12）20 000		20 000
处置固定资产、无形资产和其他长期资产而收回的现金净额	15	（10）103 000		103 000
收到的其他与投资活动有关的现金	16			
现金流入小计	17			121 000
购建固定资产、无形资产和其他长期资产所支付的现金	18	（21）15 600 （28）120 000		135 600
投资所支付的现金	19			
支付的其他与投资活动有关的现金	20			
现金流出小计	21			135 600
投资活动产生的现金流量净额	22			－14 600
三、筹资活动产生的现金流量	23			
吸收投资所收到的现金	24			
借款所收到的现金	25			
收到的其他与筹资活动有关的现金	26			
现金流入小计	27			
偿还借款所支付的现金	28		（16）100 000 （23）885 500	985 500
分配股利、利润或偿付利息所支付的现金	29		（22）89 000	89 000
支付其他与筹资活动有关的现金	30			
现金流出小计	31			1 089 000
筹资活动产生的现金流量净额	32			－1 089 000
四、汇率变动对现金的影响	33	—	—	
五、现金及现金等价物净增加额	34			23 858

第四步，核对调整分录，借方栏合计数与贷方栏合计数应当相等；资产负债表各项目期初数加减调整分录中的借贷金额以后，应当等于期末数；利润表各项目的借贷金额加减后的结果应当等于本期数。

第五步，根据工作底稿中现金流量表部分各项目的借贷金额计算确定各项目的本期数，据以编制正式的现金流量表。见表5-11。

表 5-11　现金流量表

编制单位：富强毛毯有限责任公司　　　2023 年度　　　　金额单位：元

项　　目	本年累计金额
一、经营活动产生的现金流量	
销售商品、提供劳务收到的现金	3 810 000.00
收到的税费返还	
收到其他与经营活动有关的现金	680.00
经营活动现金流入小计	3 810 680.00
购买商品、接受劳务支付的现金	1 327 547.00
支付给职工以及为职工支付的现金	772 152.00
支付的各项税费	167 815.00
支付其他与经营活动有关的现金	417 708.00
经营活动现金流出小计	2 685 222.00
经营活动产生的现金流量净额	1 125 458.00
二、投资活动产生的现金流量	
收回投资收到的现金	—
取得投资收益收到的现金	20 000.00
处置固定资产、无形资产和其他长期资产收回的现金净额	103 000.00
处置子公司及其他营业单位收到的现金净额	—
收到其他与投资活动有关的现金	—
投资活动现金流入小计	121 000
购建固定资产、无形资产和其他长期资产支付的现金	135 600.00
投资支付的现金	—
取得子公司及其他营业单位支付的现金净额	
支付其他与投资活动有关的现金	—
投资活动现金流出小计	135 600.00
投资活动产生的现金流量净额	−14 600.00
三、筹资活动产生的现金流量	
吸收投资收到的现金	—
取得借款收到的现金	—
收到其他与筹资活动有关的现金	—
筹资活动现金流入小计	—
偿还债务支付的现金	1 000 000.00
分配股利、利润或偿付利息支付的现金	89 000.00
支付其他与筹资活动有关的现金	
筹资活动现金流出小计	1 089 000.00
筹资活动产生的现金流量净额	−1 089 000.00
四、汇率变动对现金及现金等价物的影响	
五、现金及现金等价物净增加额	23 858.00
加：期初现金及现金等价物余额	2 664 800.00
六、期末现金及现金等价物余额	2 688 658.00

5.4 现金流量表附表的编制方法

企业在采用直接法列报经营活动产生的现金流量的情况下，还应当采用间接法在现金流量表附注中披露将净利润调节为经营活动现金流量的信息。现金流量表的附表编制就是对现金流量表的补充资料进行编制。其补充资料由三大项组成，即将净利润调节为经营活动现金流量；不涉及现金收支的投资和融资活动；现金及现金等价物净增加情况。

附表的各项目金额是相应会计账户的当期发生额或期末与期初余额的差额。它是现金流量表中不可或缺的一部分，其项目可以直接取相应会计账户的发生额或余额。

【例 5-6】根据【例 3-1】资料，将净利润调节为经营活动现金流量，见表 5-12。

表 5-12　将净利润调节为经营活动现金流量　　　　金额单位：元

补充资料	行次	金额
1. 将净利润调节为经营活动现金流量	35	
净利润	36	1 204 188.75
加：计提的资产减值准备	37	97 600
固定资产折旧	38	200 000
无形资产摊销	39	5 608
长期待摊费用摊销	40	—
待摊费用减少（减：增加）	41	—
预提费用增加（减：减少）	42	—
处置固定资产、无形资产和其他长期资产的损失（减：收益）	43	
固定资产报废损失	44	169 000
公允价值变动损失（减：收益）	45	—
财务费用	46	132 500
投资损失（减：收益）	47	−20 000
递延所得税资产减少	48	−24 400
递延所得税负债增加	49	
存货的减少（减：增加）	50	−595 200
经营性应收项目的减少（减：增加）	51	−280 600

补充资料	行次	金额
经营性应付项目的增加（减：减少）	52	236 761.25
其他	53	
经营活动产生的现金流量净额	54	1 125 458.00
2. 不涉及现金收支的投资和筹资	55	
债务转为资本	56	
1 年内到期的可转公司债券	57	
融资租入固定资产	58	
3. 现金及现金等价物净增加情况	59	
现金的期末余额	60	2 688 658.00
减：现金的期初余额	61	2 664 800.00
加：现金等价物的期末余额	62	
减：现金等价物的期初余额	63	
现金及现金等价物额净增加	64	23 858.00

注：经营性应收项目的减少＝应收账款（期初数－期末数）＋应收票据（期初数－期末数）＋预付账款（期初数－期末数）＋其他应收款（期初数－期末数）－坏账准备期末余额＝经营性应付项目的增加（减：减少）＝应付账款（期末数－期初数）＋预收账款（期末数－期初数）＋应付票据（期末数－期初数）＋应付职工薪酬（期末数－期初数）＋应交税金（期末数－期初数）

第6章

所有者权益变动表原理与编制方法

所有者权益亦称产权、资本，是指企业投资者对企业净资产的所有权。它表明企业的资产总额在抵偿了一切现存债务后的差额部分，包括企业所有者投入资金以及尚存收益等。从 2007 年开始，所有者权益部分从原来的资产负债表中脱离出来，作为一张单独的报表——所有者权益变动表，成为与资产负债表、利润表和现金流量表并列披露的第四张财务报表。

6.1 | 所有者权益变动表的内容

所有者权益变动表内容包括"所有者权益组成项目"及"所有者权益及其组成项目变动情况"的信息。

6.1.1 所有者权益组成项目

所有者权益变动表至少应当单独列示以下项目：

（1）综合收益总额；

（2）直接计入所有者权益的金额；

（3）会计政策变更和差错金额；

（4）所有者投入资本和向所有者分配利润等；

（5）提取的盈余公积；

（6）实收资本或股本、资本公积、盈余公积、未分配利润的期初和期末余额及其调节情况。

6.1.2 所有者权益及其组成项目变动情况

所有者权益变动表为了表达所有者权益及其组成项目的变动情况，必须分项列明"上年年末余额""本年年初余额"、本年增减变动金额（减少以"一"号填列）及"本年年末余额"等资料。

财务报表中的各项目应根据"实收资本""其他权益工具""资本公积""其他综合收益""盈余公积""库存股""利润分配"各明细账户的上年末余额、本年年初余额、本年增减变动金额和本年年末余额填列，增加金额用正号填列，减少金额用负号填列。下面为所有者权益变动表各项目的具体编制方法。

所有者权益变动表表样见表 6-1。

1. 上年年末余额

上年年末余额是指上年年末企业所有者权益（或股东权益）的期末余额。该项目应根据上年资产负债表中，"实收资本（或股本）""其他权益工具""资本公积""库存股""其他综合收益""专项储备""盈余公积""库存股"和"未分配利润"各项目的年末余额填列。对应表内横向本年金额各项目。

（1）会计政策变更

会计政策变更是指企业采用追溯调整法处理会计政策变更对所有者权益的累计影响金额。该项目根据"盈余公积""利润分配——未分配利润"科目的发生额分析填列。对应表内横向的"盈余公积"和"未分配利润"项目。

（2）前期差错更正。前期差错更正是指企业采用追溯调整法处理会计差错对所有者权益的累计影响金额。该项目应根据"盈余公积""利润分配——未分配利润"以及"以前年度损益调整"科目的发生额分析填列。对应表内横向的"盈余公积"和"未分配利润"项目。

表 6-1 所有者权益变动表

会企 04 表

编制单位：　　　　　　　　　　　　　　　年度　　　　　　　　　　　　　　　　金额单位：元

项　目	本年金额											上年金额										
	实收资本（或股本）	其他权益工具			资本公积	减：库存股	其他综合收益	专项储备	盈余公积	未分配利润	所有者权益合计	实收资本（或股本）	其他权益工具			资本公积	减：库存股	其他综合收益	专项储备	盈余公积	未分配利润
		优先股	永续债	其他									优先股	永续债	其他						
一、上年年末余额																					
加：会计政策变更																					
前期差错更正																					
其他																					
二、本年年初余额																					
三、本年增减变动金额（减少以"－"号填列）																					
（一）综合收益总额																					
（二）所有者投入和减少资本																					
1.所有者投入的普通股																					
2.其他权益工具持有者投入资本																					
3.股份支付计入所有者权益的金额																					
4.其他																					

083

续上表

项目	本年金额											上年金额									
	实收资本（或股本）	其他权益工具			资本公积	减：库存股	其他综合收益	专项储备	盈余公积	未分配利润	所有者权益合计	实收资本（或股本）	其他权益工具			资本公积	减：库存股	其他综合收益	专项储备	盈余公积	未分配利润
		优先股	永续债	其他									优先股	永续债	其他						
（三）利润分配																					
1. 提取盈余公积																					
2. 对所有者（或股东）的分配																					
3. 其他																					
（四）所有者权益内部结转																					
1. 资本公积转增资本（或股本）																					
2. 盈余公积转增资本（或股本）																					
3. 盈余公积弥补亏损																					
4. 设定受益计划变动额结转留存收益																					
5. 其他综合收益结转留存收益																					
6. 其他																					
四、本年年末余额																					

2. 本年年初余额

本年年初余额是指在上年年末余额的基础上，考虑了对会计政策变更、前期差错更正采用追溯调整后的本年年初余额，该项目应根据以上各项计算得到。

3. 本年增减变动金额

（1）"综合收益总额"项目，反映企业当年直接计入所有者权益的利得和损失金额。

（2）"所有者投入和减少资本"项目，反映企业当年所有者投入的资本和减少的资本。其中："所有者投入资本"项目，反映企业接受投资者投入形成的实收资本（或股本）和资本溢价或股本溢价，并对应列在"实收资本"和"资本公积"栏。

（3）"利润分配"下各项目，反映当年对所有者（或股东）分配的利润（或股利）金额和按照规定提取的盈余公积金额，并对应列在"未分配利润"和"盈余公积"栏。其中：

①"提取盈余公积"项目，反映企业按照规定提取的盈余公积。

②"对所有者（或股东）的分配"项目，反映对所有者（或股东）分配的利润（或股利）金额。

（4）"所有者权益内部结转"下各项目，反映不影响当年所有者权益总额的所有者权益各组成部分之间当年的增减变动，包括资本公积转增资本（或股本）、盈余公积转增资本（或股本）、盈余公积弥补亏损等项金额。其中：

①"资本公积转增资本（或股本）"项目，反映企业以资本公积转增资本或股本的金额。

②"盈余公积转增资本（或股本）"项目，反映企业以盈余公积转增资本或股本的金额。

③"盈余公积弥补亏损"项目，反映企业以盈余公积弥补亏损的金额。

4. 本年年末余额

本年年末余额是指所有者权益的年末金额，应根据表内项目计算得到，各项计算结果应与同期资产负债表中的所有者权益项目的金额一致。

6.2 | 所有者权益变动表的编制案例

一般情况下，所有者权益变动表是年报报表，不用每月编制。为了说明所有者权益变动表的编制方法，以富强毛毯有限公司 2022 年数据为例，看看所有者权益变动表是怎么编制的，见表 6-2。

表 6-2　所有者权益变动表　　　　　金额单位：元

| 项　　　目 | 实收资本（或股本） | 其他权益工具 | | | 资本公积 | 减：库存股 | 其他综合收益 | 盈余公积 | 未分配利润 | 所有者权益合计 |
		优先股	永续债	其他						
一、上年年末余额	5 000 000.00				143 200.00			150 000.00	290 000.00	5 583 200.00
加：会计政策变更										
前期差错更正										
其他										
二、本年年初余额	5 000 000.00				143 200.00			150 000.00	290 000.00	5 583 200.00
三、本年增减变动金额（减少以"—"号填列）	—			—				120 418.88	1 204 188.75	1 445 026.61
（一）综合收益总额									1 445 026.61	1 445 026.61
（二）所有者投入和减少资本										
1. 所有者投入的普通股										
2. 其他权益工具持有者投入资本										
3. 股份支付计入所有者权益的金额										
4. 其他										
（三）利润分配								120 418.88	−120 418.88	—
1. 提取盈余公积								120 418.88	−120 418.88	—
2. 对所有者（或股东）的分配										
3. 其他										
（四）所有者权益内部结转										

项　　目	实收资本（或股本）	其他权益工具			资本公积	减：库存股	其他综合收益	盈余公积	未分配利润	所有者权益合计
		优先股	永续债	其他						
1. 资本公积转增资本（或股本）										
2. 盈余公积转增资本（或股本）										
3. 盈余公积弥补亏损										
4. 设定受益计划变动额结转留存收益										
5. 其他综合收益结转留存收益										
6. 其他										
四、本年年末余额	5 000 000.00				143 200.00			270 418.88	1 373 769.87	6 787 388.75

第7章

合并财务报表的编制

合并财务报表是指反映母公司和其全部子公司形成的企业集团（以下简称"企业集团"）整体财务状况、经营成果和现金流量的财务报表。主要包括合并资产负债表、合并利润表、合并现金流量表。

7.1 母公司与子公司

合并报表由企业集团中的控股公司（母公司）于会计年度终了编制，主要服务于母公司的股东和债权人，但也有人认为，服务于企业集团所有股东和债权人，包括拥有少数控股权的股东。

1. 母公司

母公司是指控制一个或一个以上的主体（含企业、被投资单位中可分割的部分，以及企业所控制的结构化主体等，下同）的主体。从母公司的定义可以看出，母公司要求同时具备两个条件：一是必须有一个或一个以上的子公司，即必须满足合并财务报表准则所规定的控制的要求，母公司可以只控制一个子公司，也可以同时控制多个子公司；二是母公司可以是企业，如《公司法》所规定的股份有限公司、有限责任公司以及外商投资企业，也可以是非企业形式的、但形成会计主体的其他组织，如基金等。

2. 子公司

子公司是指被母公司控制的主体。从子公司的定义可以看出，子公司也要求同时具备两个条件：一是作为子公司必须被母公司控制，并且只能是一个母公司控制，不可能也不允许被两个或多个母公司同时控制；二是子公司可以是企业，如《公司法》所规定的股份有限公司、有限责任公司以及外商投资企业，也可以是非企业形式的、但形成会计主体的其他组织，如基金等。

3. 纳入合并范围的特殊情况——对被投资方可分割部分的控制

投资方通常应当对是否控制被投资方整体进行判断。但在少数情况下，如果有确凿证据表明同时满足下列条件并且符合相关法律法规规定的，投资方应当将被投资方一部分视为被投资方可分割的部分，进而判断是否控制该部分（可分割部分）。该部分的资产是偿付该部分负债或该部分其他利益方的唯一来源，不能用于偿还该部分以外的被投资方的其他负债；除与该部分相关的各方外，其他方不享有与该部分资产相关的权利，也不享有与部分资产剩余现金流量相关的权利。

4. 合并范围的豁免——投资主体

母公司应当将其全部子公司（包括母公司所控制的被投资单位可分割部分、结构化主体）纳入合并范围。但是，如果母公司是投资性主体，则只应将那些为投资性主体的投资活动提供相关服务的子公司纳入合并范围，其他子公司不应予以合并，母公司对其他子公司的投资应当按照公允价值计量且其变动计入当期损益。

当母公司同时满足以下三个条件时，该母公司属于投资性主体：一是该公司以向投资方提供投资管理服务为目的，从一个或多个投资者获取资金；二是该公司的唯一经营目的，是通过资本增值、投资收益或两者兼有而让投资者获得回报；三是该公司按照公允价值对几乎所有投资的业绩进行计量和评价。

7.2 编制合并会计报表的程序

与编制个别财务报表相比，合并会计报表的编制程序较为复杂，在编制时可以按以图 7-1 程序和方法进行：

子公司应按规定的日期将其个别会计报表及其有关资料报送母公司 → 编制合并工作底稿 → 将个别会计报表数据过入合并工作底稿

填列合并财务报表 ← 计算合并财务报表各项目的合并金额 ← 编制抵销分录过入合并工作底稿

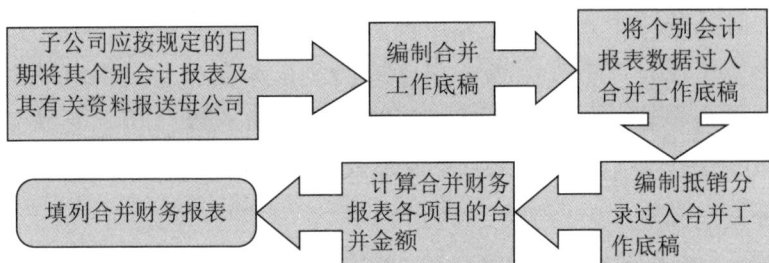

图 7-1 合并会计报表编制程序

1. 编制合并底稿

在编制合并报表的程序中，我们了解到编制合并工作底稿是编制合并报表重要的一步。在编制合并底稿前，我们必须先了解合并底稿的基本结构和内容。合并工作底稿分设3栏：第1栏为"母子公司报表金额"，按母子公司分栏列示；第2栏为"调整及抵销数"栏，分设借方、贷方栏，第3栏为"合并报表金额"栏。在编制合并报表时，一般先编合并利润表和合并利润分配表，再编合并资产负债表。

合并工作底稿的基本格式见表7-1。

表 7-1 合并工作底稿

项　　目	母公司			子公司			合计金额	抵销分录		少数股东权益	合并金额
	报表金额	借方	贷方	报表金额	借方	贷方		借方	贷方		
（利润表项目）											
营业收入											
营业成本											
……											
净利润											
（所有者权益变动表项目）										2	
未分配利润——年初											
……											
未分配利润——年末											
（资产负债表项目）											
货币资金											
……											

项　　目	母公司			子公司			合计金额	抵销分录		少数股东权益	合并金额
	报表金额	借方	贷方	报表金额	借方	贷方		借方	贷方		
短期借款											
……											
实收资本											
……											
未分配利润											
少数股东权益											

2. 将个别会计报表数据过入合并工作底稿

这个步骤的具体内容就是将母公司以及纳入合并范围的子公司个别会计报表各项目的数据过入合并工作底稿，并在合并工作底稿中对母公司和子公司个别会计报表各项目的数据进行加总，计算得出个别会计报表各项目合计数。

3. 编制抵销分录过入合并工作底稿

合并会计报表编制的关键就是编制抵销分录，进行抵销处理。进行抵销处理的目的就是将个别财务报表各项目的加总金额中重复的因素予以抵销。对于抵销处理，我们将在下一节中进行详细介绍。

在对属于非同一控制下企业合并中取得的子公司的个别财务报表进行合并时，还应当首先根据母公司为该子公司设置的备查簿的记录，以记录该子公司各项可辨认资产、负债及或有负债等在购买日的公允价值为基础，通过编制调整分录，对该子公司提供的个别财务报表进行调整，以使子公司的个别财务报表反映为在购买日公允价值基础上确定的可辨认资产、负债及或有负债在本期资产负债表日的金额。

4. 计算合并会计报表各项目的合并数额

计算合并会计报表中的合并金额，就是将合并工作底稿中各项目的合计数加上或减去抵销分录借贷方余额。其计算方法见表7-2。

表7-2　合并数额计算说明表

项　　目	计算方法
资产类项目	合并数额根据该项目加总的数额，加上该项目抵销分录有关的借方发生额，减去该项目抵销分录有关的贷方发生额计算确定

项　　目	计算方法
负债类项目和所有者权益类项目	合并数额根据该项目加总的数额，减去该项目抵销分录有关的借方发生额，加上该项目抵销分录有关的贷方发生额计算确定
	对于合并非全资子公司资产负债表中的少数股东权益的数额，则视同抵销分录的借方发生额处理
收益类项目	合并数额根据该项目加总的数额，减去该项目抵销分录的借方发生额，加上该项目抵销分录的贷方发生额计算确定
成本费用类项目和利润分配的各项目	合并数额根据该项目的合计数，加上该项目抵销分录的借方发生额，减去该项目抵销分录的贷方发生额计算确定

5. 填列合并会计报表

根据合并工作底稿中计算出的资产、负债、所有者权益、收入、成本费用类各项目的合并数，填列正式的合并会计报表。

7.3 合并资产负债表

合并资产负债表的格式与个别资产负债表的格式基本相同，所不同的是增加了三个项目：

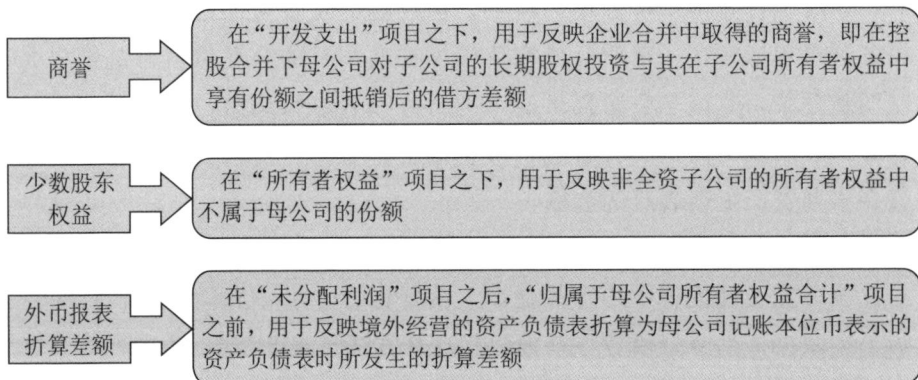

商誉 ➡ 在"开发支出"项目之下，用于反映企业合并中取得的商誉，即在控股合并下母公司对子公司的长期股权投资与其在子公司所有者权益中享有份额之间抵销后的借方差额

少数股东权益 ➡ 在"所有者权益"项目之下，用于反映非全资子公司的所有者权益中不属于母公司的份额

外币报表折算差额 ➡ 在"未分配利润"项目之后，"归属于母公司所有者权益合计"项目之前，用于反映境外经营的资产负债表折算为母公司记账本位币表示的资产负债表时所发生的折算差额

1. 合并财务报表的前期准备工作

母公司为编制合并财务报表应做好的前期准备工作：

（1）统一母公司、子公司的会计政策。

（2）统一母公司、子公司的资产负债表日及会计期间。

（3）对子公司以外币表示的财务报表进行折算。

（4）收集编制合并财务报表的相关资料。

2. 财务报表的编制程序

（1）设置合并工作底稿。

（2）将母公司、纳入合并范围的子公司个别资产负债表、利润表及所有者权益变动表各项目的数据过入合并工作底稿。

（3）编制调整分录和抵销分录。

（4）计算合并财务报表各项目合并数额。

（5）填列合并财务报表。

7.3.1 调整分录的编制

1. 对子公司的个别财务报表进行调整

在编制合并财务报表时，首先应对各子公司进行分类，分为同一控制下企业合并中取得的子公司和非同一控制下企业合并中取得的子公司两类。

（1）属于同一控制下企业合并中取得的子公司。

对于属于同一控制下企业合并中取得的子公司的个别财务报表，如果不存在与母公司会计政策和会计期间不一致的情况，则不需要对该子公司的个别财务报表进行调整。

（2）属于非同一控制下企业合并中取得的子公司。

对于属于非同一控制下企业合并中取得的子公司，除了存在与母公司会计政策和会计期间不一致的情况，需要对该子公司的个别财务报表进行调整外，还应当根据母公司为该子公司设置的备查簿的记录，以记录该子公司的各项可辨认资产、负债及或有负债等在购买日的公允价值为基础，通过编制调整分录，对该子公司的个别财务报表进行调整，以使子公司的个别财务报表反映为在购买日公允价值基础上确定的可辨认资产、负债及或有负债在本期资产负债表日的金额。

2. 按权益法调整对子公司的长期股权投资

按权益法调整对子公司的长期股权投资，在合并工作底稿中编制的调整分录，如图 7-2 所示。

合并财务报表准则也允许企业直接在对子公司的长期股权投资采用成本法核算的基础上编制合并财务报表，但是所生成的合并财务报表应当符合合并财务报表准则的相关规定。

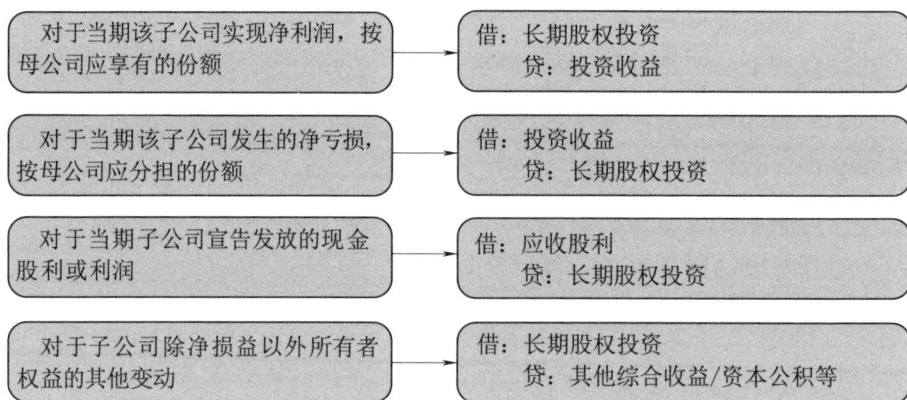

对于当期该子公司实现净利润，按母公司应享有的份额	→	借：长期股权投资 　贷：投资收益
对于当期该子公司发生的净亏损，按母公司应分担的份额	→	借：投资收益 　贷：长期股权投资
对于当期子公司宣告发放的现金股利或利润	→	借：应收股利 　贷：长期股权投资
对于子公司除净损益以外所有者权益的其他变动	→	借：长期股权投资 　贷：其他综合收益/资本公积等

图 7-2　按权益法调整对子公司的长期股权投资账务处理

7.3.2　编制合并资产负债表时应进行抵销处理的项目

合并资产负债表是以母公司和子公司的个别资产负债表为基础编制的。编制合并资产负债表时需要进行抵销处理的项目，主要有：

（1）母公司对子公司长期股权投资与子公司所有者权益；

（2）母公司与子公司、子公司相互之间发生内部债权与债务；

（3）存货项目，即内部购进存货成本中包含的未实现内部销售损益；

（4）固定资产项目，即内部购进商品形成的固定资产、内部购进的固定资产成本中包含的未实现内部销售损益；

（5）无形资产项目，即内部购进商品形成的无形资产、内部购进的无形资产成本中包含的未实现内部销售损益；

（6）与抵销的长期股权投资、应收账款、存货、固定资产、无形资产等资产相关的减值准备的抵销。

1. 长期股权投资与子公司所有者权益的抵销处理

（1）在子公司为全资子公司的情况下，母公司对子公司长期股权投资的金额和子公司所有者权益各项目的金额应当全额抵销，账务处理如图 7-3 所示。

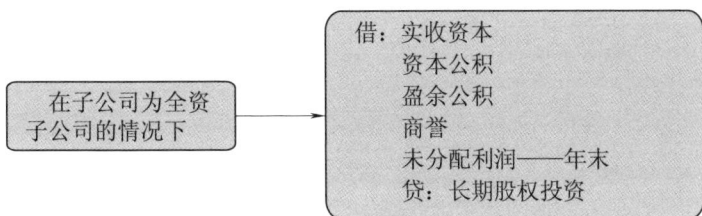

图 7-3　长期股权投资与子公司所有者权益的抵销处理

（2）在子公司为非全资子公司的情况下，应当将母公司对子公司长期股权投资的金额与子公司所有者权益中母公司所享有的份额相抵销，账务处理如图 7-4 所示。

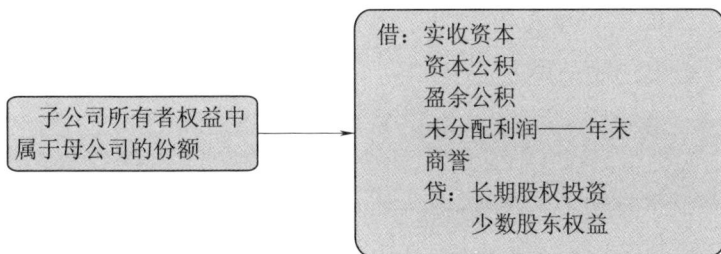

图 7-4　子公司为非全资子公司的情况下账务处理

2. 内部债权与债务的抵销处理

在编制合并资产负债表时，需要进行抵销处理的内部债权债务项目主要包括：

（1）应收账款与应付账款；

（2）应收票据与应付票据；

（3）预付账款与预收账款；

（4）其他债权投资与应付债券；

（5）应收利息与应付利息；

（6）应收股利与应付股利；

（7）其他应收款与其他应付款。

3. 应收账款与应付账款的抵销处理

（1）初次编制合并财务报表时应收账款与应付账款的抵销处理，如图 7-5 所示。

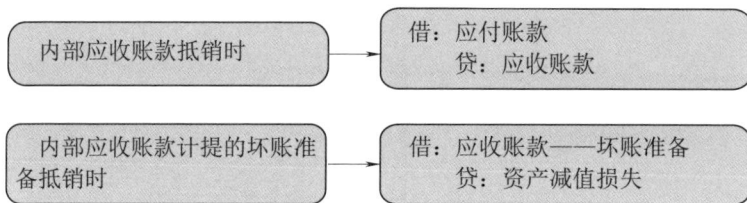

| 内部应收账款抵销时 | → | 借：应付账款
　贷：应收账款 |

| 内部应收账款计提的坏账准备抵销时 | → | 借：应收账款——坏账准备
　贷：资产减值损失 |

图 7-5　应收账款与应付账款的抵销处理

（2）连续地编制合并财务报表时内部应收账款坏账准备的抵销处理。

在连续编制合并财务报表进行抵销处理时，应按下列程序进行抵销，如图 7-6 所示。

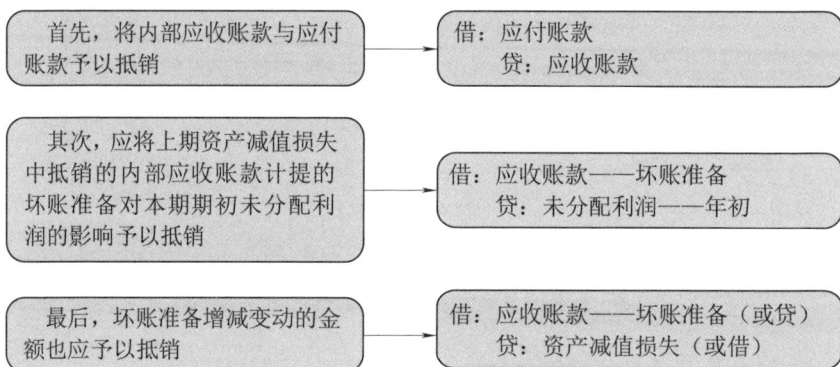

| 首先，将内部应收账款与应付账款予以抵销 | → | 借：应付账款
　贷：应收账款 |

| 其次，应将上期资产减值损失中抵销的内部应收账款计提的坏账准备对本期期初未分配利润的影响予以抵销 | → | 借：应收账款——坏账准备
　贷：未分配利润——年初 |

| 最后，坏账准备增减变动的金额也应予以抵销 | → | 借：应收账款——坏账准备（或贷）
　贷：资产减值损失（或借） |

图 7-6　连续地编制合并财务报表时内部应收账款坏账准备的抵销处理

（3）其他债权与债务项目的抵销处理。

在某些情况下，债券投资而持有的企业集团内部成员企业的债券并不是从发行债券的企业直接购进，而是在证券市场上从第三方手中购进的。在这种情况下，持有至到期投资中的债券投资与发行债券企业的应付债券抵销时，可能会出现差额，应分别进行处理：如果债券投资的余额大于应付债券的余额，其差额应作为投资损失计入合并利润表的投资收益项目；如果债券投资的余额小于应付债券的余额，其差额应作为利息收入计入合并利润表的财务费用项目。

4. 存货价值中包含的未实现内部销售损益的抵销处理

在编制合并资产负债表时，应当将存货价值中包含的未实现内部销售损益予以抵销。如图 7-7 所示。

图 7-7　存货价值中包含的未实现内部销售损益的抵销处理

（1）当期内部购进商品并形成存货情况下的抵销处理，如图 7-8 所示。

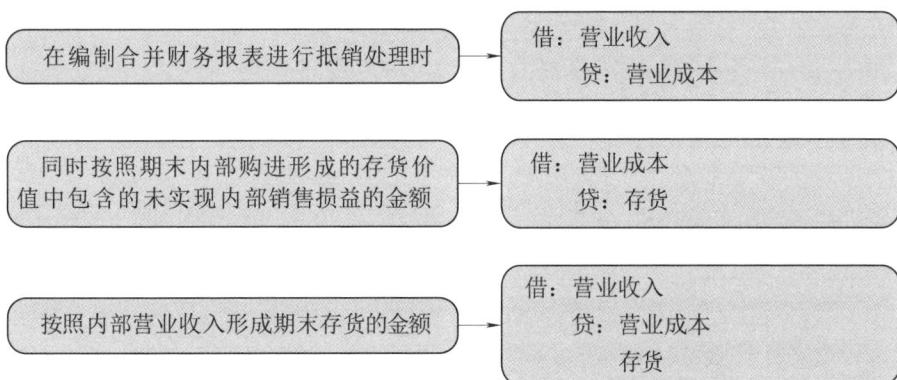

图 7-8　当期内部购进商品并形成存货情况下的抵销处理

（2）连续编制合并财务报表时内部购进商品的抵销处理，如图 7-9 所示。

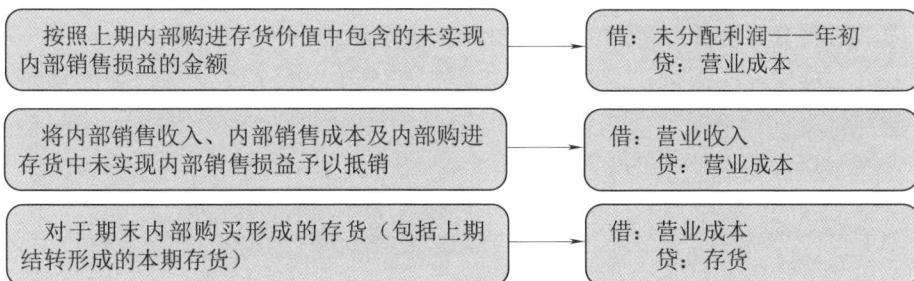

图 7-9　连续编制合并财务报表时内部购进商品的抵销处理

5.内部固定资产交易的抵销处理

（1）内部交易形成的固定资产在购入当期的抵销处理，如图 7-10 所示。

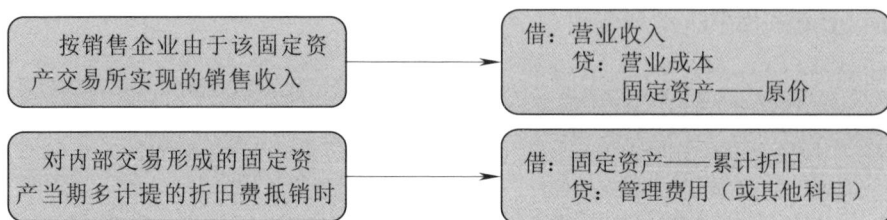

图 7-10　内部交易形成的固定资产在购入当期的抵销处理

（2）连续编制合并财务报表时内部交易形成固定资产的抵销处理，如图 7-11 所示。

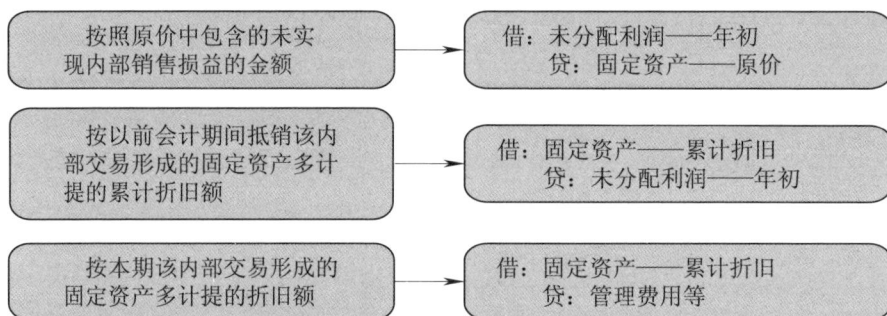

图 7-11　连续编制合并财务报表时内部交易形成固定资产的抵销处理

（3）内部交易形成的固定资产在清理期间的抵销处理。

固定资产清理时可能出现三种情况：①期满清理；②超期清理；③提前清理。编制合并财务报表时，应当根据具体情况进行抵销处理。

第一种情况：内部交易形成的固定资产使用寿命届满进行清理时的抵销处理，如图 7-12 所示。

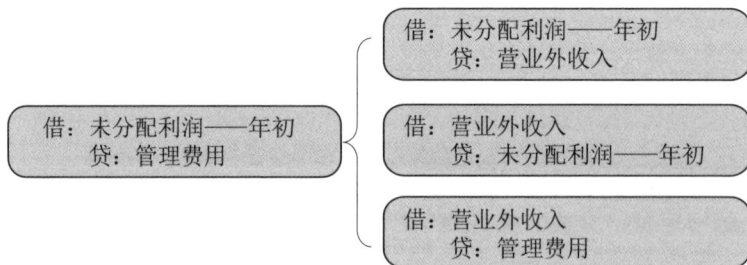

图 7-12　内部交易形成的固定资产使用寿命届满进行清理时的抵销处理

第二种情况：内部交易形成的固定资产超期使用进行清理时的抵销处理，如图 7-13 所示。

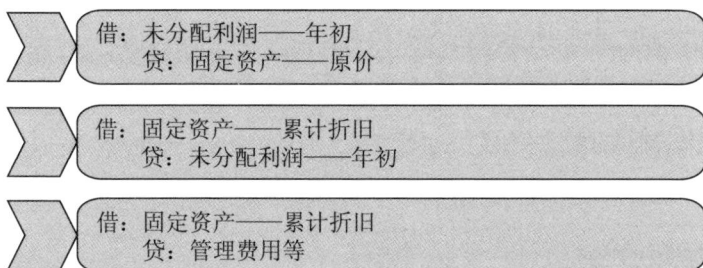

借：未分配利润——年初
　　贷：固定资产——原价

借：固定资产——累计折旧
　　贷：未分配利润——年初

借：固定资产——累计折旧
　　贷：管理费用等

图 7-13　内部交易形成的固定资产超期使用进行清理时的抵销处理

第三种情况：内部交易形成的固定资产使用寿命未满提前进行清理时的抵销处理，如图 7-14 所示。

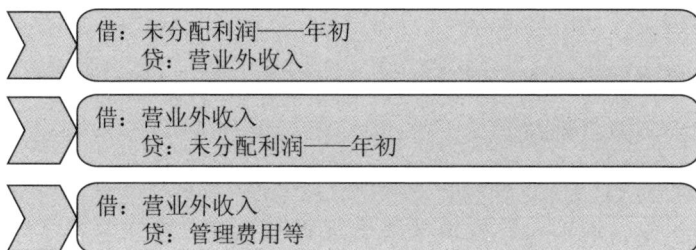

借：未分配利润——年初
　　贷：营业外收入

借：营业外收入
　　贷：未分配利润——年初

借：营业外收入
　　贷：管理费用等

图 7-14　内部交易形成的固定资产使用寿命未满提前进行清理时的抵销处理

在第二种类型的内部固定资产交易的情况下，即企业集团内部企业就将其自用的固定资产出售给集团内部的其他企业，通过抵销后，使其在合并财务报表中该固定资产原价仍然以销售企业的原账面价值反映。在合并工作底稿中编制的抵销分录为：借记"营业外收入"项目，贷记"固定资产——原价"项目，或借记"固定资产——原价"项目，贷记"营业外支出"项目。

6. 子公司发生超额亏损在合并资产负债表中的反映

子公司少数股东分担的当期亏损超过了少数股东在该子公司期初所有者权益中所享有的份额，其余额仍应当冲减少数股东权益，即少数股东权益可能出现负数。

7. 折算子公司外币报表

在制作合并财务报表时，前提必须是母子公司个别财务报表所采用货币计量单位一致。在我国允许外币业务比较多的企业采用某一外币作为记账本位币，境外企业一般也是采用其所在国或地区的货币作为其记账本位币。在将这些企业的会计报表纳入合并时，必须将其折算为母公司所采用的记账本位币表示的会计报表。

7.4 合并利润表

编制合并利润表时需要进行抵销处理的项目，主要有：

（1）内部营业收入和内部营业成本项目；

（2）内部销售商品形成存货、固定资产、无形资产等项目中包含的未实现内部销售损益；

（3）内部销售商品形成固定资产、无形资产等项目计提额或摊销额中包含的未实现内部销售损益；

（4）内部应收款项计提的坏账准备以及内部销售商品形成存货、固定资产、无形资产等计提的资产减值准备中包含的未实现内部销售损益；

（5）内部投资收益项目，包括内部利息收入与利息支出项目、内部股权投资的投资收益项目等。

1. 内部营业收入和内部营业成本项目的抵销处理

内部营业收入和内部营业成本项目的抵销处理分别不同的情况进行处理。

（1）母公司与子公司、子公司相互之间销售商品，期末全部实现对外销售，如图 7-15 所示。

图 7-15　内部营业收入和内部营业成本项目的抵销处理

（2）母公司与子公司、子公司相互之间销售商品，期末未实现对外销售而形成存货的抵销处理，如图 7-16 所示。

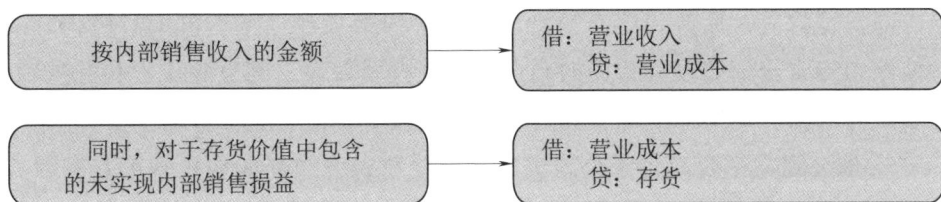

图 7-16　期末未实现对外销售而形成存货的抵销处理

（3）母公司与子公司、子公司之间销售商品，期末部分实现对外销售、部分形成期末存货的抵销处理，如图 7-17 所示。

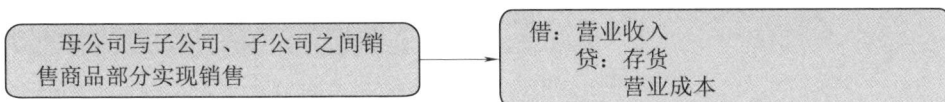

图 7-17　期末部分实现对外销售、部分形成期末存货的抵销处理

2. 购买企业内部购进商品作为固定资产、无形资产等资产使用时的抵销处理

购买企业内部购进商品作为固定资产、无形资产等资产使用时的抵销处理，如图 7-18 所示。

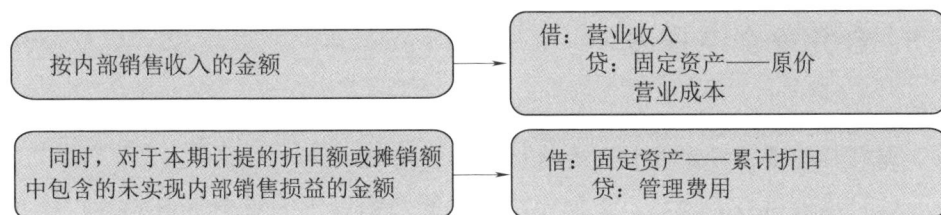

图 7-18　企业内部购进商品作为固定资产、无形资产等资产使用时的抵销处理

3. 内部应收款项计提的坏账准备等减值准备的抵销处理

编制合并财务报表将资产减值损失中包含的本期内部应收款项计提的坏账准备抵销时，按照当期内部应收款项计提的坏账准备的金额，借记"应收账款——坏账准备"等项目，贷记"资产减值损失"项目。

4. 内部投资收益（利息收入）和利息费用的抵销

企业集团内部母公司与子公司、子公司相互之间可能发生相互提供信贷，以及相互之间持有对方债券的内部交易。在编制合并财务报表时，应当在抵销内部发行的应付债券和持有至到期投资等内部债权债务的同时，将内部应付债券和持有至到期投资相关的利息费用与投资收益（利息收入）相互抵销。应编制的抵销分录为：借记"投资收益"项目，贷记"财务费用"项目。

5. 母公司与子公司、子公司相互之间持有对方长期股权投资的投资收益的抵销处理

抵销分录如图 7-19 所示。

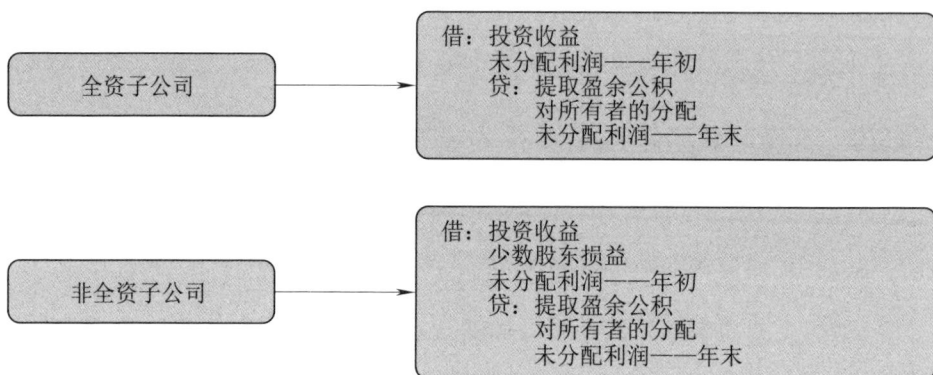

图 7-19 母公司与子公司、子公司相互之间持有对方长期股权投资的投资收益的抵销处理

7.5 合并现金流量表

编制合并现金流量表时需要进行抵销处理的项目，主要有：

（1）母公司与子公司、子公司相互之间当期以现金投资或收购股权增加的投资所产生的现金流量；

（2）母公司与子公司、子公司相互之间当期取得投资收益收到的现金与分配股利、利润或偿付利息支付的现金；

（3）母公司与子公司、子公司相互之间以现金结算债权与债务所产生的现金流量；

（4）母公司与子公司、子公司相互之间当期销售商品所产生的现金流量；

（5）母公司与子公司、子公司相互之间处置固定资产、无形资产和其他长期资产收回的现金净额与购建固定资产、无形资产和其他长期资产支付的现金等。

合并现金流量表具体内容如下：

（1）企业集团内部当期以现金投资或收购股权增加的投资所产生的现金流量的抵销处理。

编制合并现金流量表时，应当在母公司与子公司现金流量表数据简单相加的基础上，将母公司当期以现金对子公司长期股权投资所产生的现金流量予以抵销。

（2）企业集团内部当期取得投资收益收到的现金与分配股利、利润或偿付利息支付的现金的抵销处理。

编制合并现金流量表时，应当在母公司与子公司现金流量表数据简单相加的基础上，将母公司当期取得的投资收益收到的现金与子公司分配股利、利润或偿付利息支付的现金予以抵销。

（3）企业集团内部以现金结算债权与债务所产生的现金流量的抵销处理。

编制合并现金流量表时，应当在母公司与子公司现金流量表数据简单相加的基础上，将母公司当期以现金结算债权与债务所产生的现金流量予以抵销。

（4）企业集团内部当期销售商品所产生的现金流量的抵销处理。

编制合并现金流量表时，应当在母公司与子公司现金流量表数据简单相加的基础上，将母公司与子公司、子公司相互之间当期销售商品所产生的现金流量予以抵销。

（5）企业集团内部处置固定资产等收回的现金净额与购建固定资产等支付的现金的抵销处理。

编制合并现金流量表时，应当在母公司与子公司现金流量表数据简单相加的基础上，将母公司与子公司、子公司相互之间处置固定资产、无形资产和其他长期资产收回的现金净额与购建固定资产、无形资产和其他长期资产支付的现金相互抵销。

（6）合并现金流量表中有关少数股东权益项目的反映。

对于子公司的少数股东增加在子公司中的权益性投资，在合并现金流量表中应当在"筹资活动产生的现金流量"之下的"吸收投资收到的现金"项目下的"其中：子公司吸收少数股东投资收到的现金"项目反映。

对于子公司向少数股东支付现金股利或利润，在合并现金流量表中应当在"筹资活动产生的现金流量"之下的"分配股利、利润或偿付利息支付的现金"项目下"其中：子公司支付给少数股东的股利、利润"项目反映。

对于子公司的少数股东依法抽回在子公司中的权益性投资，在合并现金流量表应当在"筹资活动产生的现金流量"之下的"支付其他与筹资活动有关的现金"项目反映。①子公司及其他营业单位在购买日持有的现金和现金等价物小于母公司支付对价中以现金支付的部分，按减去子公司及其他营业单位在购买日持有的现金和现金等价物后的净额在"取得子公司及其他营业单位支付的现金净额"项目反映，应编制的抵销分录为：借记"取得子公司及其他营业单位支付的现金净额"项目，贷记"年初现金及现金等价物余额"项目。②子公司及其他营业单位在购买日持有的现金和现金等价物大于母公司支付对价中以现金支付的部分，按子公司及其他营业单位在购买日持有的现金和现金等价物母公司以现金支付的对价减去后的净额在"收到其他与投资活动有关的现金"项目反映，应编制的抵销分录为：借记"取得子公司及其他营业单位支付的现金净额"项目和"收到其他与投资活动有关的现金"项目，贷记"年初现金及现金等价物余额"项目。

另外，合并所有者权益变动表的格式与个别所有者权益变动表的格式基本相同。在存在少数股东的情况下，合并所有者权益变动表增加"少数股东权益"栏目，用于反映少数股东权益变动的情况，在此不再赘述。

7.6 | 合并财务报表附注

1. 附注披露应满足以下基本要求

（1）附注披露的信息应是定量、定性信息的结合，从而能从量和质两个角度对企业经济事项完整地进行反映，满足信息使用者的决策需求。

（2）附注应当按照一定的结构进行系统合理的排列和分类，有顺序地披露信息。

（3）附注相关信息应当与合并资产负债表、合并利润表、合并现金流量表和合并所有者权益变动表等报表中列示的项目相互参照，以从整体上更好地理解财务报表。

2. 附注披露的内容

企业（母公司）应当按照规定披露合并财务报表附注信息，主要包括下列内容：

（1）企业集团的基本情况：企业注册地、组织形式和总部地址；企业的业务性质和主要运营活动，如企业所处的行业、所提供的主要产品和服务、客户的性质、销售策略、监管环境的性质等；母公司以及集团最终母公司的名称；财务报告的批准报出者和财务报告批准报出日。

（2）财务报表的编制基础。

（3）遵循企业会计准则的声明。

企业应当声明编制的财务报表符合企业会计准则的要求，真实、完整地反映了企业的财务状况、经营成果和现金流量等有关信息，以此明确企业编制财务报表所依据的制度基础。

如果企业编制的财务报表只是部分地遵循了企业会计准则，附注中不得做出这种表述。

（4）重要会计政策和会计估计。

根据财务报表列报准则的规定，企业应当披露采用的重要会计政策和会计估计，不重要的会计政策和会计估计可以不披露。

（5）会计政策和会计估计变更以及差错更正的说明。

企业应当按照会计政策、会计估计变更和差错更正准则及其应用指南的规定，披露会计政策和会计估计变更以及差错更正的有关情况。

（6）报表重要项目的说明。

企业应当以文字和数字描述相结合、尽可能以列表形式披露报表重要项目的构成或当期增减变动情况，并且报表重要项目的明细金额合计，应当与报表项目金额相衔接。在披露顺序上，一般应当按照合并资产负债表、合并利润表、合并现金流量表、合并所有者权益变动表的顺序及其项目列示的顺序，分别交易性金融资产、应收款项、存货、债权投资、长期股权投资、投资性房地产、固定资产、无形资产、交易性金融负债、职工薪酬、应交税费、短期借款和长期借款、应付债券、长期应付款、营业收入、公允价值变动收益、投资收益、减值损失、营业外收入、营业外支出、所得税、政府补助、非货币性资产交换、股份支付、债务重组、借款费用、外币折算、企业合并等项目按照相关会计准则的规定进行披露。

（7）或有事项。

企业应当披露下列信息：①预计负债的种类、形成原因以及经济利益流出不确定性的说明；各类预计负债的期初、期末余额和本期变动情况；与预计负债有关的预期补偿金额和本期已确认的预期补偿金额。②或有负债（不包括极小可能导致经济利益流出企业的或有负债）；或有负债的种类及其形成原因，包括未决诉讼、未决仲裁、对外提供担保等形成的或有负债。

经济利益流出不确定性的说明；或有负债预计产生的财务影响，以及进行补偿的可能性；无法预计的，应当说明原因。

③企业通常不应当披露或有资产。但或有资产很可能会给企业带来经济利益的，应当披露其形成的原因、预计产生的财务影响等。

④在涉及未决诉讼、未决仲裁的情况下，按相关规定披露全部或部分信息预期对企业造成重大不利影响的，企业无须披露这些信息，但应当披露该未决诉讼、未决仲裁的性质，以及没有披露这些信息的事实和原因。

（8）资产负债表日后事项。

企业应当披露下列信息：①每项重要的资产负债表日后非调整事项的性质、内容，及其对财务状况和经营成果的影响。无法做出估计的，应当说明原因。②资产负债表日后，企业利润分配方案中拟分配的以及经审议批准宣告发放的股利或利润。

（9）关联方关系及其交易。

（10）有助于财务报表使用者评价企业管理资本的目标、政策及程序的信息。

（11）终止经营的收入、费用、利润总额、所得税费用和净利润，以及归属于母公司所有者的终止经营利润。

（12）在资产负债表日后、财务报告批准报出日前提议或宣布发放的股利总额和每股股利金额（或向投资者分配的利润总额）。

（13）母公司和子公司信息。

7.7 | 合并会计报表编制实例

【例7-1】懿文公司于2022年初投资960 000元拥有亿建公司股权的80%，取得对亿建公司的控制权（非同一控制下的企业合并，初始取得成本等于计税基础）。

2022年1月1日，亿建公司股东权益总额为1 216 400元，其中：股本为

1 200 000 元，资本公积 16 400 元，盈余公积为 0，未分配利润为 0。本年度内，发生下列内部事项：

（1）亿建公司向慈文公司点交工程价款为 60 000 元的分包工程，慈文公司已向发包单位点交并结算工程价款。

（2）亿建公司向慈文公司销售 200 000 元的结构件，其成本为 160 000 元，结构件用于点交工程，价款未付。

（3）亿建公司当年税后利润为 150 000 元，慈文公司投资收益为 120 000 元（150 000×80%），少数股东损益为 30 000 元（150 000×20%），提取盈余公积金 15 000 元，剩余 135 000 元结转下年。

根据上述事项，在合并工作底稿中编制如下分录：

①抵消内部点交工程结算收入 60 000 元。

借：营业收入　　　　　　　　　　　　　　　60 000
　　贷：营业成本　　　　　　　　　　　　　　　　60 000

②抵消结构件内部结算收入 200 000 元。

借：营业收入　　　　　　　　　　　　　　　200 000
　　贷：营业成本　　　　　　　　　　　　　　　　200 000

③抵消结构件内部未实现收益。

借：营业成本　　　　　　　　　　　　　　　40 000
　　贷：存货　　　　　　　　　　　　　　　　　　40 000

借：少数股东权益　　　　　　　　　　　　　6 000
　　贷：少数股东损益　　　　　　　　　　　　　　6 000

该交易为逆流交易，还需要按照少数股东在未实现内部交易损益中所占份额，并考虑所得税的影响，抵销少数股东权益。

40 000×20%×（1−25%）＝6 000（元）

④同时，确认该存货可抵扣差异性的递延所得税影响：40 000×25%＝10 000（元）。

借：递延所得税资产　　　　　　　　　　　　10 000
　　贷：所得税费用　　　　　　　　　　　　　　　10 000

⑤抵消慈文公司与亿建公司之间相互应付应收结构件购销款。

借：应付账款　　　　　　　　　　　　　　　200 000
　　贷：应收账款　　　　　　　　　　　　　　　　200 000

⑥抵消因内部应收账款而抵消的坏账准备，计提比例为1%。

借：应收账款 2 000

　　贷：资产减值损失——坏账准备 2 000

⑦将内部应收账款计提的坏账准备予以抵销并确认递延所得税的影响。

借：所得税费用 500

　　贷：递延所得税资产 500

⑧亿建公司当年税后利润为150 000元，慈文公司投资收益为120 000元（150 000×80%）。

借：长期股权投资——亿建公司 120 000

　　贷：投资收益 120 000

⑨经上述调整，慈文公司对亿建公司长期股权投资调整后金额为960 000+120 000=1 080 000（元）。

亿建公司股东权益总额为：1 200 000+16 400+15 000+135 000=1 366 400（元）

亿建公司股东权益中20%的部分，即：1 366 400×20%=273 280（元），属于少数股东权益，在抵销处理时应作为少数股东权益处理。合并分录如下：

借：股本 1 200 000

　　资本公积 16 400

　　盈余公积 15 000

　　未分配利润——年末 135 000

　　商誉 −13 120

　　贷：长期股权投资 1 080 000

　　　　少数股东权益 273 280

⑩慈文公司拥有亿建公司80%的股份，在合并工作底稿中慈文公司按权益法调整亿建公司本期投资收益120 000元，亿建公司少数股东损益为150 000×20=30 000（元）。亿建公司年初未分配利润为0，本期提取盈余公积金15 000元，剩余135 000元结转下年。

借：投资收益 120 000

　　少数股东损益 30 000

　　未分配利润——年初 0

　　贷：提取盈余公积 15 000

未分配利润——年末   135 000

编制合并工作底稿见表 7-3。

表 7-3 合并工作底稿   金额单位：元

项　　目	慈文公司 报表项目	亿建公司 报表项目	合计金额	抵销分录 借方	抵销分录 贷方	少数股东 权益	合并 金额
（利润表项目）							
营业收入	25 000 000	2 000 000	27 000 000	①60 000 ②200 000			26 740 000
营业成本	20 500 000	1 607 000	22 107 000	③40 000	①60 000 ②200 000		21 887 000
税金及附加	825 000	66 000	891 000				891 000
管理费用	1 563 000	34 000	1 597 000				1 597 000
销售费用	480 000	200 000	680 000				680 000
财务费用	1 200 000	66 000	1 266 000				1 266 000
资产减值损失	0	0	0		⑥2 000		−2 000
投资收益	132 000	20 000	152 000	⑩120 000	⑧120 000		152 000
营业外收入	140 800		140 800				140 800
营业外支出	20 000	3 000	23 000				23 000
利润总额	684 800	44 000	728 800	420 000	382 000		690 800
所得税费用	171 200	11 000	182 200	⑦500	④10 000		172 700
净利润	513 600	33 000	546 600	420 500	392 000		518 100
少数股东损益	0				③6 000	30 000	24 000
归属于慈文公司所有者的净利润							494 100
（资产负债表项目）							
流动资产：							
货币资金	402 000	40 500	442 500				442 500
应收票据	877 400	68 000	945 400				945 400
应收账款	800 000	160 000	960 000	⑥2 000	⑤200 000		762 000
坏账准备	8 000	1 600	9 600				9 600
其他应收款	10 000	1 000	11 000				11 000
长期股权投资	987 200	0	987 200	⑧120 000	⑨1 080 000		27 200
其中：对亿建公司投资	960 000	0	960 000	⑧120 000	⑨1 080 000		0

项目	慈文公司 报表项目	亿建公司 报表项目	合计金额	抵销分录 借方	抵销分录 贷方	少数股东权益	合并金额
长期待摊费用	44 000	5 000	49 000				49 000
存货	4 844 500	365 000	5 209 500		③40 000		5 169 500
在建工程	1 600 540	90 500	1 691 040				1 691 040
递延所得税资产	0	0	0	④10 000	⑦500		9 500
商誉	13 120		13 120	⑨－13 120			0
流动负债：							
应付账款	1 100 609	200 000	1 300 609	⑤200 000			1 100 609
股东权益：							
股本	5 000 000	1 200 000	6 200 000	⑨1 200 000			5 000 000
资本公积	60 000	16 400	76 400	⑨16 400			60 000
盈余公积	250 000	85 000	335 000	⑨15 000	⑩15 000		335 000
未分配利润	320 000	0	320 000	①60 000 ②200 000 ③40 000 ⑦500 ⑨135 000 ⑩120 000 555 500	①60 000 ②200 000 ④10 000 ⑥2 000 ⑧120 000 ⑩135 000 527 000	24 000	267 500
少数股东权益				④6 000		273 280	267 280
所有者权益合计	5 630 000	1 301 400	6 931 400	1 792 900	437 000	262 400	5 837 900

根据合并工作底稿的调整及抵消数，调整慈文公司、亿建公司报表金额后，就可以按照下列方法计算出合并报表金额。

收入、收益、负债、所有者权益项目为：慈文、亿建公司报表金额合计数＋调整及抵消贷方数－调整及抵消借方数

成本、费用、支出、损失、资产项目为：慈文、亿建公司报表金额合计数＋调整及抵消借方数－调整及抵消贷方数

现根据合并工作底稿合并报表金额栏各项目数和上年合并报表，编制合并利润表、合并资产负债表分别见表 7-4、表 7-5。

表 7-4　合并利润表

编制单位：慈文公司　　　　　　　　　　2022 年度　　　　　　　　　　单位：元

项　　　目	上年累计数（略）	本年累计数
一、营业收入		26 740 000
二、营业成本		21 887 000
税金及附加		891 000
管理费用		1 597 000
销售费用		680 000
财务费用		1 266 000
资产减损失		−2 000
加：投资收益		152 000
三、营业利润（亏损以"−"号填列）		573 000
加：营业外收入		140 800
减：营业外支出		23 000
四、利润总额		690 800
减：所得税费用		172 700
五、净利润（亏损以"−"号填列）		518 100
归属于慈文公司所有者净利润		494 100
少数股东损益		24 000

表 7-5　合并资产负债表

编制单位：慈文公司　　　　　　　　　　2022 年度　　　　　　　　　　单位：元

资　　　产	期末余额	年初余额（略）	负债和所有者权益	期末余额	年初余额（略）
流动资产：			流动负债：		
货币资金	442 500		短期借款	581 000	
交易性金融资产			应付票据	406 000	
应收票据	945 400		应付账款	1 100 609	
应收账款	752 400		预收款项	160 000	
预付款项	0		应付职工薪酬	7 600	
其他应收款	11 000		交易性金融负债	—	
一年内到期的非流动资产			其他应付款	8 000	
其他流动资产			应交税费	111 376	
流动资产合计	2 151 300		其他应付款		

资　　产	期末余额	年初余额（略）	负债和所有者权益	期末余额	年初余额（略）
非流动资产：			其他流动负债	—	
存货	5 169 500		流动负债合计	2 374 585	—
在建工程	1 691 040		非流动负债：		
其他权益投资	—		长期借款	3 000 000	
长期应收款	—		应付债券	—	
长期股权投资：	27 200		长期应付款	906 675	
固定资产	7 653 600		预计负债		
开发支出	—		递延所得税负债	—	
长期待摊费用	49 000		非流动负债合计	3 906 675	
无形资产	1 122 400		负债合计	6 281 260	
递延所得税资产	9 500		所有者权益：		
其他非流动资产	—		实收资本（或股本）	5 000 000	
非流动资产合计	15 722 240		资本公积	60 000	
			盈余公积	335 000	
			未分配利润	267 500	
			归属于慈文公司所有者权益	5 662 500	
			少数股东权益	267 280	
			所有者权益合计	5 942 900	
资产总计	17 873 540		负债及所有者权益总计	17 873 540	

下篇
财务报表分析

通过前面的学习，我们基本明白这四张财务报表的编制原理与方法，编财报的目的不是统计数据，我们要通过财报分析资产是否健康、安全、长远；账上是否有充裕的资金维持企业正常经营活动；企业扩大再生产资金链条是否稳固；销售的产品能否收到现金；企业长远发展的潜力等。

本篇选择报表重点项目逐一分析，以上市公司财务数据为蓝本，更形象、更直接地分析企业盈利、发展等情形，并将最新税法融入报表项目中。

第8章

资产主要项目分析

资产是企业重要的资源，一个企业经营规模、经营品质的好坏都可以从资产负债表左侧的数据中评判。

8.1 │ 创造利润的源头——经营资产

资产负债表左边是资产类项目，包括流动资产和非流动资产。货币资金、债权（应收票据、应收账款、预付账款）、存货、固定资产和无形资产，构成企业的经营资产。其中，经营资产的核心资产包括预付款项、应收票据、应收账款、存货。

8.1.1 资产负债表中"货币资金"与现金流量表中"现金"是否等同

通过前面的学习，现金流量表是根据资产负债表中货币资金项目编制的，根据业务性质不同，分为以下几类，如图8-1所示。

既然现金流量表是根据货币资金编制的，但从表8-1中可以看出，现金流量表期末现金及现金等价物余额和货币资金数额是不一样的，那么是什么原因导致货币资金与现金流量表现金不一样？

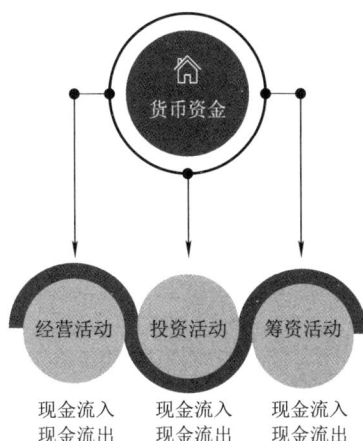

图 8-1　货币资金分解图

表 8-1　格力电器 2015 年至 2018 年报表部分数据

金额单位：亿元

项　目	2018 年	2017 年	2016 年	2015 年
货币资金	1 131	996.10	957.50	888.20
经营活动产生的现金流量净额	269.40	163.40	148.60	443.80
现金流入	1 462	1 137	755.20	1 188
现金流出	1 193	973.20	606.60	744.20
投资活动产生的现金流量净额	−218.50	−622.50	−192.50	−47.13
现金流入	99.49	40.03	34.41	11.79
现金流出	317.90	662.60	226.90	58.92
筹资活动产生的现金流量净额	25.14	−22.48	−57.52	−76.83
现金流入	276.40	218.80	144.90	113.50
现金流出	251.30	241.30	202.40	190.40
现金及现金等价物净增加额	74.13	−499.60	−60.44	338.60
加：期初现金及现金等价物余额	213.60	713.20	773.70	435.10
期末现金及现金等价物余额	287.70	213.60	713.20	773.70

　　现金流量表中的现金及现金等价物是广义现金的概念，而资产负债表中的货币资金的概念比较接近于狭义现金的概念。

　　资产负债表中的货币资金的范围是固定的，其包括的会计科目有"库存现金""银行存款"和"其他货币资金"三个会计科目。

　　现金流量表中的现金及现金等价物的范围是不固定的，其根据企业的规模大小以及企业业务的性质由企业自己确定现金及现金等价物的范围。

（1）现金流量表的期末现金余额是对应总账的现金余额、银行存款余额、现金等价物余额。

（2）现金流量表中现金及现金等价物指的是可以随时用于支付的现金及可以快速变现的金融产品（如短期债券等）。而资产负债表中货币资金（主要是银行现金）指的是所有货币形态的资金。如：资产负债表中货币资金里的定期存款就不一定能随时可以用于支付，除非企业和银行有约定。另外，货币资金显然不包括可以快速变现的金融产品。而现金流量表中的现金及现金等价物并不仅仅为货币资金，也可能包括3个月内可以变现的其他现金等价物，如定期存款、应收票据等。

（3）期末资产负债表中货币资金和现金流量表中期末现金及现金等价物余额一般是不相等的，除非这个企业所有的货币资金可以随时用于支付并且企业没有可以快速变现的现金等价物。

一部分大型企业，还有金融行业的企业、证券行业的企业以及保险公司等，会将现金及现金等价物的范围扩大到"交易性金融资产"，甚至"买入返售金融资产"科目，这样这些企业的现金及现金等价物的范围所包括的科目就超出了资产负债表中的货币资金的范围。

由于以上原因，货币资金余额和期末现金及现金等价物余额产生差异也就不难理解了。

8.1.2　货币资金的构成

合并资产负债表中的"货币资金"表示上市公司和其子公司控制的货币资金总额。上市公司可通过"预付款项""其他应收款"等科目向子公司提供资金。通过报表一些科目的对比，可以知道母公司和子公司间的资金划拨情况。从万科A的"货币资金"科目里，我可以知道货币资金总额。

货币资金构成，见表8-2。

表8-2　货币资金构成

金额单位：元

项目		2020年12月31日			2019年12月31日		
		原币	折算汇率	折合人民币	原币	折算汇率	折合人民币
现金	人民币	8 573 983.62	1.000 0	8 573 983.62	人民币	5 153 478.56	1.000 0	5 153 478.56

项目		2020 年 12 月 31 日			2019 年 12 月 31 日		
		原币	折算汇率	折合人民币	原币	折算汇率	折合人民币
小计				8 573 983.62			5 153 478.56
银行存款	人民币	190 960 350 739.91	1.000 0	190 960 350 739.91	人民币	161 134 111 177.91	1.000 0	161 134 111 177.91
	美元	92 326 527.02	6.502 8	600 380 939.89	美元	211 213 914.92	6.962 2	1 470 513 518.46
	港币	3 134 701 324.75	0.833 7	2 613 400 494.44	港币	3 089 402 002.60	0.892 6	2 757 600 227.52
	新加坡币	5 621.30	4.921 8	27 666.91	新加坡币	5 598.23	5.177 5	28 984.84
	英镑	42 079 532.75	8.888 7	374 032 342.75	英镑	24 358 704.95	9.244 7	225 188 919.65
	马来西亚币	12 585 368.44	1.617 3	20 354 316.38	马来西亚币	46 943 423.25	1.702 1	79 902 400.71
	俄罗斯卢布	215 859 588.88	0.088 0	18 995 643.82	俄罗斯卢布	374 457 538.07	0.112 0	41 939 244.26
	欧元	—	—	—	欧元	24 334.34	7.818 2	190 250.74
小计				194 587 542 144.10				165 709 474 724.09
其他货币资金	人民币	634 607 242.16	1.000 0	634 607 242.16	人民币	479 967 523.77	1.000 0	479 967 523.77
合计				195 230 723 369.88				166 194 595 726.42

其他货币资金为物业管理项目代管基金。于 2020 年 12 月 31 日银行存款中含有受限使用资金为人民币 9 568 343 662.92 元（2019 年 12 月 31 日：人民币 6 455 944 254.46 元），其中因质押对使用有限制的资金为人民币 3 841 600 000.00 元（2019 年 12 月 31 日：人民币 3 841 600 000.00 元）。无因

抵押等对使用有限制的款项（2019 年 12 月 31 日：无）。于 2020 年 12 月 31 日存放境外货币资金折合人民币共计 4 175 920 080.08 元（2019 年 12 月 31 日：人民币 5 689 787 565.68 元）。本集团年末存于联营公司徽商银行股份有限公司的存款为人民币 212 171 215.80 元（2019 年 12 月 31 日：人民币 417 750 251.72元）。

银行存款占货币资金的比例＝194 587 542 144.10÷195 230 723 369.88×100％＝99.67％

货币资金一般来自企业销售、发行股票、债券或贷款以及股东投资或变卖资产。企业的流动性依赖货币资金，如果账上货币资产不能支撑企业的经营，那么这家企业也就面临巨大的危机，如果不能解决现金流的问题，可能导致企业破产。货币资金占总资产的比例体现的是企业的实力与抗风险能力，通过数据比较，可以清晰看出不同企业之间实力的差距，不管是什么类型的公司，"现金为王"都是硬道理。

万科A2020 年合并资产负债表货币资金为 1 952.31 亿元，总资产为 18 691.77亿元。则：

货币资金占总资产的比例＝1 952.31÷18 691.77×100％＝10.44％

格力电器 2020 年货币资金为 1 364.13 亿元，总资产为 2 792.18 亿元。则：

货币资金占总资产的比例＝1 364.13÷2 792.18×100％＝48.86％

葵花药业 2020 年货币资金为 16.48 亿元，总资产为 51.13 亿元。则：

货币资金占总资产的比例＝16.48÷51.13×100％＝32.23％

虽然葵花药业资金规模比较小，但货币资金占总资产的比例为 32.23％，比万科 A 高 21.79％，资金较充裕，流动性也比较好，虽然经历董事长变动等系列风波的影响，但公司一直维持稳健经营。

我们可以找出最近 3 年到 5 年的数据分析。如果出现较大波动，需要找到原因，财务分析的目的就是为了找到成长性的公司。

货币资金小于短期有息负债，可能发生偿债危机。货币资金数据较大，却有很多有息特别是高息负债——可能存在大股东占用资金。

8.1.3　货币资金需求量的测算

货币资金是企业生存的命脉，账面上有足够的现金，经营才能周转起来。通常经济效益较好的企业，账面上都有充裕的现金。

1. 企业持有现金的动机

企业持有现金的动机如下：

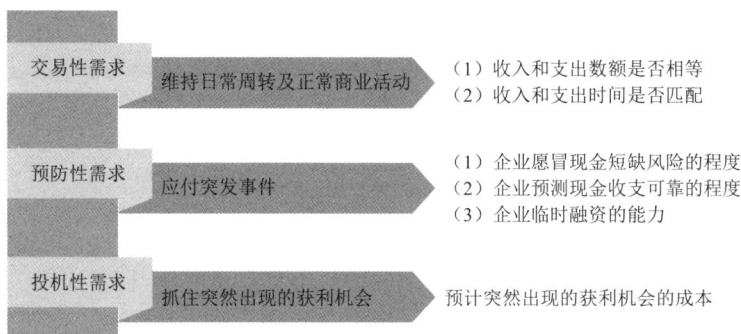

交易性需求	维持日常周转及正常商业活动	（1）收入和支出数额是否相等 （2）收入和支出时间是否匹配
预防性需求	应付突发事件	（1）企业愿冒现金短缺风险的程度 （2）企业预测现金收支可靠的程度 （3）企业临时融资的能力
投机性需求	抓住突然出现的获利机会	预计突然出现的获利机会的成本

现金筹措与运用
现金余缺+现金筹措-现金运用=期末现金余额

现金余缺
现金余缺=可供使用现金-现金支出

现金预算

可供使用现金
可供使用现金=期初现金余额
+本期现金收入

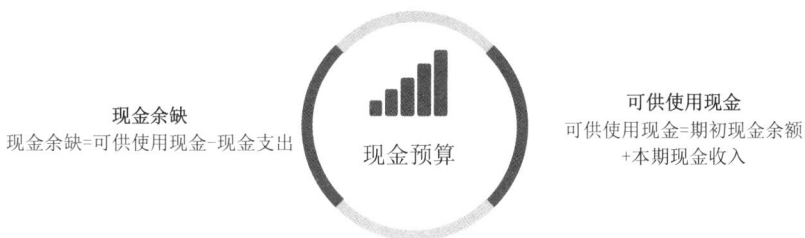

2. 账面上有多少钱合适

现金留得多了，在账面上趴着，造成浪费；现金少了，会影响企业的经营与投资，那么企业留多少现金合适呢？企业账面上现金是有成本的，它包括管理成本、机会成本、短缺成本。

成本分析模式是要找到机会成本、管理成本和短缺成本所组成的总成本曲线中最低点所对应的现金持有量，把它作为最佳现金持有量，如图 8-2 所示。

成本分析模式是根据现金有关成本，分析预测其总成本最低时现金持有量的一种方法。其计算公式为：

最佳现金持有量下的现金相关成本＝min（管理成本＋机会成本＋短缺成本）

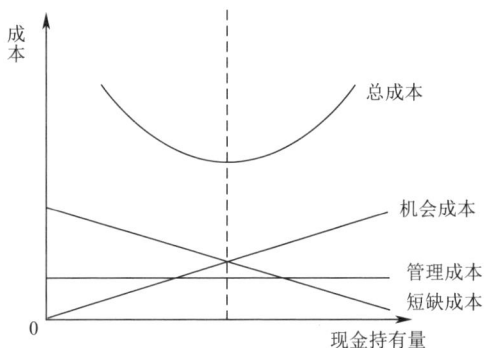

图 8-2　成本模式分析

在实际工作中运用成本分析模式确定最佳现金持有量的具体步骤为：

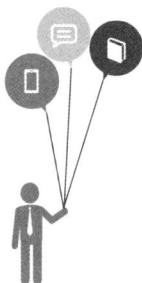

1　根据不同现金持有量测算并确定有关成本数值

2　按照不同现金持有量及其有关成本资料编制最佳现金持有量测算表

3　在测算表中找出总成本最低时的现金持有量，即最佳现金持有量

计算公式如下：

$$H＝3R－2L$$

式中，H 为现金最高控制线；L 为现金下限；R 为回归线。

【例 8-1】假设天一公司的现金最低持有量为 4 000 元，现金余额的回归线为 12 000 元。如果公司现有现金 44 000 元，根据现金持有量随机模型，此时应当投资于有价证券的金额为多少元？

根据题意可知，$R＝12 000$ 元，$L＝4 000$ 元，现金控制的上限 $H＝3R－2L＝36 000－8 000＝28 000$（元），由于公司现有现金 44 000 元超过了现金的控制上限 44 000 元，所以，应当投资于有价证券的金额＝44 000－28 000＝16 000（元）。

8.2 企业收付款的管理

《财政部关于修订印发一般企业财务报表格式的通知》（财会〔2017〕

30号）规定，把"应收票据"项目和"应收账款"项目合并为"应收票据及应收账款"，应收票据并到应收账款中，会给我们造成困扰。这两个项目虽然都是资产类项目，虽然都有应收两个字，但有云泥之别。一般来说，应收票据多于应收账款的企业，表明产品更具有竞争力，回款更有保障。合并在一起，就无法分清哪些是应收票据，哪些是应收账款，无法准确判断企业回款能力。应付票据及应付账款也是一样的，为了保障现金流，企业尽量延长付款时间，尽量少用票据。好在财会〔2019〕6号（《关于修订印发2019年度一般企业财务报表格式的通知》）又将"应收票据及应收账款""应付票据及应付账款"作为单独项目在报表中列示，便于报表使用者分析。

8.2.1 应收票据与应收账款

应收票据是指企业持有的未到期、尚未贴现的票据，应收票据是一种债权凭证，根据法律规定，商业汇票的期限不得超过6个月，应收、应付票据通常是指商业汇票。根据承兑人不同，商业汇票分为商业承兑汇票和银行承兑汇票。销售方记在资产负债表"应收票据"借方，表明为购买方提供了一次短期无息贷款；购买方记在资产负债表"应付票据"贷方，表示一项负债。

如果一家公司只有应收票据，没有应收账款，说明这家公司在行业中的地位十分强势，销售政策保守，在行业中的竞争力和风险控制能力都很强。表8-3是上市公司贵州茅台的合并资产负债表，只有应收票据的数据，没有应收账款。

表8-3 合并资产负债表

2020 年 12 月 31 日

编制单位：贵州茅台酒股份有限公司　　　　　　　　　　金额单位：元　币种：人民币

项目	附注	2020 年 12 月 31 日	2019 年 12 月 31 日
流动资产：			
货币资金		36 091 090 060.90	13 251 817 237.85
结算备付金			
拆出资金		118 199 586 541.06	117 377 810 563.27
交易性金融资产			

项目	附注	2020年12月31日	2019年12月31日
衍生金融资产			
应收票据		1 532 728 979.67	1 463 000 645.08
应收账款			
应收款项融资			
预付款项		898 436 259.15	1 549 477 339.41

应收账款对销售方而言是一项债权，记在资产负债表"应收账款"借方，购买方记在资产负债表"应付账款"贷方。通过应收账款的规模及比例可以判断这家企业的优秀程度及行业地位。应收票据与应收账款占营业收入的比率可作为判断经营风险的一个指标。一般来说，优秀的企业应收账款占营业收入的比例一般不超过3%，如果应收账款与营业收入比例超过10%，可以判断这家企业可能存在经营问题。

表8-4为海天味业母公司资产负债表，应收票据与应收账款全部为零，说明这家公司销售政策执行的是现款交易，在行业中是龙头老大。

表8-4 母公司资产负债表

2020年12月31日

编制单位：佛山市海天调味食品股份有限公司　　　　　　金额单位：元　币种：人民币

项目	附注	2020年12月31日	2019年12月31日
流动资产：			
货币资金		10 928 630 836.97	10 674 178 713.67
交易性金融资产		2 468 572 523.82	4 022 310 561.66
衍生金融资产			
应收票据			
应收账款			
应收款项融资			
预付款项		1 944 596 133.19	119 003 184.81

当然，大部分企业还是微利经营的，控制应收账款与营业收入的比例，积极寻找更好的解决办法，保证企业长期经营是这些企业第一要务。

8.2.2　收款管理

应收票据比应收账款更有保障，企业应尽可能从销售方取得应收票据。应收票据排在应收账款前，表明流动性强，质量高，可回收性强、坏账率低。因此应收票据质量高于应收账款。

企业衡量应收账款有个比率，即应收账款周转率，计算公式如下：

$$应收账款周转率＝营业收入÷平均应收账款$$

很多学者认为这个公式分子分母计算口径不一致，如营业收入是不含增值税的，而应收账款是含增值税的。如营业收入是 1 000 元，应收账款却不是 1 000 元，而是 1 130 元 [1 000＋（1 000×13％）]。

另外，资产负债表上应收账款金额不是原值，而是减去坏账准备后的净值。用应收账款一个指标做分母，导致盲目夸大应收账款周转速度。让企业管理者盲目乐观，放松对应收账款的管理；给投资者造成虚假真相，导致投资失误。

通过利润表可知，营业收入包括应收票据、预收款项、应收账款。我们用这个三项目考查企业回款能力。用 T 形账户表示三个项目的关系如下。

借方	贷方
应收账款	预收账款
应收票据	

某企业资产负债表部分项目数据见表 8-5。

表 8-5　资产负债表（简表 1）　　　　　　金额单位：万元

报表项目	期末	年初	报表项目	期末	年初
应收账款	185 338	201 280	预收账款	45 394	39 952
应收票据	317 374	256 038			
合计	502 712	457 318	合计	45 394	39 952
增加	45 394		增加		5 442

从这张表可以看出，年末债权比年初增加 45 394 万元，在赊销方面，以应收票据为主，在赊销中以应收票据为主。债权中应收票据为银行承兑汇票。债权规模增加比较大，但回款质量没问题。

预收方面，多回款 5 442 万元（45 394－39 952）。该企业营业额 267.10 亿元，占营业额 0.20%。说明预收款增加为企业贡献了现金流。

8.2.3 付款管理

根据表 8-6，分析云南白药付款管理。

企业应付账款 422 205 万元，应付票据为 139 348 万元，应付账款比应付票据多 282 857 万元，表明企业产品竞争力很强。预付款、应付账款、应付票据可能跟存货无关，如买设备，等等。加工存货 999 401 万元，包括工资、折旧费，等等。

表 8-6　资产负债表（简表 2）　　　　　　　　　金额单位：万元

报表项目	期末	报表项目	期末
预付账款（存货没到以前付款）	60 215	应付票据	139 348
存货	999 401	应付账款	422 205
合计	1 059 616	合计	561 553
差额	－498 063（561 553－1 059 616）		

存货和由于存货产生的负债 561 553 万元（139 348＋422 205），通过对供应商的付款安排，企业节约 498 063 万元（561 553－1 059 616）。

可以看出，企业对上下游的安排，体现出企业产品的竞争力。从这可以看出经营现金流非常好。

云南白药债权以应收票据为主，债务以应付账款为主导。上游供货商提供账期，下游债权以应收票据为主，尽可能增加预收款项，增加企业市场竞争力。

再举个例子，敦煌种业是农业股，我们可以看看它的收款管理情况。

（1）收款情况见表 8-7。

表 8-7　资产负债表（简表）　　　　　　　　　金额单位：万元

报表项目	2019-03-31	2018-12-31	报表项目	2019-03-31	2018-12-31
应收票据	0	0	预收账款	8 132	9 192
应收账款	20 896	19 071			
合计	20 896	19 071		8 132	9 192
增加	1 825		增加	－1 060	

从报表上看，最有回款保障的应收票据金额期初与期末都是 0，应收账款增加 1 825 万元；预收账款减少 1 060 万元，说明企业市场竞争力较弱。

（2）付款管理见表 8-8。

表 8-8　资产负债表（简表）　　　　　　　　　金额单位：万元

报表项目	2019-03-31	报表项目	2019-03-31
预付账款	13 161	应付票据	0
存货	42 409	应付账款	0
合计	55 570		

从表 8-6 看，最应该争取账期的应付票据和应付账款是 0，虽然对上游企业有利，但对本公司是不利的，预付账款比预收账款多，说明企业未取得上游企业的支持，反而要预先支付货款，才能取得采购权。总之这是一家无论在上游，还是在下游都比较弱的企业。

当然，分析一个企业，仅凭这几个数据还不能完全体现企业的真实情形，需要全面谨慎的分析。

8.2.4　双刃剑——赊销

在激烈的市场竞争中，企业通过提供赊销可有效地促进销售，这是赊销的第一个好处。因为赊销不仅向顾客提供了商品，也在一定时间内向顾客提供了购买该商品的资金，客户将从赊销中得到好处。所以赊销会带来企业销售收入和利润的增加，特别是在企业销售新产品、开拓新市场时，赊销尤为重要。如某企业推出一款瓶装咖啡饮料，大家都知道的咖啡是坐在咖啡馆里或家中消遣的饮品，但现在咖啡像瓶装矿泉水一样通过超市销售，市场前景未知。企业为了推广瓶装咖啡饮料，允许超市赊销，不但允许赊销还给予价格上的优惠，一元一瓶。比农夫山泉都低几毛钱，顾客感觉很新鲜，纷纷购买。回去一喝，不错，比咖啡馆里的味道不差什么。一段时间之后，顾客认可这个瓶装咖啡。企业开始涨价到 4.5 元一瓶，打开了市场。现在各大超市、路边小店都有这种瓶装咖啡的售卖。说明这家企业打开了市场，进入产品上升期。

提供赊销所增加的产品一般不增加固定成本，但会增加收益。因此，赊销所增加的收益等于增加的销量与单位边际贡献，计算公式如下：

$$增加的收益＝增加的销售量×单位边标贡献$$

另外一个好处是减少存货。企业持有一定产成品存货会相应地占用资金，形成仓储费用、管理费用等；而赊销则可避免这些费用的产生。所以，无论是季节性生产企业还是非季节性生产企业，当企业的产成品存货较多时，一般会采用优惠的信用条件进行赊销，将存货转化为应收账款，减少产成品存货，存货资金占用成本、仓储与管理费用等会相应减少，从而提高企业收益。

那么为什么说赊销是双刃剑呢，如果遇到企业信用或经营状况不好的企业，不只是欠你这一家的钱，还欠很多家企业的钱，那么你公司的应收账款就有可能收不回来，造成坏账。所以企业应加强对赊销单位的信用调查。常用的信用定性分析法是 5C 信用评价系统，其主要考虑以下五个要素：品质、能力、资本、抵押、条件。

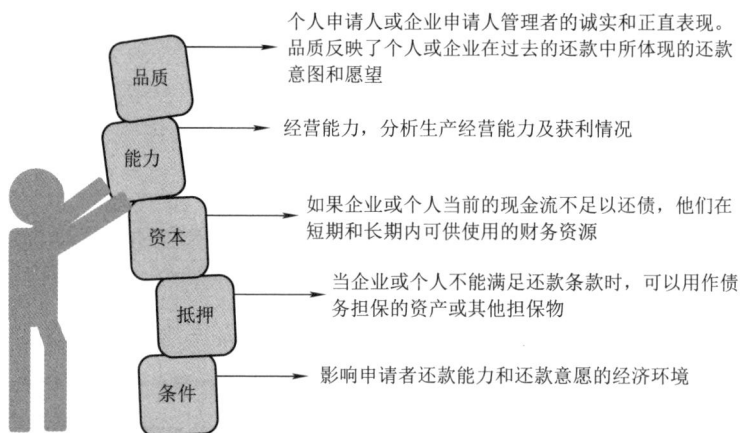

通过 5C 信用评价系统，把企业按信用等级分类，如分成 A、B、C、D、E 等，对于不同级别的企业，分别管理。对于信用级别为 A、B 的企业，因为信用较好，可以给予优惠的回款政策；对于信用等级为 C 的企业要慎重，考查这个企业经营状况、市场地位等；对于信用为 D、E 的企业，赊销的风险就非常大了。

除了上述按企业信用分析外，还可以按照应收账款金额大小，采用 ABC 分析法进行科学管理。

ABC 分析法是现代经济管理中广泛应用的一种"抓重点、照顾一般"的管理方法，又称重点管理法。它将企业的所有欠款客户按其金额的多少进行分类排队，然后分别采用不同的收账策略的一种方法。它一方面加快应收账款收回，另一方面能将收账费用与预期收益联系起来。

8.2.5　应收账款是有成本的

应收账款相当于企业的一项资金投放，是为了扩大销售和盈利而进行的投资。而投资肯定会发生成本，那么应收账款的成本怎么计算呢，我们需要计算两个指标：一是应收账款信用政策所增加的盈利；二是要在政策与成本之间作出权衡。只有当应收账款所增加的盈利超过所增加的成本时，才应当实施赊销；如果赊销有着良好的盈利前景，就应当放宽信用条件增加赊销量。

1. 应收账款的机会成本

信用条件是销货企业要求赊购客户支付货款的条件，由信用期、折扣条件组成。

（1）信用期。

延长信用期，会使销售额增加，产生有利影响；与此同时，应收账款、收账费用和坏账损失增加，会产生不利影响。当前者大于后者时，可以延长信用期，否则不宜延长。如果缩短信用期，情况与此相反。

（2）折扣条件。

折扣条件包括现金折扣和折扣期两个方面。现金折扣是企业对顾客在商品价格上的扣减。企业采用什么程度的现金折扣，要与信用期结合起来考虑。计算时考虑的成本和费用，主要有应收账款的机会成本、收账费用、坏账损失和现金折扣成本。

例如，某企业预测下年的销售额为 2 000 万元，现金折扣条件为"1/10，$n\,30$"，估计有 60% 的客户会享受现金折扣，现金折扣成本为多少万元？

现金折扣条件为"1/10，$n/30$"意味着折扣期为 10 天，信用期为 30 天，在折扣期内付款能享受 1% 的折扣，所以，现金折扣成本＝2 000×60%×1%＝12（万元）。

（3）机会成本。

应收账款的机会成本指的是因投放于应收账款而放弃其他投资所带来的收益，计算公式如下：

应收账款的机会成本（即应收账款占用资金的应计利息）

　　＝应收账款占用资金×资本成本

　　＝应收账款平均余额×变动成本率×资本成本

　　＝日销售额×平均收现期×变动成本率×资本成本

应该按照下列原则确定"平均收现期":

①如果没有现金折扣条件，则认为"信用期＝平均收现期"；

②如果存在现金折扣条件，则按照加权平均的办法计算，例如：假设现金折扣条件为"$2/10$，$1/20$，$n/30$"，其中，有 10% 的顾客在 10 天内付款；40% 的顾客在 20 天内付款；50% 的顾客在 30 天内付款，则：平均收现期＝$10\%\times10+40\%\times20+50\%\times30=24$（天）；

③如果存在现金折扣，并且只给出折扣期内收回货款的比例，没有给出信用期内收回货款的比例，则认为其余的货款都可以在信用期内收回。

假设某企业预测的年销售额为 2 000 万元，应收账款平均收账天数为 45 天，变动成本率为 60%，资金成本率为 8%，一年按 360 天计算，则应收账款占用资金应计利息为多少万元。

根据公式，应收账款占用资金应计利息＝日销售额×平均收现期×变动成本率×资本成本＝$2\,000\div360\times45\times60\%\times8\%\approx12$（万元）

2. 应收账款的管理成本

应收账款的管理成本指的是进行应收账款管理时所增加的费用，主要包括调查顾客信用状况的费用、收集各种信息的费用、账簿的记录费用、收账费用、数据处理成本、相关管理人员成本和从第三方购买信用信息的成本等。

3. 应收账款的坏账成本

应收账款的坏账成本指的是由于种种原因债权人无法收回应收账款而发生的损失。

8.2.6 识别应收账款造假

为了增加当期利润，上市公司可以与关联企业或关系企业进行赊账交易（所谓关联企业是指与上市公司有股权关系的企业，如母公司、子公司等；关系企业是指虽然没有股权关系，但关系非常亲密的企业）。

正常的销售业务如图 8-3 所示，即通常所说的"三流一致"，即物流、票流、现金流。

图 8-3 "三流一致"流程图

如果不符合图中三个条件，一般为虚开。

利用应收账款虚构利润是怎么操作的呢，例如 A 公司赊货给 B 公司，会计分录如下：

借：应收账款——B 关联企业

贷：主营业务收入

应交税费——应交增值税（销项税额）

应收账款会增加企业的利润，对利润表的贡献功不可没。但不影响现金流量表，因为没有产生现金流。这种虚假交易通常时间很短，因为应收账款不能挂账时间太长，若挂账时间长了，就要提坏账准备，那样会影响利润。怎么解决呢，很简单，下期进行退货交易，如图 8-4 所示。

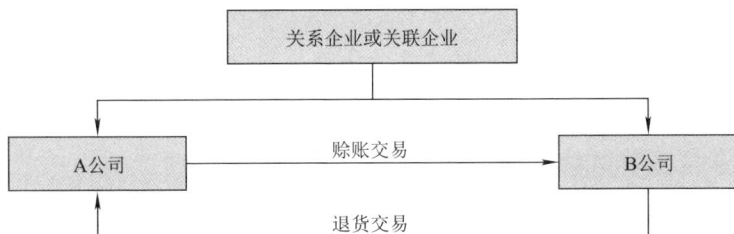

图 8-4　退货流程图

填写一个退货单据，这笔交易就相当于没有发生，重新修正上一年度的资产负债表和利润表。这是某些企业经常使用报表作弊的方法之一。

惊天大骗局——银广夏财务造假案

广夏（银川）实业股份有限责任公司（以下简称"银广夏"）于 1994 年在深圳交易所上市，简称"银广夏 A"。银广夏于 1999 年，从购入原材料到销售产品全流程进行财务造假。银广夏虚构了北京瑞杰商贸有限公司、北京市京通商贸有限公司、北京市东风实用技术研究所等单位，让这几家单位作为天津子公司的原材料提供方，虚假购入萃取产品原材料蛋黄粉、姜、桂皮、产品包装桶等物，并到黑市上购买了发票、汇款单、银行进账单等票据，从而伪造了这几家单位的销售发票和天津子公司发往这几家单位的银行汇款单。为完善造假过程，银广夏伪造萃取产品生产记录，如原料入库单、班组生产记录、产品出库单等。有了原材料的购入，也便有了产品的销售，伪造货物出口报关单、虚构出口收入 20 多亿元。该虚假的年度财务报表经深圳中天勤会计师事务所审计后，并入银广夏公司年报，银广夏公司向社会发布的虚假净利润高达 12 778.66 万元。

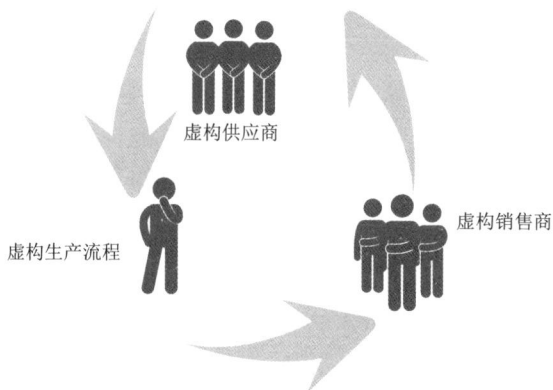

根据银广夏 1999 年年报，银广夏的每股盈利当年达到前所未有的 0.51 元；其股价从 1999 年 12 月 30 日的 13.97 元涨至 2000 年 4 月 19 日 35.83 元。2000 年年报披露的业绩再创"奇迹"，在股本扩大一倍基础上，每股收益攀升至 0.827 元。2001 年 3 月 1 日，银广夏发布公告，称与德国诚信公司签订连续 3 年总金额为 60 亿元的萃取产品订货总协议。

但在专家和同行的眼里，银广夏凭此取得的惊人效益，从财务报表中看处处皆是疑点。

（1）利润率高达 46%（2000 年），而深沪两市同类上市公司的利润率鲜有超过 20% 的。

（2）出口货物是享有国家税收优惠的，但年报里根本找不到出口退税的项目。

（3）公司公告说，签下总金额达 60 亿元合同的德国诚信公司，却是注册资本仅为 10 万马克的一家小型贸易公司。这么个小型公司有那么大的吞吐能力吗？

（4）原材料购买批量很大，都是整数吨位，一次购买上千吨桂皮、生姜，有那么大的库房放置吗？

（5）萃取技术是高温高压高耗电的，但 1999 年水电费仅 20 万元，2000 年只有 70 万元。

（6）1998 年及之前的财务资料全部神秘"消失"。

以公司对外宣称的生产量和销售量，从报表中可查出蛛丝马迹，正应了那句话，假的真不了。2002 年 5 月，中国证监会对银广夏的行政处罚决定书认定，公司自 1998 年至 2001 年期间累计虚增利润 77 156.70 万元。从原料购进到生产、销售、出口等环节，公司伪造了全部单据，包括销售合同和发票、银行票据、海关出口报关单和所得税免税文件。因涉及银广夏利润造假案，深圳中天勤会计师事务所实际上已经解体，主要负责人被追责。

8.3 坏账准备高于应收款的原因

根据《企业会计制度》规定，企业只能采用备抵法核算坏账损失，计提坏账准备的方法由企业自行确定，并按照规定报有关各方备案。坏账准备计提方法一经确定，不得随意变更。估计坏账损失有四种方法：即余额百分比法、账龄分析法、销货百分比法和个别认定法，企业可自行选择一款。《企业会计制度》没有具体规定企业计提坏账准备的比例。这说明企业是有很大的灵活性，为某些企业操纵利润提供了空间。

8.3.1 什么情形下计提坏账准备

坏账准备是应收账款的抵减科目，应收账款借方表示增加，贷方表示减少。而坏账准备借方表示减少，贷方表示增加。企业生产经营存在着各种风险，采用商业信用赊销商品也不可避免发生坏账损失，即出现货款长期被拖欠甚至收不回来而给企业造成损失的情况。对此，可以采用两种检测方法：①关注计提坏账准备的比例。低于 5% 有潜在亏损挂账之嫌；高于 40% 又不说明原因，可能有人为加大企业当期费用、调节当期利润的企图。②进行债务构成分析：一是债务人区域构成分析；二是债务人所有制构成分析；三是债权经手人构成分析。

8.3.2 百分之百计提坏账准备案例分析

以下是上海二三四五网络控股集团股份有限公司公告。

上海二三四五网络控股集团股份有限公司
关于 2017 年度计提资产减值准备的公告（部分）

经过公司及下属子公司对 2017 年末存在可能发生减值迹象的资产，范围包括应收账款、其他应收账款、其他流动资产等，进行全面清查和资产减值测试后，2017 年度拟计提各项资产减值准备 96 627.12 万元，明细见表 8-9。

表 8-9　计提坏账

资产名称	资产原值金额（万元）	资产净值金额（万元）	年初至报告期末计提资产减值准备金额（万元）	占 2016 年度经计算归属于上市公司的净利润绝对值的比例
应收账款	66 725.46	66 707.37	18.08	0.03%
其他应收款	3 727.10	3 516.91	210.19	0.33%
其他流动资产	229 058.86	132 660.02	96 398.85	151.82%
合计	299 511.42	202 884.30	96 627.12	152.18%

注：（1）本文中部分合计数与各明细数直接相加之和在尾数上如有差异，这些差异系由于四舍五入造成。

（2）其他流动资产中理财产品、待退及预缴纳税金、第三方支付平台存款的资产原值金额为 116 411.69 万元，经单独测试未发现减值，不计提坏账准备；发放贷款及垫款的资产原值金额为 112 647.17 万元，资产净值金额为 16 248.32 万元，计提资产减值准备金额为 96 398.85 万元。

备受质疑的就是坏账准备高于应收账款，应收账款期末余额大幅度减少。

对于投资者来说，就要核实该家企业的营业收入了。2015 年，公司刚刚借壳上市时，营业收入构成如下：

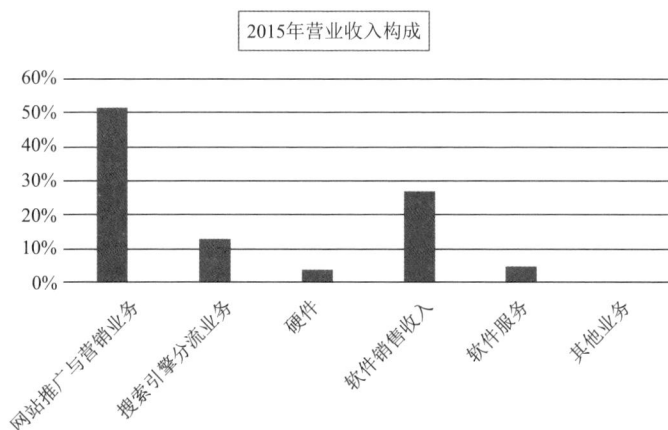

2015年营业收入构成

公司的营业收入在 14.6 亿元左右，以网站的营销推广和搜索引擎分流为主。到 2017 年，公司的营业收入构成发生了重大的变化：

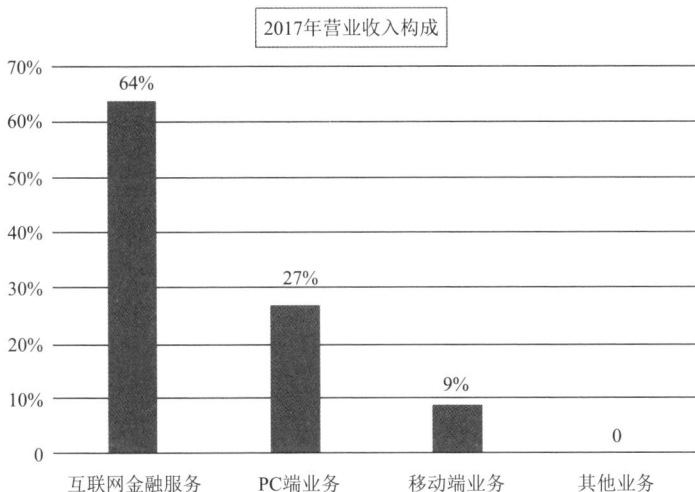

2017年营业收入构成

公司的主要营业收入来源成了互联网金融服务，2017 年，营业收入达到了 32 亿元。

做互联网金融的公司最怕什么？客户不还钱。由于 2017 年末互联网消费金融业务政策变化。2017 年 11 月 27 日，二三四五全资子公司曲水汇通信息服务有限公司通过公开挂牌的方式将 2.69 亿元的应收款项，以 528.3 万元的价格转让给了广西广投资产管理有限公司，二三四五当时对这部分应收款项按 100% 计提了坏账准备。这就是坏账准备高于应收账款的原因。

虽然计提减值准备符合《企业会计制度》，作为投资者还应关注这家企业的经营情况，通过相关途径了解企业资本运作。

8.4 审查"其他应收款"

其他应收款是个不起眼的项目，在这个科目核算的业务主要包括应收的各种赔款、罚款，如因企业财产等遭受意外损失而向有关保险公司收取的赔款等；应收的出租包装物租金；应向职工收取的各种垫付款项，如为职工垫付的水电费、应由职工负担的医药费；存出保证金，如租入包装物支付的押金；其他各种应收、暂付款项。一般说来金额都不大，但是常常被审计部门审出问题的恰恰是这个不起眼的项目。

其他应收款若明显高于以往，要引起投资者的注意，要追查是什么原因？许多公司的高额的"其他应收款"不完全是虚构利润的结果，而是大股东占用公司资金的结果。早在 2001 年，中国上市公司就进行了大规模清理欠款的工作，大部分欠款都是大股东挪用资金的结果，而且大部分以"其他应收款"的名义进入会计账目。

小科目，大乾坤

2018 年，上市公司湖南千山制药机械股份有限公司（以下简称"千山药机"）对可能发生减值的应收款项、存货、长期股权投资、固定资产、无形资产及商誉等合计计提了约 18.33 亿元的减值准备，坏账减值高达 16.97 亿元，其中其他应收款计提额度约 13.24 亿元，主要包括关联方刘华山占用的 9.21 亿元资金和子公司湖南乐福地医药包材科技有限公司（下称乐福地）业绩补偿款 3.38 亿元。

表 8-10 为坏账准备计提明细表。

表 8-10　2018 年财报披露的坏账准备信息

金额单位：元

项目	期初数	本期增加		本期减少			期末数
		计提	其他	转回	转（核）销	其他	
坏账准备—应收账款	400 749 749.27	366 768 985.23	—	—	—	—	767 518 734.50
坏账准备—其他应收款	19 137 107.05	1 324 293 392.83	—	—	—	—	1 343 430 499.88
坏账准备—预付款项	—	4 394 200.74	—	—	—	—	4 394 200.74
存货跌价准备	4 008 855.70	125 411 427.35	—	—	3 924 122.87	84 732.83	125 411 427.35
长期股权投资减值准备	—	7 905 343.02	—	—	—	—	7 905 343.02
固定资产减值准备	1 329 694.45	974 358.63	—	—	—	812 049.59	1 492 003.49
无形资产减值准备	32 854 608.90	—	—	—	—	—	32 854 608.90
商誉减值准备	338 336 414.83	3 969 281.09	—	—	—	—	342 305 695.92
合计	796 416 430.20	1 833 716 988.89			3 924 122.87	896 782.42	2 625 312 513.80

期末单项金额重大并单项计提坏账准备的其他应收款：

√适用　□不适用

金额单位：元

其他应收款（按单位）	期末余额			
	其他应收款	坏账准备	计提比例	计提理由
R＋EAutomationstech nik GmbH	8 312 198.48	8 312 198.48	100%	申请破产清算
刘华山	920 586 743.67	920 586 743.67	100%	预计未来很可能无法收回
业绩补偿款	365 970 932.76	338 102 932.76	92.39%	预计未来很可能无法收回
上饶县鼎诚贸易有限公司	16 960 000.00	16 960 000.00	100%	预计未来很可能无法收回
云南司艾特药业有限公司	12 057 880.98	12 057 880.98	100%	预计未来很可能无法收回
兖州生宝制药有限公司	11 216 914.98	11 216 914.98	100%	预计未来很可能无法收回
刘华山—代付担保款（湖南顺顺昨贸易有限公司）	6 600 000.00	6 600 000.00	100%	预计未来很可能无法收回
合计	1 341 704 670.87	1 313 836 670.87		

按欠款方归集的期末余额前五名其他应收款情况。

金额单位：元

单位名称	款项性质	期末余额	账龄	占其他应收款期末余额合计数的比例	坏账准备期末余额
刘华山	资金拆借	920 586 743.67	1年以内2年以下	65.43%	920 586 743.67
业绩补偿	补偿款	365 970 932.76	1~2年	26.01%	338 102 932.76
上饶县鼎诚贸易有限公司	资金拆借	16 960 000.00	1~2年	1.21%	16 960 000.00
云南司艾特药业有限公司	资金拆借	12 057 880.98	1~2年	0.86%	12 057 880.98
兖州生宝制药有限公司	资金拆借	11 216 914.98	1年以内，2至2年	0.80%	11 216 914.98
合计		1 326 792 472.39	—	94.05%	1 298 924 472.39

2018 年，财务年报披露股东刘华山拆借资金 9.21 亿元，占其他应收款期末余额合计数比例 65.43%，公告称预计无法收回，全额计提坏账准备。同时，千山药机还对外担保计提预计负债 2.37 亿元，且目前还存在未履行审批程序且未及时履行信息披露义务的对外担保本金余额约 3.35 亿元。千山药机称，发生违规对外担保的原因是公司相关人员签订部分担保合同时没有履行印章使用审批流程，经办人员直接领取公章签订合同，印章管理与控制失效。这也显示出千山药机内部管理的混乱和失控。

利安达会计师事务所（特殊普通合伙）对千山药机 2018 年财务会计报告出具了无法表示意见的审计报告。而且是连续两年被出具非标准无保留意见；同时截至 2018 年末，公司总资产为 25.49 亿元，经审计净资产为－17.95 亿元，已资不抵债，资产负债率高达近 169%。

根据相关规定，千山药机公司股票于 2019 年 4 月 26 日起停牌。

通过以上分析，其他应收款金额居高不下，应引起企业管理者的高度重视，建立责任机制，积极消除对企业长期发展不利的因素。

8.5 存货

核心资产中有个特别重要的资产：存货。因行业不同，存货所占的比重也是不一样的。如酒店企业，没有存货，只有固定资产。酒店大楼就是固定资产，通过提供住宿产生经营收入。又如房地产企业，几乎都是存货，固定资产很少。制造业是典型的存货和固定资产都很多的企业，通过固定资产生产存货。存货与固定资产是衡量资源与能力的一个指标。

存货是指企业在日常生产经营活动中持有的以备出售的产品、在产品以及原材料、周转材料等。存货放在仓库中或在途没有卖出，记在资产负债表"存货"项目中，卖掉的存货记在利润表"营业收入"，同时结转成本记在"营业成本"中。

表 8-11 是上市公司格力电器 2020 年存货的分类，格力电器是制造业，存货分类比较完全。

表 8-11　期末、期初存货的分类　　　　金额单位：万元

项目	期末余额		
	账面余额	存货跌价准备或合同履约成本减值准备	账面价值
原材料	895 926.82	38 895.45	857 031.37
在产品及合同履约成本	204 613.93	204 613.93	—
产成品	1 576 157.99	10 825.97	1 565 332.02
开发成本	160 973.19	160 973.19	—
合　计	2 837 671.93	415 308.54	2 422 363.39

存货与营业收入和营业成本的比值并不是越低越好，要结合行业特点，快销行业白酒比例较高，见表 8-12。

表 8-12　相关数据　　　　金额单位：万元

年份	2020 年	2019 年	2018 年	2017 年
存货	2 787 950.52	2 408 485.41	2 001 151.82	1 656 834.72
营业收入	13 042 776.65	15 688 865.90	17 059 242.85	13 218 959.53
营业成本	8 792 119.19	10 370 328.32	11 240 415.56	8 487 069.21
存货与营业收入比例	21.38%	15.35%	11.73%	12.53%
存货与营业成本比例	31.71%	23.22%	17.80%	19.52%

2020 年，存货占营业收入的比例 = 2 787 950.52 ÷ 13 042 776.65 × 100% = 21.38%

2020 年，存货占营业成本的比例 ＝ 2 787 950.52÷8 792 119.19×
100％＝31.71％

2020 年，格力电器这两个指标都比较高，我们找出 2019、2018、2017 年
的数据继续对比。

表 8-12 中的数据表明，格力电器在 2020 年存货上升比例较高，可能是
经营环境恶化导致。

8.5.1　存货周转率——衡量存货周转速度

衡量企业存货周转速度有一个公式，即存货周转率。存货周转率（次数）
是衡量和评价企业购入存货、投入生产、销售收回等各环节管理效率的综合
性指标。

$$存货周转次数 ＝ 销货成本÷存货平均余额$$
$$存货平均余额 ＝ （期初存货＋期末存货）÷2$$

存货周转天数是指存货周转一次（即从入库到销售）所需要的时间。计
算公式为：

$$存货周转天数 ＝ 计算期天数÷存货周转次数$$
$$＝ 计算期天数×销货成本÷存货平均余额$$

对于一般制造业来说，存货周转天数越少，企业盈利能利越强。

企业管理者可根据存货周转率和存货周转天数，找出企业存货管理中存
在的问题，从而提高存货管理的水平，使存货管理在保证企业生产经营连续
性的同时，尽可能少占用企业的经营资金，提高企业资金的使用效率，促进
企业管理水平的提高。

存货周转率是用来测定企业存货的变现速度，衡量企业的销货能力及存
货是否储备过量的指标，是对企业供、产、销各环节管理状况的综合反映。
在运用该指标进行分析时，还应该注意：

存货周转率提高，存货占用水平越低，则存货积压的风险就越小，企业
的变现能力以及资金使用效率也就越高。但是存货周转率过高，也可能说明
企业管理方面存在其他问题，如存货水平太低，甚至经常缺货，或者采购次
数过于频繁，批量太小等。因此，合理的存货周转率要视产业特征、市场行
情及企业自身特点而定。

成本管理是比较复杂的，包括采购成本、储存成本、缺货成本。企业应

提前预测存货使用情况，及时补货，但又不能太多，补货多会增加储存成本；补货不足造成缺货，减少市场份额，影响当期利润。

8.5.2　存货的控制系统

存货的控制系统包括 ABC 控制系统、适时制库存控制系统等。

1. ABC 控制系统

ABC 分类管理就是按照一定的标准，将企业的存货划分为 A、B、C 三类，分别实行分品种重点管理、分类别一般控制和按总额灵活掌握的存货管理方法。

分类标准及其管理方法表，见表 8-13。

表 8-13　ABC 控制系统

项目	特征	分类标准		管理方法
		价值	品种数量	
A 类	价值高，品种数量相对较少	50%～70%	10%～15%	重点控制，严格管理
B 类	金额不算多，品种数量相对较多	15%～20%	20%～25%	一般管理
C 类	品种数量繁多，价值金额却很小	10%～35%	60%～70%	

2. 零库存管理系统

随着业务流程重组的兴起以及计算机行业的发展，库存管理系统也得到了很大的发展。从 MRP（物料资源规划）发展到 MRP-Ⅱ（制造资源规划）、再到 ERP（企业资源规划），以及后来的柔性制造和供应链管理，甚至是外包等管理方法的快速发展，都大大促进了企业库存管理方法的发展。这些新的生产方式把信息技术革命进步融为一体，提高了企业的整体运作效率。

（1）制造企业事先和供应商和客户协调好（稳定而标准的生产程序及与供应商的诚信）。

（2）只有当制造企业在生产过程中需要原料或零件时，供应商才会将原料或零件送来（零采购库存）。

（3）每当产品生产出来就被客户拉走（零成品库存）。

3. 看板管理系统

准时制是日本丰田汽车公司在 20 世纪 60 年代实行的一种生产方式，1973 年以后，这种方式对丰田公司度过第一次能源危机起到了突出的作用，后引起其他国家生产企业的重视，并逐渐在欧洲和美国的日资企业及当地企业中推行开来，这一方式与源自日本的其他生产、流通方式一起被西方企业称为"日本化模式"。

1953 年，日本丰田公司的副总裁大野耐一综合了单件生产（Onepiece-flow）和批量生产的特点和优点，创造了一种在多品种小批量混合生产条件下高质量、低消耗的生产方式即准时生产（Just In Time，简称 JIT）。

在实现 JIT 生产中最重要的管理工具是看板，看板是用来控制生产现场的生产排程工具。

8.5.3　存货跌价准备的计提方法

我们经常在上市公司披露财报附注中看到企业计提存货跌价准备金额与比例。投资者需要懂得是怎么计提的，便于分析上市公司资产损失的情况。

企业在期末对存货进行全面清查后，按存货的成本与可变现净值孰低提取或调整存货跌价准备。产成品、库存商品和用于出售的材料等直接用于出售的商品存货，在正常生产经营过程中，以该存货的估计售价减去估计的销售费用和相关税费后的金额，确定其可变现净值；需要经过加工的材料存货，在正常生产经营过程中，以所生产的产成品的估计售价减去至完工时估计将要发生的成本、估计的销售费用和相关税费后的金额，确定其可变现净值；为执行销售合同或者劳务合同而持有的存货，其可变现净值以合同价格为基础计算，若持有存货的数量多于销售合同订购数量的，超出部分的存货的可变现净值以一般销售价格为基础计算。

期末按照单个存货项目计提存货跌价准备；但对于数量繁多、单价较低的存货，按照存货类别计提存货跌价准备；与在同一地区生产和销售的产品系列相关、具有相同或类似最终用途或目的，且难以与其他项目分开计量的存货，则合并计提存货跌价准备。

以前减记存货价值的影响因素已经消失的，减记的金额予以恢复，并在原已计提的存货跌价准备金额内转回，转回的金额计入当期损益。

会跑路的存货

存货是企业最可靠的资产，看得着，摸得到。但存货如果是长腿的呢？上市公司獐子岛的存货——2014、2017、2018 年扇贝三度上演离家出走的戏码，让投资者伤不起。

獐子岛主营业务为水产品养殖；捕捞、销售。虾夷扇贝是它的主营产品。2014 年，公司首次发生獐子岛扇贝跑路，此后公司资产负债率逐年攀升，至2019 年 3 月该公司资产负债率高达 88.93％。表 8-14 为 2014 至 2018 年财务风险指标。

表 8-14　2014—2018 年财务风险指标

财务风险指标	2018-12-31	2017-12-31	2016-12-31	2015-12-31	2014-12-31
资产负债率（％）	87.58	89.78	75.60	79.75	76.29
流动负债÷总负债（％）	94.94	66.16	77.66	65.13	80.49
流动比率	0.71	1.00	1.10	1.13	0.91
速动比率	0.32	0.48	0.43	0.46	0.34

2014 年扇贝跑路，导致獐子岛巨亏 11.89 亿元，理由是几十年一遇的异常冷水团，扇贝的集体大逃亡，成为 2014 年 A 股市场上最大的一起"黑天鹅事件"。

2018 年 1 月，獐子岛又发布公告称，公司目前发现部分海域的底播虾夷扇贝存货异常，可能对这部分存货计提跌价准备或核销处理，相关金额将全部计入 2017 年。毫无疑问，2017 年亏损 7.23 亿元，公司公告称由于海洋牧场遭受重大灾害，扇贝长期处于饥饿状态，日益消瘦，品质也越来越差，甚至出现大规模死亡。该公告发布后不到一个月，獐子岛就因涉嫌信息披露违法违规，被证监会立案调查。

根据 2018 年的公司公告，我们看一下存货核销和计提存货跌价准备的情况。

（1）存货核销的具体情况，见表 8-15。

表 8-15　存货核销表

资产名称	面积（万亩）	账面价值（万元）	平均亩产（公斤/亩）	核销依据
2014 年底播虾夷扇贝	21.14	13 322.79	0.49	平均亩产过低，不足以弥补采捕成本
2015 年底播虾夷扇贝	30.42	15 788.39	0.74	平均亩产过低，不足以弥补采捕成本
2016 年底播虾夷扇贝	55.60	28 646.95	0.73	平均亩产过低，不足以弥补采捕成本
合计	—	57 758.13	—	—

（2）计提存货跌价准备的具体情况，见表 8-16。

表 8-16　计提存货跌价准备

资产名称	面积（万亩）	账面价值（万元）	资产可回收金额（万元）	跌价准备金额（万元）	跌价准备依据
2015 年底播虾夷扇贝	19.10	9 912.14	6 815.48	3 096.66	可回收金额低于账面价值
2016 年底播虾夷扇贝	5.20	2 679.21	665.83	2 013.38	可回收金额低于账面价值
合计	—	12 591.35	7 481.31	5 110.04	—

2018 年好不容易扭亏为盈赚了 3 211 万元。2019 年一季度，獐子岛亏损 4 314 万元，原因是 2018 年"扇贝跑路"。2019 年 5 月 22 日，深交所向獐子岛下发年报问询函，质疑其财务数据真实性以及经营能力，并要求其予以解释原因及合理性。

2019 年 6 月 11 日，獐子岛集团股份有限公司发布公告称，公司因涉嫌信息披露违法违规，目前正在被中国证券监督管理委员会立案调查。根据《深圳证券交易所股票上市规则（2018 年 11 月 16 日修订)》（深证上〔2018〕556 号）的有关规定，如公司存在重大违法行为，獐子岛股票可能被深圳证券交易所实施退市风险警示并暂停上市。

自古以来，农、牧、渔业确实存在靠天吃饭的现象，天气和自然灾害对农牧渔业影响巨大。洋流变动、油船泄露、疫情都会导致渔业经营状况的重大变化，巨大的不确定性是农渔业的主要特征之一。

而和其他行业相比，为何农、林、牧、渔业的业绩容易造假。首先，造假的税收成本低，一般行业要虚增收入和利润，需要缴纳相应的增值税和企业所得税，虚增业绩的成本很高。其次，农、林、牧、渔行业的经营终端分散，人工、存货都很零散，现金交易多，这增加了审计和监督的难度。再次，存货是农、林、牧、渔业资产的重要组成部分，但这个行业存货盘点的难度很大。

8.6 │ 企业的重资产——固定资产和无形资产

我们把固定资产和无形资产放在一块讲，是因为它属于经济学上的重资产，什么是重资产？重资产对企业有哪些影响？重资产的企业好不好？

8.6.1 什么是重资产

大多数机械制造企业属于重资产企业，重资产企业是指以较大的资金投入，获得较少的利润回报，利润率较低。产品更新后需要更新生产线，资产折旧率高。

重资产的企业在资本、技术方面投入非常大，需要有雄厚的财力、物力与人力，运营模式不易被模仿，缺点也是很明显的。一是占用大量的资金，机会成本耗费大，这点容易理解，购置设备需要预付资金，设备运抵后安装调试也是个耗时的事情，因此资金被长期占用，失去其他投资机会；二是形成大量固定成本——折旧和摊销费用，一旦转产，或者资源使用不足导致大量损失的风险。典型的案例就是东北老工业区，这些工业区全部是重资产，尤其是在设备上的投入，占到资金的百分之六十七以上。随着技术的进步和设备的更新，这些企业生产的产品已经没有销路。由于利润低，维护设备的费用、员工的工资都无法支付，又何谈更新设备，生产新产品呢，于是很多工厂倒闭了。于是有了"下岗工人"这个庞大的群体。有一家国有制造企业，建于 20 世纪 90 年代初，购建厂房，购买设备，全是从银行贷款。设备是国外的，可惜这些设备在当时也不是最先进的，而是 20 世纪七八十年代的产品。设备运到国内，安装调试半年到一年多，才进入生产阶段，前期投入巨大的。不过时机不好，产品生产出来打不开销路。沉重的银行利息、员工工资、设备每年还要维护一个月，有一个月的停产期，最后维持了五六年，连原材料都没钱买，旧债加新债，最后不得不全面停产。

三是资金投入很大，利润率较低。比如某制药行业，生产葡萄糖等产品，设备是从国外引进的，从银行贷款。投产后，产量达不到既定标准，市场上葡萄糖的价格比较稳定，利润空间很小，你能生产，我也能生产，产品没有竞争力。

四是产品不断更新，产品更新就意味着要换生产线，不换的话也要改造，设备折旧率高，新产品研发费用也高，是压在企业头上的达摩克利斯剑。

为什么股东都喜欢轻资产？

轻资产相对于重资产而言，指以较少的资金投入，获得较大的利润回报，利润率较高。

轻资产又称轻资产运营模式，是指企业紧紧抓住自己的核心业务，而将非核心业务外包出去。

8.6.2　重资产与轻资产划分标准

轻资产与重资产在资产结构上的划分并没有一个很明确的数值衡量标准，如果一定要有一个明确的数值衡量，学术界主要从固定资产比率和固定资产占销售收入比重两方面衡量。

固定资产比率是指固定资产与资产总额之比。不同行业的固定资产比率存在较大差异，但固定资产比率越低企业资产才能更快地流动，从资金营运能力来看，固定资产比率越低，企业营运能力越强。

其计算公式为：

$$固定资产比率＝固定资产÷资产总额×100\%$$

固定资产比率大于50％的为标准重资产，介于30％～50％的为轻资产，小于30％为标准轻资产。

以固定资产占销售收入的比重而言，比重小于20％即属于轻资产范畴。

另外，从边际投资收益率比较轻重资产。例如，A公司要增加1元的净利润需要再花费10元投入运营或购买固定资产，其边际投资收益率为10％，而B公司增加1元净利润只需要再花费1元投入运营或购买固定资产，其边际投资收益率为100％，那么可以说A是重资产公司，B为轻资产公司。

轻资产和重资产的划分主要取决于商业模式而不是所处的行业。服装行业中有些企业集设计、生产、物流、销售于一身，这就是明显的重资产商业模式，也是20世纪90年代很多刚起步服装公司的模式。而现在品牌服装公司一般都把生产、物流、分销这些重资产剥离出去，专注于核心的研发设计、品牌经营和市场推广，这就是轻资产商业模式。地产行业发展的第一阶段是投资、开发管理、设计、销售一条线，属于典型的重资产经营，现在的一些房地产将建设承包出去，仅仅负责投资、选址、设计、销售，而有些置地企业仅仅负责开发管理，这些运营模式也可以划分为轻资产行列。

　　规模经济模式的净资产收益率计算公式：

$$净资产收益率＝（收入－固定成本－变动成本）÷净资产$$

　　重资产运营企业要通过规模经济建立竞争优势，必须满足两个条件：第一是固定成本（投入）必须在总成本中占有很大的比例，"很大"是相对于企业在其中经营的市场规模而言。这些固定成本可能是厂房等固定资产也可能是广告等长期经营费用。第二是规模必与某种程度的客户忠诚度相结合，这样才可以把此竞争对手拒之门外。比如华为，研发与生产结合，具有高度的品牌认知度。

8.6.3　宁可多交税，也不享受固定资产加速折旧优惠的秘密

　　2014年至2021年，财政部、国家税务总局相继颁布关于固定资产加速折旧的相关文件，折旧新政精准定位高新技术行业，尤其是中小企业。在预计受益的行业中，生物制药是最符合折旧新政的各项条件的。专家认为是，无论是上市公司还是非上市公司，执行固定资产加速折旧政策，所得税延迟缴纳，就相当于税务机关给了企业一笔无息贷款，利好相关企业。

　　比如，一家公司每月销售收入200万元。本期购入480万元的设备，10年摊销，每月摊销4万元。利润196万元（200－4），缴纳所得税49万元（196×25%）。如果按照折旧新政采用加速折旧法，缩短60%折旧期限，那就是4年［10×（1－60%）］提完折旧，平均每月的折旧费是10万元，利润190万元（200－10），缴纳所得税47.5万元（190×25%），少缴1.5万元税款。

　　但是，通过分析折旧新政执行几年来的报表数据发现，恒瑞医药、鱼跃

医疗、复星医药和上海莱士等生物药品上市公司在会计上没有采取加速折旧政策，依旧采用传统的直线法。

原因何在呢？对于上市公司来说，利润指标对公司股价有着重大影响，长期亏损还有退市的风险。为此，上市公司更倾向于放弃此项税收优惠政策。由于折旧新政设定的条件比较繁杂，企业对新政策的执行成本较高，加之基层财务人员变动频繁，出错的机会较大，导致较高的税务风险，进而可能进一步增加税收成本，致使多数符合条件的上市公司最终选择了放弃执行该政策优惠。

8.7 未形成资产的项目——在建工程、开发支出

之所以把在建工程、开发支出放在一起，是因为它有共同特征，都是未形成资产的项目。

8.7.1 在建工程

根据《企业会计准则》，在建工程主要用来核算未完工的工程支出。比如正在建造中的厂房、安装调试期的设备等。

在建工程有两个特点：一是允许一部分费用项目通过在建工程进行资本化，比如贷款利息，还有一些建设施工过程中发生的零星支出，符合条件的可以一并计入在建工程；二是和固定资产相比，在建工程最大的特点是未达到使用状态，所以不需要计提折旧。

8.7.2 开发支出

根据《企业会计准则第 6 号——无形资产应用指南》规定：企业内部研究开发项目研究阶段的支出，应当区分研究阶段支出与开发阶段支出，研究阶段的支出，应当于发生时计入当期损益。

开发阶段的支出，同时满足下列条件的，才能确认为无形资产：

（1）完成该无形资产以使其能够使用或出售在技术上具有可行性。

（2）具有完成该无形资产并使用或出售的意图。企业应该能够说明其开发无形资产的目的。

（3）无形资产产生经济利益的方式，包括能够证明运用该无形资产生产的产品存在市场或无形资产自身存在市场；无形资产将在内部使用的，应当证明其有用性。

（4）有足够的技术、财务资源和其他资源支持，以完成该无形资产的开发，并有能力使用或出售该无形资产。

（5）归属于该无形资产开发阶段的支出能够可靠地计量。

研发费用如果费用化，就是进入了利润表，从利润里扣除；如果资本化处理，就是进入了资产负债表，增加资产金额，从而提高了当期的利润水平。明白这个道理，我们看一下海正药业。

海正药业——长期挂账的在建工程、研发支出

浙江海正药业股份有限公司（以下简称"海正药业"）是一家集研发、生产、销售，原料药与制剂一体化，多地域发展的综合性制药企业，可以说是典型的重资产企业。海正药业在建工程的情况如下。

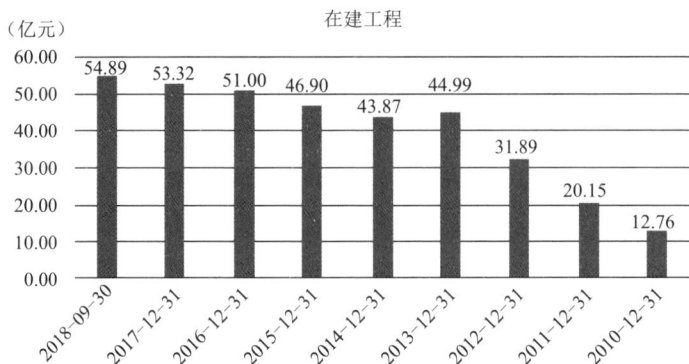

在建工程

（亿元）

日期	金额
2018-09-30	54.89
2017-12-31	53.32
2016-12-31	51.00
2015-12-31	46.90
2014-12-31	43.87
2013-12-31	44.99
2012-12-31	31.89
2011-12-31	20.15
2010-12-31	12.76

可以看出，在建工程是逐年上升的，早在 2015 年，就有投资者质疑在建工程的真实情况。海正药业 2013 年报"重大在建工程进度情况"显示，富阳年产 1 500 万支注射剂生产项目、新建基因药物项目、富阳制剂出口基地建设项目、外沙厂区原料药产品搬迁及结构调整技改项目这四个项目工程进度分别为 95%、95%、95%、99%。其中有两个项目均已经基本完工，另外两个项目均处于设备调试中。这也就意味着，上述四个项目后续应该不会再有大的投入，待设备调试完毕、正常运行后，就可以按照会计政策从在建工程转入固定资产。但到 2015 年年末，四个项目完工进度还是 95%、95%、

95%、99%，与 2013 年完全一致。2018 年，"富阳制剂出口基地建设项目"工程完工进度 99%，每年完工 1%。

按照会计政策，在建工程延迟转为固定资产可以减少折旧成本。同时，利息可以继续资本化减少财务费用，能够虚增利润。这或许便是在建工程虽然一部分已转为固定资产，但总的工程进度迟迟不能完结的主要原因。

再看研发费用资本化。一直以来，海正药业的研发费用资本化在行业内都算是一个另类。2013 年到 2017 年，海正药业的研发投入合计约 35 亿元，其中资本化金额为 14 亿元。

正常情况下，研发费用需要取得新药证书或是生产批件才能被资本化，但海正药业资本化的起点是从临床试验和样品生产申报阶段就开始了。

资本化意味着这部分研发投入将在未来若干时间内摊销。海正药业提前将被资本化的金额放入"开发支出"科目中，在一定时间内减少了当期费用。

公司进入开发阶段的项目支出，先在"开发支出"科目分项目进行明细核算，满足资本化条件的，在项目取得新药证书或生产批件形成无形资产时转入"无形资产"科目分项目进行明细核算。

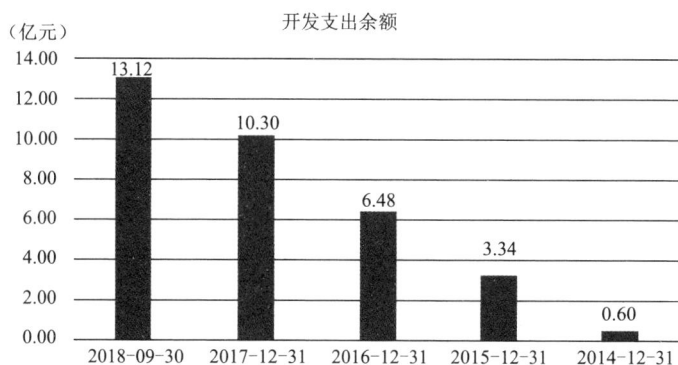

开发支出余额

（亿元）

日期	金额
2018-09-30	13.12
2017-12-31	10.30
2016-12-31	6.48
2015-12-31	3.34
2014-12-31	0.60

也就是说，这个开发支出的来源是研发费用资本化，这也是海正药业被广为诟病的地方。可以看到 2013 年至 2017 年，研发支出合计 35 亿元，其中资本化金额约 14 亿元，如果这些费用像恒瑞医药一样全部费用化，海正药业这几年将大幅亏损。可以明显看到，资本化金额从 2015 年大幅增长，为什么呢？因为从 2015 年开始，海正药业归属于母公司扣除非净利润开始亏损。

研发支出去向

如果按照 13 亿元无形资产，5 年摊销的话，2018 年海正药业需要新增 2.6 亿元的亏损。这就是海正药业研发支出，不转成无形资产也不摊销的原因。

2018 年财报显示，其归属母公司净利润与扣除非经常损益的净利润分别亏损 4.92 亿元、6.12 亿元。在业绩颓势之下，海正药业近期公开挂牌出售旗下闲置房产。

总之，作为一个谨慎的投资者来说，要投资一个企业，至少连续看 5 年以上的财报，才能看出端倪，避免损失。

8.8 | 商誉

2019 年 1 月底，很多上市公司由于计提了商誉减值准备，大幅下调业绩预期，导致业绩大幅低于之前预期，有些上市公司直接发生亏损，股价自然下跌。那么什么是商誉，为什么要计提商誉减值准备？

8.8.1 商誉不是无形资产

很多人认为，商誉看不到，摸不着，是无形资产。但在资产负债表中，商誉是和无形资产一块列在资产类项目中的。商誉是企业并购重组中出现的，指的是企业收购价格超出重估后被收购企业净资产的部分。简单地说，就是甲公司收购乙公司，乙公司要价 200 万元，但乙公司账面只有 100 万元，那么多出的 100 万元，就是商誉。乙公司说自己是个风口企业，未来有很多增值的机会。什么是风口企业呢？风口企业是指成长快速、有话题、有预期，普通被市场看好的未来有爆发力的企业。于是，甲公司花了 200 万元收购了乙公司。商誉所占比重为（200 − 100）÷200×100％＝50％。不久，甲公司发现乙公司并未增值，相反还减值了。由于商誉本身不会直接产生收益，计入财报的商誉在收购业绩不达标时，就要计提风险减值准备金。

8.8.2　何时计提商誉减值准备

根据《会计监管风险提示第 8 号——商誉减值》规定，上市公司应当至少在每年年度终了对商誉进行减值测试，并且公司应当在资产负债表日判断是否存在可能发生资产减值的迹象，其中包括"现金流或经营利润持续恶化或明显低于形成商誉时的预期，特别是被收购方未实现承诺的业绩"。

2019 年，部分上市公司采用一次性计提大额商誉减值的办法，导致当年亏损。根据《企业会计准则》规定，企业必须每年检视商誉的经济价值是否已经减损。依然有价值的商誉，可在不超过 40 年的限制下，逐年摊提为销售费用。

既然商誉减值可以分那么多年分摊，为什么上市公司会一次性计提？这源于中国证监会颁布《亏损公司暂停上市和终止上市实施办法》，规定连续 3 年亏损的上市公司将暂停上市。所以上市公司宁愿一次性带来巨额亏损，也要避免之后由于商誉摊销而带来的连续亏损，降低退市风险。

8.8.3　警惕商誉估值过高的企业

由于前几年非理性并购，导致企业商誉畸高。表 8-17 为商誉占比较高的企业。

表 8-17　商誉占比较高的上市公司汇总

序　号	股票名称	股票代码	商誉（2018 三季报，亿元）	总市值（亿元）	商誉与总市值百分比
1	海航科技	600751	154.16	76.31	202％
2	＊ST 富控	600634	25.78	15.31	168％
3	天神娱乐	002354	65.35	44.74	146％
4	联建光电	300269	38.43	33.63	114％

序　号	股票名称	股票代码	商誉（2018三季报，亿元）	总市值（亿元）	商誉与总市值百分比
5	曲美家居	603818	36.70	32.33	114％
6	ST中南	002445	23.87	23.95	100％
7	顺利办	000606	42.69	42.96	99％
8	维格娜丝	603518	25.26	25.57	99％
9	长园集团	600525	54.45	56.83	96％
10	当代明诚	600136	37.69	39.22	96％

这些企业商誉占市值90％以上，甚至有些占到200％以上，显然是十分危险的。这么高的商誉，底气从何而来？因为你不是华为、阿里巴巴，你没有世界级的产品，投资者应警惕这些公司的股票。即使是阿里巴巴等公司的商誉占净资产的比重还不到40％，宝洁高一些，商誉占净资产的比重达到70％。所以投资者还要做一下对比，避免损失。

8.9 | 哪些项目放在其他流动资产中

资产负债表上的其他流动资产，是指除货币资金、应收票据、应收账款、其他应收款、存货等流动资产以外的流动资产。那么哪些资产会挂在其他流动资产中呢？

一般情况下，企业的其他流动资产包括以下内容：

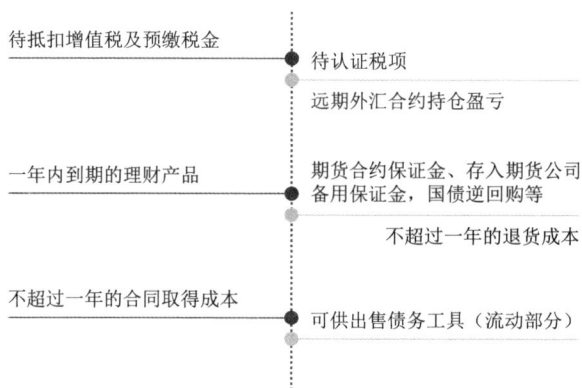

待抵扣增值税及预缴税金 —— 待认证税项

远期外汇合约持仓盈亏

一年内到期的理财产品 —— 期货合约保证金、存入期货公司备用保证金，国债逆回购等

不超过一年的退货成本

不超过一年的合同取得成本 —— 可供出售债务工具（流动部分）

图 8-5 为万科公司其他流动资产项目明细。

其他流动资产

本集团的其他流动资产主要为合同取得成本和待抵扣增值税。

项目	2018 年 12 月 31 日	2018 年 1 月 1 日	2017 年 12 月 31 日
合同取得成本	3 923 391 567.34	3 063 941 783.72	
待抵扣增值税	9 964 265 842.67	4 701 550 319.97	4 701 550 319.97
其他	700 000 000.00	511 833 499.95	721 893 499.95
合计	14 587 657 410.01	8 277 325 603.64	5 423 443 819.92

图 8-5　万科公司其他流动资产项目明细

图 8-6 为万科公司合同取得成本变动明细，关于合同取得成本——佣金的会计处理有详细描述。

合同取得成本本年变动：

项目	佣金支出
年初余额	3 063 941 783.72
本年增加	3 106 847 243.52
本年摊销	（2 401 188 014.47）
合并范围变化	153 790 554.57
年末余额	3 923 391 567.34

本集团为签订商品房销售合同而支付给销售代理机构的佣金可以被销售对价覆盖，因此，本集团将相关金额资本化确认为合同取得成本，在相关收入确认时进行摊销。2017 年，这些佣金支出在发生时被确认为销售费用

图 8-6　万科公司合同取得成本变动明细

8.10 | 长期股权投资

长期股权投资一般是指持有其他公司的股份比例大于或等于 20％，能对被投资企业实施控制、重大影响的权益性投资，以及对其合营企业的权益性投资。除此之外，其他权益性投资不作为长期股权投资核算。公司持股比例小于 20％的股权，纳入"其他权益工具投资"科目中核算。

8.10.1 如何在报表中读懂长期股权投资

表 8-18 为 2020 年 12 月 31 日贵州茅台酒股份有限公司合并资产负债表和母公司资产负债表。合并资产负债表中长期股权投资是 0，说明贵州茅台酒股份有限公司没有对外投资；母公司资产负债表中长期股权投资是 16.24 亿元，说明对其控股子公司的投入金额为 16.24 亿元。

表 8-18　相关数据　　　　　　　金额单位：亿元

合并资产负债表		母公司资产负债表	
项目	2020 年 12 月 31 日	项目	2020 年 12 月 31 日
长期股权投资	0	长期股权投资	16.24

再进一步看，16.24 亿元全部为对子公司的投资，见表 8-19。

表 8-19　相关数据　　　　　　　金额单位：亿元

项目	期末余额			期初余额		
	账面余额	减值准备	账面价值	账面余额	减值准备	账面价值
对子公司投资	16.24	—	16.24	16.20	—	16.20
对联营、合营企业投资	—	—	—	—	—	—
合计	16.24	—	16.24	16.20	—	16.20

控股子公司的扩张效应程度如何呢：合并资产负债表中资产总额为 2 133.96 亿元，母公司资产负债表中资产总额为 1 146.44 亿元，两者之差 987.52 亿元就是贵州茅台酒股份有限公司所有子公司的资产规模。贵州茅台酒股份有限公司投资 16.24 亿元，撬动 987.52 亿元的资产规模，扩张效应十分明显。

我们再来看看葵花药业集团股份有限公司合并资产负债表与母公司资产负债表长期股权投资的情形，见表 8-20。

表 8-20　相关数据　　　　　　　金额单位：亿元

合并资产负债表		母公司资产负债表	
项目	2020 年 12 月 31 日	项目	2020 年 12 月 31 日
长期股权投资	0	长期股权投资	1.36

葵花药业集团股份有限公司 1.36 亿元的投资都是对控股子公司的投资，

合并资产负债表中资产总额为 5.52 亿元，母公司资产负债表中资产总额为 3.44 亿元，两者之差 2.08 亿元就是葵花药业集团股份有限公司所有子公司的资产规模。葵花药业集团股份有限公司用 1.36 亿元撬动 2.08 亿元，扩张效应不太明显。这与公司在行业中地位与影响力有关。

8.10.2 长期股权投资初始确认与后续计量

长期股权投资入账有两个难题：一是初始确认；二是后续计量。

初始确认：指长期股权投资是按照账面价值还是公允价值计量的问题。

后续计量：指长期股权投资是按成本法还是权益法确认后期金额。

1. 初始投资成本的确定

（1）企业合并形成的长期股权投资。

a. 对于同一控制下的企业合并形成的对子公司的长期股权投资，在合并日按照取得被合并方所有者权益在最终控制方合并财务报表中的账面价值的份额作为长期股权投资的初始投资成本。这是为防止通过利益相关方的交易产生利润，达到虚增利润的目的。

长期股权投资初始投资成本与支付对价账面价值之间的差额，调整资本公积中的股本溢价；资本公积中的股本溢价不足冲减时，调整留存收益。因追加投资等原因能够对同一控制下的被投资单位实施控制的，按上述原则确认的长期股权投资的初始投资成本与达到合并前的长期股权投资账面价值加上合并日进一步取得股份新支付对价的账面价值之和的差额，调整股本溢价，股本溢价不足冲减的，冲减留存收益，不影响当期利润。

例如，上市公司甲的控股股东为乙，乙有一个子公司——丙，丙账面价值1 亿元。乙把丙 60% 的股权出售给甲，则甲的长期股权投资成本为 6 000 万元，若上市公司甲花 8 000 万元购入丙公司，则多花 2 000 万元，甲多付的2 000万元，则甲要调整资本公积中的股本溢价；资本公积中的股本溢价不足冲减时，调整未分配利润，不影响当期利润。

若甲上市公司支付 4 000 万元购入丙 60% 的股权，那么少付的 2 000 万元调整甲的资本公积项目，增加上市公司甲的净资产，但不影响当期利润。

b. 对于非同一控制下的企业合并形成的对子公司的长期股权投资，按照购买日确定的合并成本作为长期股权投资的初始投资成本。因追加投资等原因能够对非同一控制下的被投资单位实施控制的，按照原持有的股权投资账面价值加上新增投资成本之和作为初始投资成本，见表8-21。

表8-21　相关公式

业务情形	差额处理
买价＞被持股公司净资产的公允价值	买价－公允价值＝差额→计入合并资产负债表"商誉"科目
买价＜被持股公司净资产的公允价值	买价－公允价值＝差额→合并利润表"营业外收入"科目

例如，A公司净资产1亿元，上市公司甲购买A公司70%股份，公允价值应为7 000万元。如果上市公司甲支付1亿元购入，则多出3 000万元记入上市公司合并资产负债表"商誉"科目。如果上市公司甲支付5 000万元，增加上市公司当期利润2 000万元，则多出的2 000万元记入合并利润表"营业外收入"科目。

（2）通过企业合并以外的其他方式取得的长期股权投资。

以支付现金方式取得的长期股权投资，按照实际支付的购买价款作为初始投资成本。

以发行权益性证券取得的长期股权投资，按照发行权益性证券的公允价值作为初始投资成本。

2. 后续计量及损益确认方法

长期股权投资后续计量有两种方法：一是成本法；二是权益法。

成本法与权益法持股比例见表8-22。

表8-22　两者持股比例

成本法	权益法	成本法
持股比例在20%以下，不具有控制、共同控制或重大影响	持股比例在20%～50%之间（包括20%和50%），具有共同控制或重大影响	具有控制且持股比例50%以上

假设甲公司、乙公司持有A公司30%的股权，A公司注册资本1 000万元。甲公司对A公司的长期股权投资采用成本法计量；乙公司对A公司的长期股权投资采用权益法计量。2020年，A公司获得净利润800万元，宣布现金分红300万元。采用成本法与权益法对资产负债表和利润表的影响见表8-23。

表 8-23　数据影响   金额单位：万元

甲公司（成本法）		乙公司（权益法）	
投资收益	90	投资收益	240
长期股权投资——成本	300	长期股权投资——成本	540

（1）成本法核算的长期股权投资。

公司对子公司的长期股权投资，采用成本法核算，除非投资符合持有待售的条件。除取得投资时实际支付的价款或对价中包含的已宣告但尚未发放的现金股利或利润外，公司按照享有被投资单位宣告发放的现金股利或利润确认当期投资收益。

被投资公司宣告分红时，不管是盈利还是亏损，成本法下长期股权投资账面价值除了增加或减少投资，一般不会调整账面价值。

（2）权益法核算的长期股权投资。

对联营企业和合营企业的长期股权投资，采用权益法核算。初始投资成本大于投资时应享有被投资单位可辨认净资产公允价值份额的差额，不调整长期股权投资的初始投资成本；初始投资成本小于投资时应享有被投资单位可辨认净资产公允价值份额的差额，计入当期损益，同时调整长期股权投资的成本。

公司按照应享有或应分担的被投资单位实现的净损益和其他综合收益的份额，分别确认投资收益和其他综合收益，同时调整长期股权投资的账面价值；按照被投资单位宣告分派的利润或现金股利计算应享有的部分，相应减少长期股权投资的账面价值；对于被投资单位除净损益、其他综合收益和利润分配以外所有者权益的其他变动（简称"其他所有者权益变动"），调整长期股权投资的账面价值并计入所有者权益。

第 9 章
负债主要项目分析

企业资金来源之一就是负债，通过对负债主要项目分析，有助于了解负债的结构，负债占比等。

9.1 | 如何能贷到款

企业筹集资金除了股东投入资金外，就是找银行贷款了。银行如何能放款给你？这是企业比较头痛的一件事。

9.1.1 衡量企业短期还债能力的指标——流动比率

银行作为债权人，关注的是资金的安全，银行关心的是借出的钱能否平安归来。一个企业有没有流动性是债权人最关心的。一年或一个营业周期内，企业欠供应商的钱和借银行的钱能不能还上，用什么还？债权人看债务人的资产负债表，看的是否有充实的资产。但账上的钱不一定是用来还账的。企业要维持正常的经营，要付出相应的成本。

流动比率是债权人要计算一个重要指标。

一年或一个营业周期内能变现的，叫作流动资产。流动比率是流动资产与流动负债进行比较的结果，它是分析短期偿债能力的指标。

流动比率表明每 1 元流动负债有多少流动资产作为保障，流动比率越大通常短期偿债能力越强。一般认为，生产企业合理的最低流动比率大于 1。需要说明了的是，流动比率高不意味着短期偿债能力一定很强；计算出来的流动比率，只有和同行业平均流动比率、本企业历史流动比率进行比较，才能知道这个比率是高还是低。

流动资产包括货币资金、交易性金融资产和各种应收、预付款项、存货、一年内到期的非流动资产、其他流动资产。

流动负债主要包括短期借款、应付票据、应付账款、预收账款、应付职工薪酬、应付股利、应交税金、其他应付款项和一年内到期的短期借款等。

计算公式如下：

$$流动比率（相对数）＝流动资产÷流动负债$$

（1）比率越高，说明企业偿还流动负债的能力越强，流动负债得到保障越大。

（2）过高的流动比率也并非好现象，因为流动比率过高，可能是企业滞留在流动资产上的资金过多，会影响企业的获利能力。

9.1.2　长期还债能力的指标：资产负债率、利息保障倍数

衡量企业长期还债能力的两个指标：资产负债率、利息保障倍数（又称已获利息保障倍数）。

1. 资产负债率

向银行借钱是不容易的，尤其是重资产的企业，借钱是一件辛苦的事。比如航空公司买飞机，大家都知道设备落地打八折，并且所有的设备都会受技术的影响而贬值。进口设备还要考虑汇率，汇率是变动的，风险也是很大的。银行要考查企业的资产负债率，资产负债率是企业负债总额与资产总额的比率，也称负债率。它反映企业的资产总额中有多少是通过举债获得的。

从积极的角度来看，资产负债率普遍偏低表明公司的财务成本较低，风险较小，偿债能力强，经营较为稳健，对于投资行为的态度比较慎重。但是，也有专业人士认为，资产负债率的普遍偏低说明企业的经营过于谨慎。从会计的角度来看，资产负债率过低或过高均属不太正常，如果过低则表明企业的经营非常保守或对于自己的行业看淡。一般情况下，欧美国家的资产负债率是 55％ 左右，日本、韩国则为 75％。

$$资产负债率＝负债总额÷资产总额×100\%$$

现在很多企业资产负债率高达 80% 以上，风险很高，很难借到钱。

2. 利息保障倍数

利息保障倍数是银行要考查的另一个指标，计算公式如下：

$$利息保障倍数＝（净利润＋所得税＋利息费用）÷利息费用$$

$$＝息税前利润÷利息费用$$

公式中利息费用包括企业本期发生的全部利息，包括财务费用中的利息和计入固定资产成本的资本化利息。息税前利润是指企业支付利息和缴纳所得税之前的利润，可以用"利润总额加利息费用"来计算。

根据下列数据，计算利息保障倍数。

利润表	2017年报（百万元）	2016年报（百万元）	2015年报（百万元）
· 利息费用 · 利润总额	· 74 059.00 · 30 157.00	· 54 708.00 · 29 935.00	· 65 692.00 · 28 846.00

根据公式：

2017 年利息保障倍数＝息税前利润÷利息费用

　　　　　　　　　＝（利润总额＋利息费用）÷利息费用

　　　　　　　　　＝（30 157.00 ＋74 059）÷74 059

　　　　　　　　　＝1.41

2016 年利息保障倍数＝（29 935.00＋54 708）÷54 708

　　　　　　　　　＝1.55

2015 年利息保障倍数＝（28 846.00＋65 692）÷65 692

　　　　　　　　　＝1.44

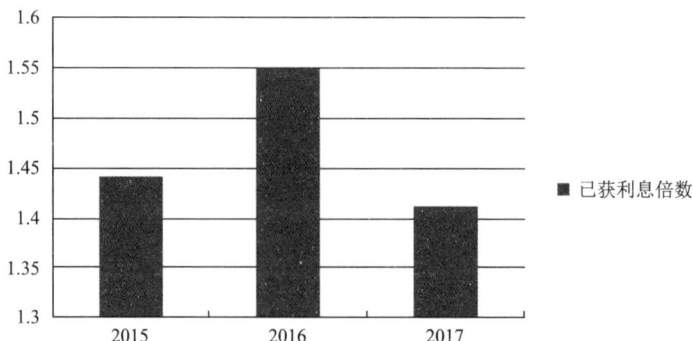

有时计算出来的利息保障倍数是负的，这表示它只有存款利息收入，所以没必要计算利息保障倍数。在有利息费用的情况下，利息保障倍数的意义在于考查企业的利润对于企业利息负担的保障程度。

利息保障倍数不仅反映了企业获利能力的大小，而且反映了获利能力对偿还到期债务的保证程度，它既是企业举债经营的前提依据，也是衡量企业长期偿债能力大小的重要标志。要维持正常偿债能力，利息保障倍数至少应大于1，且比值越高，企业长期偿债能力越强。如果利息保障倍数过低，企业将面临亏损、偿债的安全性与稳定性下降的风险。

为了考察企业偿付利息能力的稳定性，一般应计算5年或5年以上的利息保障倍数。保守起见，应选择5年中最低的利息保障倍数值作为基本的利息偿付能力指标。

关于该指标的计算，须注意以下几点：

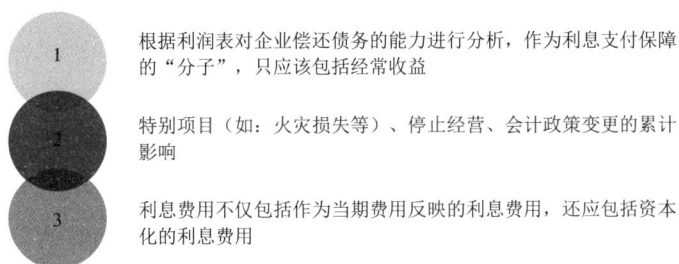

1	根据利润表对企业偿还债务的能力进行分析，作为利息支付保障的"分子"，只应该包括经常收益
2	特别项目（如：火灾损失等）、停止经营、会计政策变更的累计影响
3	利息费用不仅包括作为当期费用反映的利息费用，还应包括资本化的利息费用

9.2 其他应付款——是不是垃圾箱

《企业会计准则》对其他应付款的定义十分明确，该科目只核算其他应付单位或个人的零星款项，如应付包装物的租金、存入保证金，或应付合营、联营企业款项，一般来说数额比较小。

9.2.1 其他应付款都核算哪些业务

其他应付款具体包括以下内容：

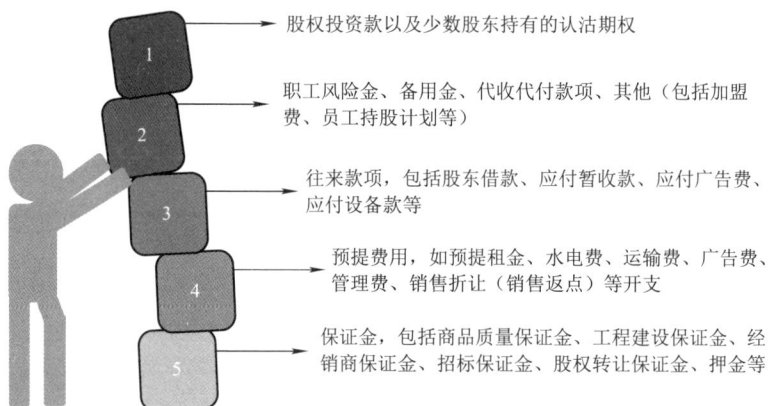

1 → 股权投资款以及少数股东持有的认沽期权

2 → 职工风险金、备用金、代收代付款项、其他（包括加盟费、员工持股计划等）

3 → 往来款项，包括股东借款、应付暂收款、应付广告费、应付设备款等

4 → 预提费用，如预提租金、水电费、运输费、广告费、管理费、销售折让（销售返点）等开支

5 → 保证金，包括商品质量保证金、工程建设保证金、经销商保证金、招标保证金、股权转让保证金、押金等

财政部发布（财会〔2019〕6号）《关于修订印发2019年度一般企业财务报表格式的通知》（财会〔2019〕6号），把应付股利、应付利息项目合并到其他应付款中。表9-1为万科2018年年报会计附注中披露的其他应付款具体内容。

表 9-1 其他应付款分类　　　　　　　　　　金额单位：元

日期	2018 年 12 月 31 日	2018 年 1 月 1 日至 2018 年 12 月 31 日
应付利息	1 463 669 944.73	995 144 331.41
日期	2018 年 12 月 31 日	2018 年 1 月 1 日至 2017 年 12 月 31 日
应付股利	453 153 103.08	473 722 493.61
其他项目	225 514 392 272.12	182 413 080 404.75
合计	227 431 215 319.93	183 881 947 229.77

表9-2为万科公司2018年年报中披露的其他应付款的"其他项目"明细。

表 9-2 其他应付款"其他项目"明细　　　　　金额单位：元

项目	2018 年 12 月 31 日	2018 年 1 月 1 日至 2018 年 12 月 31 日
应付合营、联营企业款	83 563 946 838.56	67 233 600 933.21
应付股权款与合作公司往来及其他	110 599 612 314.52	92 304 333 834.85
土地增值税清算准备金	21 986 618 340.18	16 187 138 391.82
押金及保证金	3 173 112 962.76	2 534 643 484.22
代收款	2 215 166 346.25	1 954 297 366.16
购房意向金	3 975 935 469.85	2 199 066 394.49
合计	225 514 392 272.12	182 413 080 404.75

9.2.2　其他应付款为什么是税务部门重点排查的科目

其他应付款本是一个不起眼的小科目，名次也是排在应付账款下面的，金额也应不会超过应付账款，但却是税务部门重点排查的科目。

概括地说，其他应付款有这么几项用处：

1. 隐匿收入

其他应付款通常应当在一个营业周期内偿还，若企业存在其他应付款长期挂账的现象，就有可能隐匿收入。

有些企业收取的逾期未退的包装物押金，不结转收入。因为按照税法的规定，对逾期未收取的包装物不需再退还的和已收取一年以上的押金，应并入应税货物的销售额，征收增值税等相关税金，收取的押金扣减相关税金后的差额应转入其他业务收入科目核算。

2. 少记收入

有些企业将供货方给予的销售返利、折扣等款项计入其他应付款，造成其他应付款的虚列，达到少缴纳税款的目的。

3. 不冲减成本

有些企业将存货的盘亏等非正常损失直接冲减其他应付款，从而少缴纳增值税。因为按照税法的规定，损失应调减相关成本，同时应将这部分损失所对应的增值税进项税额转出处理。

如果其他应付款金额高于应收账款好多年，这个公司不用查，一定是有不可说的秘密了。

9.3 │ 企业交了哪些税

负债有个重要的科目——应交税费，主要核算应该上交的各种税费，主要有增值税、企业所得税、消费税、个人所得税、房产税、城建税及教育费附加等。"应交税费"属于负债项下的会计科目，产生应缴税时计入本科目的贷方，支付税款时计入本科目的借方。期末贷方余额，反映企业尚未交纳的税费；期末如为借方余额，反映企业多交或尚未抵扣的税费。

9.3.1　如何看懂财报中的应交税费科目

财报中没有直接披露企业当年的应缴税费，但通过财报中披露的"应交税费"明细及已缴税费金额，使用下列公式就可以计算出企业整体或一些税种的应纳税额或已缴税额。

本年应纳税额＝应缴税年末余额－应缴税费年初余额＋

本年已支付的税费额

根据《财政部关于印发〈增值税会计处理规定〉的通知》（财会〔2016〕22号），"应交税费"科目下的"应交增值税""未交增值税""待抵扣进项税额""待认证进项税额""增值税留抵税额"等明细科目期末借方余额应根据情况，在资产负债表中的"其他流动资产"或"其他非流动资产"项目列示；"应交税费——待转销项税额"等科目期末贷方余额应根据情况，在资产负债表中的"其他流动负债"或"其他非流动负债"项目列示；"应交税费"科目下的"未交增值税""简易计税""转让金融商品应交增值税""代扣代交增值税"等科目期末贷方余额应在资产负债表中的"应交税费"项目列示。

所以，企业的"应交税费"年末一般不能为负数。在财政部会计司发布的《增值税账务处理规定》之前，因对应交税费负数情况没有严格规定，所以有些企业会将留抵税额作为负数在资产负债表中列报。这样就会出现"应交税费"年末为负数的情形。

9.3.2　企业应交税费的披露

"应交税费"的期初、期末余额列示在资产负债表及附注中；"税金及附加"和"所得税费用"的当期金额列示在利润表及附注中；本年已支付的税费额列示在现金流量表中。

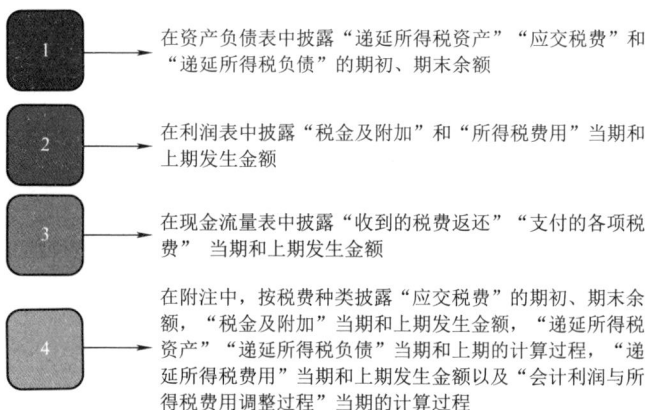

1	在资产负债表中披露"递延所得税资产""应交税费"和"递延所得税负债"的期初、期末余额
2	在利润表中披露"税金及附加"和"所得税费用"当期和上期发生金额
3	在现金流量表中披露"收到的税费返还""支付的各项税费"当期和上期发生金额
4	在附注中，按税费种类披露"应交税费"的期初、期末余额，"税金及附加"当期和上期发生金额，"递延所得税资产""递延所得税负债"当期和上期的计算过程，"递延所得税费用"当期和上期发生金额以及"会计利润与所得税费用调整过程"当期的计算过程

1. 增值税

增值税是价外税，税率目前在 13%、11% 和 6% 等。企业一般按月缴纳，年报是期末余额，基本是 12 月应交的税额。

小规模纳税人由于财务不健全，采取 3% 征收率计算应纳税额。

2. 企业所得税

企业所得税是对企业所得征收的一种税，一般按季度预缴，次年初汇算清缴，也就是说年报应交税费中的企业所得税并非企业当年发生额。如五粮液 2018 年年报企业所有税期末余额为 2 203 429 719.44 元，见表 9-3；再看看所得税费用表，见表 9-4，4 568 172 529.72 元才是全年应交的所得税。

表 9-3　应交税费　　　　　　　　　　　　金额单位：元

项　目	期末余额	期初余额
增值税	1 070 214 491.06	503 488 773.24
消费税	1 641 542 786.19	1 108 473 905.65
企业所得税	2 203 429 719.44	931 228 114.50
个人所得税	14 016 111.56	8 161 410.00
城市维护建设税	86 843 135.42	52 561 238.68
房产税	275 085.16	804 656.32
印花税	864 554.47	573 941.21
土地使用税	693 496.77	1 617 496.77
教育费附加	37 344 381.88	22 704 895.11
地方教育附加	24 901 353.38	15 111 531.11
环境保护税	10 382.41	
合计	5 080 135 497.74	2 644 725 962.59

表 9-4　所得税费用表　　　　　　　　　　金额单位：元

项　目	期末余额	期初余额
当期所得税费用	4 760 159 182.00	3 367 595 199.50
递延所得税费用	−191 986 652.28	−61 876 220.62
合计	4 568 172 529.72	3 305 718 978.88

3. 个人所得税

2018 年 8 月 31 日，关于修改《中华人民共和国个人所得税法》（以下简称《个人所得税法》）的决定经第十三届全国人大常委会第五次会议表决通过。起征点确定为每月 5 000 元。新的《个人所得税法》规定：居民个人的综合所得，以每一纳税年度的收入额减除费用60 000元以及专项扣除、专项附加扣除和依法确定的其他扣除后的余额，为应纳税所得额。专项附加扣除包括：子女教育、继续教育、大病医疗、住房贷款利息、住房租金、赡养老人等。个人所得税由供职企业代扣代缴。

4. 消费税

消费税主要是对应税消费品征收的一种税，范围主要为烟酒、化妆品、小汽车、奢侈品等，最终承担人是消费者。消费税一般称为价内税（内在价格的一部分，含在公司的销售收入中）。消费税与增值税的计税基础是一致的，都是含消费税不含增值税的金额乘以适用的税率。

5. 房产税

房产税主要是对房屋征收的一种税，目前主要有公司自有用于生产经营的房产、房企自用及出租的房产、个人出租房屋、个人购置房产（部分试点）。

6. 城建税及教育费附加

2020年8月11日，《中华人民共和国城市维护建设税法》规定，在中华人民共和国境内缴纳增值税、消费税的单位和个人，为城市维护建设税的纳税人，应当依照本法规定缴纳城市维护建设税。

这部分是在增值税、消费税的基础上按比例征收的税费，一般为城建税7%，教育费附加3%，地方教育费附加2%。表9-5是五粮液应交税费列示。

表9-5　应交税费　　　　　　　　　　　金额单位：元

项　　目	期末余额	期初余额
增值税	1 070 214 491.06	503 488 773.24
消费税	1 641 542 786.19	1 108 473 905.65
企业所得税	2 203 429 719.44	931 228 114.50
个人所得税	14 016 111.56	8 161 410.00
城市维护建设税	86 843 135.42	52 561 238.68
房产税	275 085.16	804 656.32
印花税	864 554.47	573 941.21
土地使用税	693 496.77	1 617 496.77
教育费附加	37 344 381.88	22 704 895.11

项　目	期末余额	期初余额
地方教育附加	24 901 353.38	15 111 531.11
环境保护税	10 382.41	
合计	5 080 135 497.74	2 644 725 962.59

其他说明：
本公司的各项税费以税务机关的核定征收金额为准。

　　我们可以在财报的附注中了解企业享受的税收优惠、合并报表各主体的企业所得税税率、预缴税款、增值税留抵税额、待抵扣进项税额等税收信息。

第 10 章

股东权益主要项目分析

股东权益包括：股东原始投资和利润积累，上市公司还包括库存股，具体项目如下。

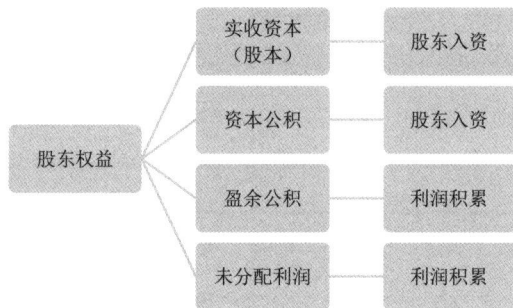

10.1 | 股权质押——是谁在淘空上市公司

根据世界上大多数国家有关担保法律制度的规定，质押以其标的物为标准，可分为动产质押和权利质押。股权质押就属于权利质押的一种。因设立股权质押而使债权人取得对质押股权的担保物权，为股权质押。当出质人到期不能按协议还钱时，质权人可以依照约定就股份折价受偿，或将该股份出售而就其所得价金优先受偿的一种担保方式。

10.1.1 股权质押的流程

一般来说，金融机构都会设定一个安全线，只要不跌破安全线，理论上借款方的资金就是安全的，而如果跌破，那么可能就要面临追加或者强制平仓。

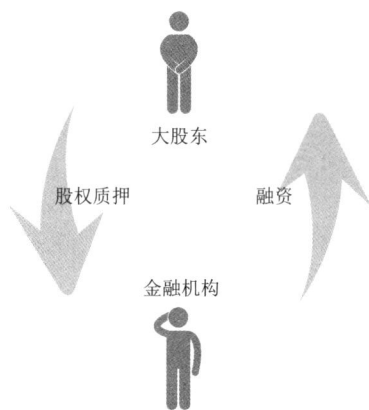

通俗地说，就是公司股东缺钱时，将自己持有的股份在一定期限内质押给金融机构，如证券公司、银行等，从而获得贷款。

10.1.2 警戒线和平仓线

金融机构会评估股票的市值，比如公司股东质押市值 10 亿元的股份，金融机构可能只给 5 亿元的贷款，这就有了质押率的概念，本次质押率 50%，也就是 5÷10＝50%。

那如果该公司股价一直下跌，质押的股份市值缩水，金融机构也就会面临亏损的风险，为此，金融机构还设定了警戒线和平仓线这两个指标。

设定预警线和平仓线，一般为 160% 和 140%。质押股票的市值达到预警线的，融入方需要补仓；而达到平仓线时，若融入方无力补仓和回购的，融出方将有权强行平仓。

预警线＝质押时股价×质押率×（1＋综合融资成本率）×预警线指标

平仓线＝质押时股价×质押率×（1＋综合融资成本率）×平仓线指标

假设综合融资成本率为 10%，质押率 40% 时，根据图 10-1，计算预警线价格、平仓线价位是多少？

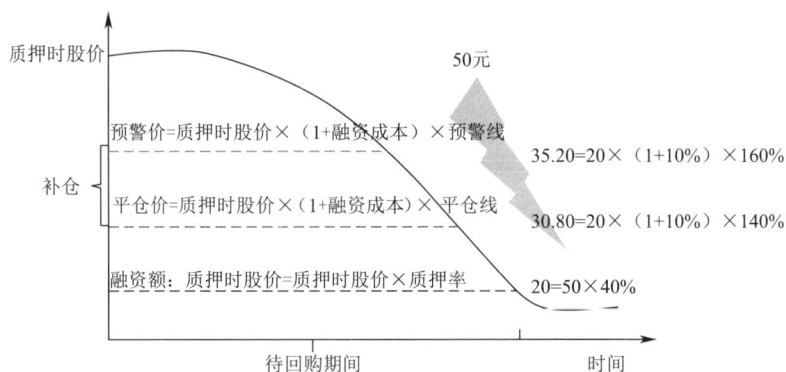

图 10-1　强制平仓危机示意图

大股东股权质押爆仓连累乐视网退市

股权质押爆仓轰动最大的事件是乐视网股东贾跃亭，作为乐视网第一大股东的贾跃亭持有的 10.24 亿股中，从 2014 年至 2015 年已有 10.19 亿股陆续质押给金融机构，占总股本的 25.67%。截至 2018 年 3 月 1 日，贾跃亭所有股票质押式回购交易已触及协议约定的平仓线，且贾跃亭所有股票质押式回购交易均已违约。股价不断下跌，股票质押引发强行平仓。2018 年股权质押警报表，见表 10-1，设定警戒线为 170%，平仓线为 150%。

表 10-1　股权质押警报表　　　　　　　　金额单位：元

日　期	乐视股价（元）	乐视市值（亿元）
2018 年 1 月 24 日	13.8	550
2018 年 1 月 24 日	12.42	495
警戒线 11.51 元		
2018 年 1 月 26 日	11.18	446
平仓线 10.15 元		
2018 年 1 月 29 日	10.06	401
2018 年 1 月 30 日	9.05	361
2018 年 1 月 31 日	8.15	325
2018 年 2 月 1 日	7.33	293
爆仓线 6.77 元		
2018 年 2 月 2 日	6.626 3	

2019 年 4 月 26 日，乐视网因触及深交所《创业板股票上市规则（2018 年 11 月修订）》规定的暂停上市情形。公司股票将自 4 月 26 日开市起停牌，5 月 13 日深交所暂停乐视网股票上市。

10.2 查看企业资产质量的几个指标

衡量资产质量的指标包括股东权益与固定资产比率、股东权益比率、产权比率、权益乘数、利息支付倍数和利息保障倍数。利息保障倍数在前文已介绍，本节不再赘述。

10.2.1 股东权益与固定资产比率

股东权益与固定资产比率是衡量公司财务结构稳定性的一个指标，它是股东权益除以固定资产总额的比率，用公式表示为：

股东权益与固定资产比率＝股东权益总额÷固定资产总额×100%

股东权益又称净资产，是指公司总资产扣除负债所余下的部分，股东权益是股本、资本公积、盈余公积、未分配利润之和，代表了股东对企业的所有权，反映了股东在企业资产中享有的经济利益。

固定资产是指企业使用期限超过 1 年的房屋、建筑物、机器、机械、运输工具以及其他与生产、经营有关的设备、器具、工具等。不属于生产经营主要设备的物品，单位价值在 2 000 元以上，并且使用年限超过 2 年的，也应当作为固定资产。

固定资产可以按其经济用途、使用情况、产权归属、实物形态和使用期限进行分类核算：

（1）按经济用途分为生产经营用和非生产经营用两类；

（2）按使用情况分为使用中、未使用、不需用三类；

（3）按产权归属分为自有、接受投资和租入等；

（4）按实物形态分为房屋及建筑物、机器设备、电子设备、运输设备及其他设备五大类；

（5）按固定资产最短使用期限分为 5 年、10 年、20 年等。

股东权益与固定资产比率反映了购买固定资产所需要的资金有多大比例

是来自于所有者资本的。

这个比率若大于 1，表示企业购置固定资产所需资金全部来自股东，公司比较稳健。若比率小于 1，表示企业购置固定资产所需资金有一部分来自债权人，公司经营较不稳健。固定资产对股东权益比率除可用以测试企业的偿债能力外，也可显示企业固定资产投资是否适当，企业是否有短期资金长期使用之下所暴露的财务风险。

10.2.2 股东权益比率

股东权益比率也叫净资产比率，是股东权益总额与资产总额比率，该比率反映企业资产中有多少是所有者投入的。股东权益比率应当适中。如果权益比率过小，表明企业过度负债，容易削弱公司抵御外部冲击的能力；而权益比率过大，意味着企业没有积极地利用财务杠杆作用来扩大经营规模。

股东权益比率计算公式如下：

$$股东权益比率＝股东权益总额÷资产总额×100\%$$

公式中的"股东权益总额"即资产负债表中的所有者权益总额，因为资产总额等于负债总额加股东权益总额，因此，负债比率加股东权益比率等于 100%。

股东权益比率反映了企业基本财务结构是否稳定，一般来讲，股东权益比率越大越好，但也须具体问题具体分析。对于股东来讲，通货膨胀加剧时期，企业多借债可以把损失和风险转嫁给债权人；在经济繁荣时期，多借债可以获得额外的利润。在经济衰退时期，较高的股东权益比率可以减少利息负担和财务风险。

以下为某上市公司部分数据。

资产负债表	2022年报（百万元）	2021年报（百万元）	2020年报（百万元）
·资产总额 ·股东权益总额	·148 133.20 ·66 834.80	·127 421.84 ·54 952.16	·113 131.41 ·48 566.61

$$2022 年股东权益比率＝股东权益总额÷资产总额×100\%$$
$$＝66\ 834.80÷148\ 133.20×100\%$$
$$＝45.12\%$$

2021 年股东权益比率＝54 952.16÷127 421.84×100％＝43.13％

2020 年股东权益比率＝48 566.61÷113 131.41×100％＝42.93％

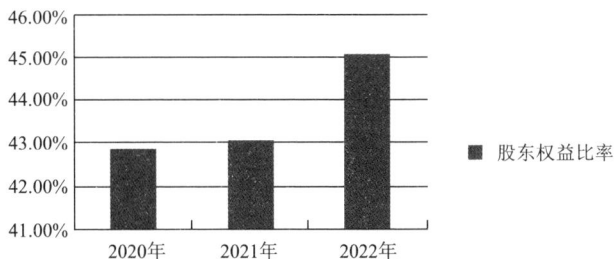

10.2.3　产权比率

产权比率也称负债对所有者权益的比率，指企业负债总额与所有者权益总额的比率。这一比率是衡量企业长期偿债能力的指标之一。

产权比率＝负债总额÷所有者权益总额

图 10-2 为平安银行近几年的产权比率图。

图 10-2　产权比率透视图

根据以下资料，计算产权比率。

资产负债表	2022年报 （百万元）	2021年报 （百万元）	2020年报 （百万元）
• 负债总额 • 所有者权益总额	• 3 026 420.00 • 222 054.00	• 2 751 263.00 • 202 171.00	• 2 345 649.00 • 161 500.00

2022 年产权比率＝负债总额÷所有者权益总额
        ＝3 026 420.00÷222 054.00
        ＝13.63

2021 年产权比率＝负债总额÷所有者权益总额
        ＝2 751 263.00÷202 171.00
        ＝13.61

2020 年产权比率＝负债总额÷所有者权益总额
        ＝2 345 649.00÷161 500.00
        ＝14.52

产权比率用来表明债权人提供的资金和由投资人提供的资金比率关系，反映企业基本财务结构是否稳定。一般来说，所有者提供的资本大于借入资本为好。这一指标越低，表明企业的长期偿债能力越强，债权人权益的保障程度越高，承担的风险越小。该指标同时也表明债权人的资本受到所有者权益保障的程度，或者说是企业清算时对债权人利益的保障程度。

从财务风险的角度来看，当然是债务承担得越少越好，也就是产权比率越低越好。但是在企业盈利的情况下，过于保守的举债措施会使企业错过利用财务杠杆获取更大收益的机会。所以在评估产权比率指标是否合适时，需要在提高获利能力与增强偿债能力两个方面综合进行，即在保证债务可以顺利清偿的前提下，尽量提高产权比率，充分利用财务杠杆的作用。

10.2.4 权益乘数

权益乘数又称股本乘数，是指资产总额相当于股东权益的倍数。表示企业的负债程度，权益乘数越大，企业负债程度越高。

权益乘数＝资产总额÷股东权益总额

因为资产、负债和股东权益存在等量关系，所以权益乘数还可以被分解为：

权益乘数＝（股东权益总额＋负债总额）÷股东权益总额

    ＝1＋产权比率

    ＝1÷（1－资产负债率）

这两个指标，一个是承担债务，一个是享有资产。

根据权益乘数的公式，在股东权益既定的情况下，债务的减少导致资产总和的减少，权益乘数也越小，可见这两个指标呈现同方向的变化。所以，产权比率提高必然使权益乘数增大，这两个指标值大说明资产中负债的份额大，负债程度高；反之，说明负债程度低，债权人的权益受保护程度高。

以格力电器资产负债率为例，计算权益乘数。

68.90%	69.99%	69.96%
• 2017资产负债率	• 2016资产负债率	• 2015资产负债率

$$2017 年权益乘数 = 1 \div (1 - 资产负债率)$$
$$= 1 \div (1 - 68.90\%)$$
$$= 3.215$$
$$2016 年权益乘数 = 1 \div (1 - 69.99\%)$$
$$= 3.332$$
$$2015 年权益乘数 = 1 \div (1 - 69.96\%)$$
$$= 3.328$$

一般来说，资产负债率降低，权益乘数减少。即负债总额在资产总额占比减少时，权益乘数减少。

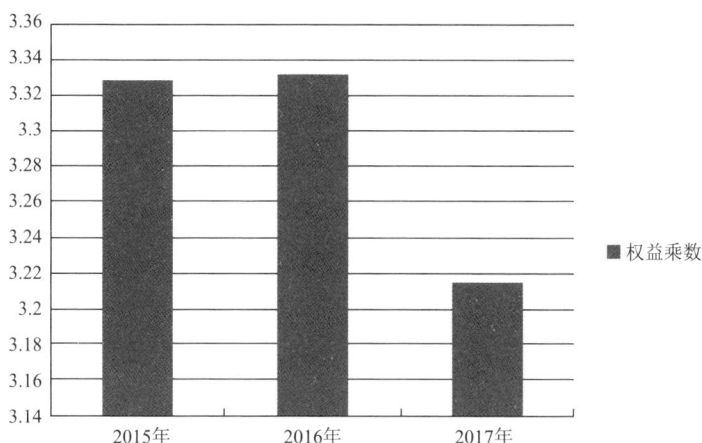

权益乘数代表公司所有可供运用的总资产是业主权益的几倍。权益乘数越大，代表公司向外融资的财务杠杆倍数也越大，公司将承担较大的风险。但是，若公司营运状况刚好处于向上趋势中，较高的权益乘数反而可以创造更高的公司盈利，透过提高公司的股东权益报酬率，对公司的股票价值也会

产生正面激励效果。以下几种情况都能使权益乘数变小。

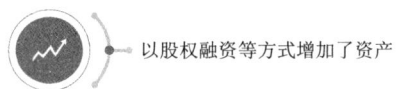

偿还了部分债务

以股权融资等方式增加了资产

盈利导致的资产负债率降低

第 11 章

收入主要项目分析

利润表是给股东看的，经过一个营业周期，企业经营到底怎么样，需要通过收入、费用来考核。

11.1 营业周期到底有多长

还是那句话，行业不同，营业周期就不同。什么是营业周期呢，营业周期就是一个企业投入材料、生产产品，然后卖掉产品收回钱的完整过程。

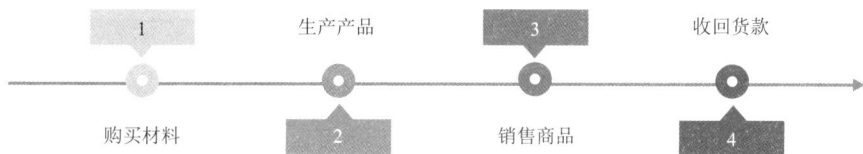

搞清楚你投资公司的营业周期很重要。研究企业利润表，要看营业周期，至少是一个营业周期的数据。房地产行业营业周期很长，起码要看两年至三年的利润表。简单地说，制造业营业周期在一年之内，120 天左右；冶金业约 90 天；矿产业约 60 天。

11.1.1 营业周期的长短取决于哪些因素

财务管理理论认为，营业周期的长短取决于存货周转天数和应收账款周转天数。

营业周期计算公式：

$$营业周期＝存货周转天数＋应收账款周转天数$$

一般情况下，营业周期短，说明资金周转速度快；营业周期长，说明资金周转速度慢。

进一步分解上述公式，说明存货和应收账款与营业周期的关系，如图 11-1 所示。

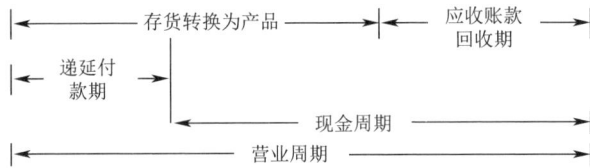

图 11-1　现金周期时间图示

$$现金周期＝营业周期－应付账款周转期$$

11.1.2　怎么计算营业周期

我们根据格力电器公司财报，2019 年第一季度销售收入 405.50 亿元，销售成本 281.40 亿元，分析该企业以下指标，见表 11-1。

表 11-1　相关指标　　　　　　　　　　　　　　　　　金额单位：亿元

项　　目	期末余额	期初余额
存货	212.10	200.10
应收账款	111.40	77.00
应付账款	0	389.90

存货周转率＝销售成本÷［（期初存货＋期末存货）÷2］

　　　　　＝281.40÷［（212.10＋200.10）÷2］

　　　　　＝281.40÷206.10

　　　　　＝1.36（次）

应收账款周转率＝销售收入÷［（期初应收账款＋期末应收账款）÷2］

　　　　　　　＝405.50÷［（111.40＋77）÷2］

　　　　　　　＝4.30（次）

应付账款周转率＝销售成本÷［（期初应付账款＋期末应付账款）÷2］

$\qquad$ ＝281.40÷［（0＋389.90）÷2］

$\qquad$ ＝1.44（次）

存货周转天数＝360÷1.36＝264.71（天）

应收账款周转天数＝360÷4.30＝83.72（天）

应付账款周转天数＝360÷1.44＝250（天）

根据公式：营业周期＝存货周转天数＋应收账款周转天数

$\qquad$ ＝264.71＋83.72

$\qquad$ ＝348.43（天）

现金周期＝营业周期－应付账款周转天数

$\qquad$ ＝348.43－250

$\qquad$ ＝98.43（天）

从上述计算可知，存货周转期上升，经营周期也要延长；应收账款减少会导致应收账款的周转期缩短，经营周期缩短；提供给顾客的现金折扣增加，会使应收账款的周转期缩短，经营周期缩短；提前付款会使应付账款的周转期缩短，现金周期延长。正常营业周期不能确定的，应当以一年（12个月）作为正常营业周期。

11.2 产品是否有竞争力要看的几个指标

产品是否有竞争力，要看的几个指标：毛利、毛利率、固定资产利用率、核心利润等。

11.2.1 毛利、毛利率是说明什么的

毛利的计算公式如下：

$\qquad$ 毛利＝营业总收入－营业总成本

$\qquad$ 毛利率＝毛利÷营业总收入×100%

$\qquad$ ＝（营业收入－营业成本）÷营业收入×100%

计算毛利和毛利率的数据在利润表中可以找到。2018 年格力电器利润表见表 11-2。

可以算出：

$$毛利＝营业收入－营业成本$$
$$＝1\,981－1\,382$$
$$＝599（亿元）$$
$$毛利率＝599÷1\,981×100\%$$
$$＝30.24\%$$

这里计算的毛利和毛利率剔除主营业务之外的经营活动取得的收入和付出的成本。毛利率 30.24％，对于竞争激烈的电器行业已经算是不错的了。格力电器竞争力有三点：一是产品定价，比其他品牌电器高；二是规模大，营业收入 1 981亿元；三是固定资产利用率高。

表 11-2　利润表部分数据

2018 年 12 月 31 日　　　　　　　　金额单位：亿元

营业总收入	2 000
营业收入	1 981
利息收入	18.99
手续费及佣金收入	153.30
营业总成本	1 696
营业成本	1 382
利息支出	4 534
手续费及佣金支出	65.77
研发费用	69.88
税金及附加	17.42
销售费用	189
管理费用	43.66
财务费用	−9.482
资产减值损失	2.617

11.2.2　固定资产利用率也是衡量竞争力的一个指标

固定资产利用率也叫固定资产周转率，是指企业当年产品销售收入净额与固定资产平均净值的比率，计算公式如下：

固定资产周转率＝营业收入÷平均固定资产净值

＝营业收入÷［（固定资产净值期初数＋固定资产净值期末数）÷2］

格力电器相关资料见表11-3。

表 11-3　固定资产相关数据

日　　期	2019 年 3 月 31 日	2018 年 12 月 31 日
固定资产（亿元）	181.32	183.85

2019 年 3 月格力电器固定资产周转率＝1 981÷［（181.32＋183.85）÷2］＝10.85（次）。

11.2.3　核心利润——坚挺的指标

衡量企业竞争力还有一个指标：核心利润。核心利润来源于企业经营产生的毛利，是扣除税金、销售费用、管理费用以及财务费用后的部分。

核心利润＝营业收入－营业成本－税金及附加－销售费用－

管理费用－财务费用

毛利高低代表了企业产品的竞争力等，而费用高低则代表了企业费用控制的能力。总体来说，核心利润越高，盈利能力越强，盈利质量越高。

根据格力电器的利润表，计算核心利润。

核心利润＝1 981－1 382－17.42－189－43.66－（－9.48）

＝358.40（亿元）

根据表11-4，格力电器的业务构成情况为：空调 1 556.82 亿元，占营业收入的 78.58%；生活电器 37.94 亿元，占营业收入的 1.92%；智能装备 31.09 亿元，占营业收入的 1.57%；其他业务 275.31 亿元，占营业收入的 13.90%。这里的其他业务主要包括与空调相关电机、压缩机和模具之类的业务。

表 11-4　业务收入构成比例　　　　　　　金额单位：亿元

○主营业务构成分析								
2018-12-31	主营构成	主营收入	收入比例	主营成本	成本比例	主营利润	利润比例	毛利率（%）
按行业分类	制造业	1 705.92	86.10%	1 124.04	81.31%	581.88	97.16%	34.11%
	其他（补充）	275.31	13.90%	258.30	18.69%	17.01	2.84%	6.18%
按产品分类	空调	1 556.82	78.58%	988.90	71.54%	567.92	94.83%	36.48%
	其他（补充）	275.31	13.90%	258.30	18.69%	17.01	2.84%	6.18%
	其他主营	80.07	4.04%	75.05	5.43%	5.03	0.84%	6.28%
	生活电器	37.94	1.92%	31.02	2.24%	6.92	1.16%	18.23%
	智能装备	31.09	1.57%	29.17	2.10%	2.01	0.34%	6.48%

从这里我们可以看出，格力电器的商业模式仍然是以空调销售为主。公司推出过手机产品，但市场反应并不是太好。公司在智能装备上布局，仍没有形成相当的规模，2018 年业务上对空调的依赖仍然比较大。

11.2.4　平均市净率

市净率（Price-to-Book Ratio）即 P/B，一般来说，市净率较低的股票，投资价值较高；相反，则投资价值较低。但在判断投资价值时还要考虑当时的市场环境以及公司经营情况、盈利能力等因素。

以格力电器为例，格力电器对研发的投入向来是不设上限，需要多少就投入多少，争取把核心技术都掌握在自己手里。同时，格力电器在智能装备等领域也默默深耕多年，技术储备、产品能力都很扎实，这是格力电器能在市场中保持溢价能力的根本保障。未来，公司在智能装备领域发力，仍然会保持较强的竞争力。

2018 年格力电器年报见表 11-5。

表 11-5　2018 年格力电器年报（部分）　　　　金额单位：亿元

项　目	金　额
总资产	2 512
无形资产	52.05
商誉	0.518
负债	1 585

格力电器净资产为 927 亿元（2 512－1 585），其中商誉和无形资产总共为 52.568 亿元（52.05＋0.518），实际净资产为 874.432 亿元（927.10－52.568）。格力电器总市值为 3 146.83 亿元。

其中：

$$实际净资产＝总资产－无形资产－商誉－负债$$
$$＝2 512－52.05－0.518 0－1 585＝874.43（亿元）$$
$$平均市净率＝3 146.83÷874.43$$
$$＝3.60$$

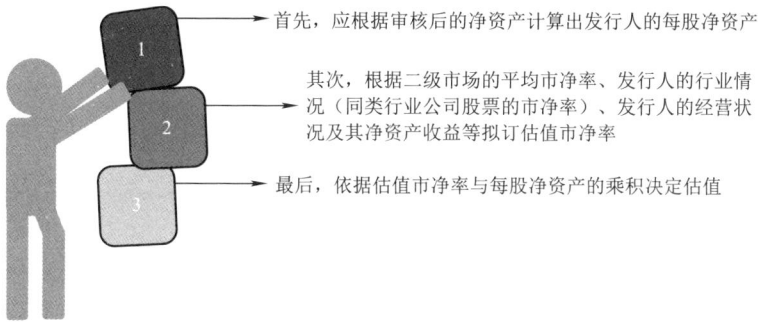

首先，应根据审核后的净资产计算出发行人的每股净资产

其次，根据二级市场的平均市净率、发行人的行业情况（同类行业公司股票的市净率）、发行人的经营状况及其净资产收益等拟订估值市净率

最后，依据估值市净率与每股净资产的乘积决定估值

根据上述市净率（简称 P/B）与净资产收益率（ROE）的关系，我们不难理解为什么那些净资产收益率高的公司市场价格高于账面价值，而那些净资产收益率低的公司市场价格低于账面价值。真正吸引投资者注意的是那些市净率和净资产收益率不匹配的公司，投资者应选择低市净率但高净资产收益率高的股票，回避低净资产收益率但高市净率的股票，如图 11-2 所示。

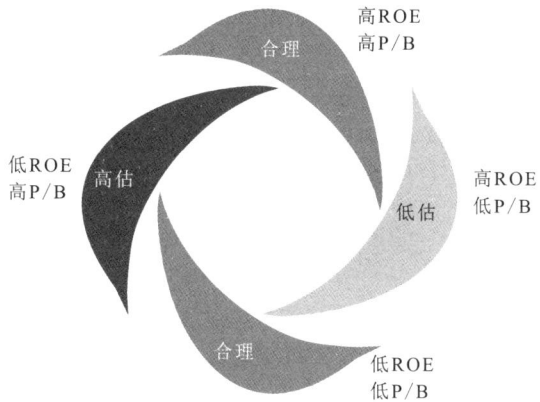

图 11-2　市净率定价法估值

11.2.5　投资收益高于主营业务收入，说明什么

利润表第一项就是主营业务收入，有经验的分析者通过主营业务收入与投资收益做比较，可以看出这个企业是否踏实。最近几年，有些企业投资收益高

于主营业务收入，不是一年高于主营业务收入，而是数年如此，让投资者内伤。

11.3 | 怎样看懂上市公司的利润

我们经常翻看上市公司的财报，查找相关公司的利润表，会发现这么几项名词：净利润、归属于母公司股东的净利润、扣除非经常性损益后的净利润，见表11-6。这三者之间是什么关系？

表 11-6 利润表（部分）　　　　　　金额单位：亿元

项　目	2018-12-31	2017-12-31	2016-12-31
净利润	263.80	225.10	155.70
其中：归属于母公司股东的净利润	262.00	224.00	154.60
少数股东损益	1.762	1.070	1.028
扣除非经常性损益后的净利润	255.80	211.70	156.40

11.3.1　什么是净利润

净利润比较好理解，按照利润表编制要求计算就是了，看下面的例子：有一家公司，母公司是上市公司，母公司有两个子公司，还有一个联营企业。

首先要弄明白，母公司与子公司以及联营公司的关系，如图11-3所示。

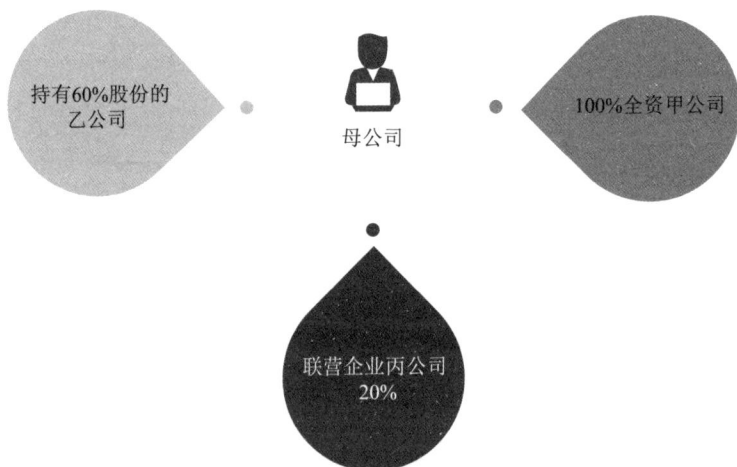

图 11-3　母公司与子公司以及联营公司的关系

根据《企业会计准则第 33 号——合并财务报表》的规定：

①持有被投资方 50% 以上的表决权；

②持有被投资方 50% 及以下的表决权，但通过协议等形式能够控制 50% 以上表决权，应并入母公司财务报表。

期末，母公司、子公司盈利情况见表 11-7。

表 11-7　母公司、子公司盈利情况

报　表	盈利情形（万元）
母公司	4 000
甲公司	1 000
乙公司	800
联营丙公司	1 200

$$净利润＝母公司＋甲公司＋乙公司$$
$$＝4\,000＋1\,000＋800$$
$$＝5\,800（万元）$$

利润表中的利润一定要用现金流量表中"经营活动现金流量净额"验证，用下面的公式计算。

$$净利润现金比率＝经营活动现金流量净额÷净利润×100\%$$

如果净利润现金比率大于 100%，可以看出这家公司既赚到了利润，又赚到了钱。如果一家公司净利润现金比率小于 100%，说明这家公司表上有利润，账上没有钱，存在大量应收账款没有收回，或商品积压卖不掉。

11.3.2　归属于母公司股东的净利润

归属于母公司股东的净利润是上市公司合并报表的净利润扣除少数股东损益后，实际归属于上市公司股东的这部分利润。由于上市公司通过投资的方式，控股但非全资持有的企业，其生成的利润或者亏损，根据股权比例，将不属于上市公司的这部分净利润或净亏损列于少数股东损益。合并报表的净利润在扣除这部分不属于上市公司的利润，称为归属于上市公司股东的净利润。这是实际属于上市公司的净利润。

接上例，计算归属于母公司股东的净利润＝母公司＋甲公司×100%＋乙公司×60%＝4 000＋1 000×100%＋800×60%＝5 480（万元）

与合并报表相差 5 800－5 480＝320 万元，原因是乙公司中有 40% 的净利润属于乙公司的少数股东的，并不属于上市公司母公司的股东。

归属于母公司股东净利润是计算每股收益的一个指标，具体公式如下：

$$基本每股收益＝归属于母公司股东净利润÷总股本$$

假如上述资料中母公司总股本为 20 000 万股，则：

$$基本每股收益＝5 480÷20 000＝0.27（元/股）$$

每股收益是投资者比较看重的一个指标，但更重要的是利润的质量，看看这家公司的利润是否由主要主业构成，偶然所得的利润并不能持久。

在评价上市公司股票收益还有一个指标，即稀释每股收益，计算公式如下。

$$稀释每股收益＝归属于母公司股东净利润÷（总股本＋潜在股本）$$

潜在股本是指企业发行的可以增加股本的金融工具可能带来的股本的增加，潜在股本包括可转换公司债券、认股权证等。这些金融资产可以转股，导致总股本增加，每股收益被稀释。

11.3.3　扣除非经常性损益的净利润

归属上市公司股东的扣除非经常性损益后的净利润是上市公司合并报表的净利润扣除了少数股东损益以及非经常性损益后的净利润，投资者往往非常关注这个指标。

要想弄懂扣除非经常性损益净利润到底是什么，先弄清楚什么是非经常性损益。非经常性损益是指公司发生的与经营业务无直接关系，以及虽与经营业务相关，但却是不经常发生的。

举个例子，某公司主营业务是养殖扇贝，养殖扇贝取得的收入是经常性的收入。由于各种原因，经常性的收入与经常性的支出相抵后，是亏损的。于是这家公司卖了一幢市中心的楼，卖大楼是偶然的、不经常发生的业务，但这偶然的、不经常发生的业务取得的收益是惊人的，所以从利润表上看，净利润相当可观。

为了能够真实、公允地反映公司正常盈利能力的各项收入、支出。证监会在《公开发行证券的公司信息披露规范问答第 1 号——非经营性损益》中特别指出，注册会计师应单独对非经常性损益项目予以充分关注，对公司在财务报告附注中所披露的非经营性损益的真实性、准确性与完整性进行核实。

非经常性收益包括以下内容：

（1）非流动性资产处置损益，包括已计提资产减值准备的冲销部分；

（2）越权审批，或无正式批准文件，或偶发性的税收返还、减免；

（3）计入当期损益的政府补助，但与公司正常经营业务密切相关，符合国家政策规定，按照一定标准定额或定量持续享受的政府补助除外；

（4）计入当期损益的对非金融企业收取的资金占用费；

（5）企业取得子公司、联营企业及合营企业的投资成本小于取得投资时应享有被投资单位可辨认净资产公允价值产生的收益；

（6）非货币性资产交换损益；

（7）委托他人投资或管理资产的损益；

（8）因不可抗力因素，如遭受自然灾害而计提的各项资产减值准备；

（9）债务重组损益；

（10）企业重组费用，如安置职工的支出、整合费用等；

（11）交易价格显失公允的交易产生的超过公允价值部分的损益；

（12）同一控制下企业合并产生的子公司期初至合并日的当期净损益；

（13）与公司正常经营业务无关的或有事项产生的损益；

（14）除同公司正常经营业务相关的有效套期保值业务外，持有交易性金融资产、交易性金融负债产生的公允价值变动损益，以及处置交易性金融资产、交易性金融负债和可供出售金融资产取得的投资收益；

（15）单独进行减值测试的应收款项减值准备转回；

（16）对外委托贷款取得的损益；

（17）采用公允价值模式进行后续计量的投资性房地产公允价值变动产生的损益；

（18）根据税收、会计等法律、法规的要求对当期损益进行一次性调整对当期损益的影响；

（19）受托经营取得的托管费收入；

（20）除上述各项之外的其他营业外收入和支出；

（21）其他符合非经常性损益定义的损益项目。

接上例，计算归属于母公司股东的净利润＝母公司＋甲公司×100％＋乙公司×60％＝4 000＋1 000×100％＋800×60％＝5 480（万元），再减去对丙

公司的投资收益 1 200×20%＝240（万元），5 480－240＝5 240（万元）

5 240 万元即是扣除非经常性损益净利润。

那么投资收益包括哪些呢？

A 长期股权投资收益　B 其他权益工具投资　C 交易性金融资产　D 债权投资等

增加投资收益最大的是股权投资。股权投资对上市公司诱惑力一直很大，当主业平平时，进行股权投资有利于公司通过产业整合提高竞争力或者寻找新的业务增长点。但投资收益长期大于主营业务收入，还是有人管的。

投机代替不了主营业务收入

连续 7 年依靠投资收益扭亏的华茂股份，2019 年 5 月 23 日，接到了深交所问询函。华茂股份是一家拥有棉花、纺纱、织造、面料、服装、无纺布等纺织产业链的大型企业集团。不知何时，主营业务出现了"投资经营管理"，见表 11-8。

表 11-8　华茂股份主营业务

○主营范围								
棉、毛、麻、丝和人造纤维的纯、混纺纱线及其织物、针织品、服装、印染加工；纺织设备及配件、家用纺织品销售 投资经营管理。 ←								
○主营构成分析								
2018-12-31	主营构成	主营收入	收入比例	主营成本	成本比例	主营利润	利润比例	毛利率（%）
按行业分类	纺织	26.83 亿元	96.45%	23.29 亿元	97.05%	3.54 亿元	92.71%	13.19%
	其他（补充）	9 864.92 万元	3.55%	7 083.90 万元	2.95%	2 781.02 万	7.29%	28.19%
按产品分类	纱线	14.60 亿元	52.49%	12.46 亿元	51.92%	2.14 亿元	56.07%	14.65%
	布	10.25 亿元	36.83%	9.29 亿元	38.69%	9 598.75 万元	25.15%	9.37%
	服装	1.52 亿元	5.46%	1.18 亿元	4.92%	3 379.89 万元	8.86%	22.27%
	其他（补充）	9 864.92 万元	3.55%	7 083.9 万元	2.95%	2 781.02 万元	7.29%	28.19%
	纺织—其他	4 643.84 万元	1.67%	3 639.70 万元	1.52%	1 004.14 万元	2.63%	21.62%

2018-12-31	主营构成	主营收入	收入比例	主营成本	成本比例	主营利润	利润比例	毛利率（％）
按地区分类	中国地区	20.87 亿元	75.04％	18.08 亿元	75.36％	2.79 亿元	73.08％	13.36％
	欧洲地区	3.90 亿元	14.02％	3.37 亿元	14.03％	5 339.96 万元	13.99％	13.69％
	亚洲地区	2.05 亿元	7.37％	1.84 亿元	7.65％	2 144.57 万元	5.62％	10.46％
	其他（补充）	9 864.92 万元	3.55％	7 083.90 万元	2.95％	2 781.02 万元	7.29％	28.19％
	美洲地区	36.15 万元	0.01％	29.99 万元	0.01％	6.16 万元	0.02％	17.04％

根据 2018 年年报，华茂股份实现营业收入 27.82 亿元，同比增长 18.72％；净利润（以下均为归属净利润）为 1.19 亿元，同比增长 14.07％。

但华茂股份的主要利润来源为投资收益，2018 年度出售广发证券 1 161 万股回笼资金 2.24 亿元，获得投资收益 1.35 亿元。此外，公司还获得了国泰君安等多家公司的分红。

在此情况下，2018 年，华茂股份获得的投资收益接近 2 亿元，非经常性损益高达 1.87 亿元。而若扣除非经常性损益，华茂股份 2018 年净利润亏损 6 840 万元，见表 11-9。

非理性的经营状况，引起了监管层关注。深交所要求公司说明投资管理业务的具体内容、将投资管理作为公司主营业务的原因、该业务与公司纺织业务是否具有协同效应等。

不管华茂股份如何应对深交所的问询，投资者是用脚投票的，截至 2019 年 6 月 6 日，股价已经跌至 4.31 元/股。

表 11-9　利润表

利润表	2018-12-31
营业总收入	27.82 亿元
营业收入	27.82 亿元
营业总成本	29.06 亿元
营业成本	24.00 亿元
研发费用	8 345 万元
营业税金及附加	2 129 万元
销售费用	8 082 万元
管理费用	1.340 亿元

利润表	2018-12-31
财务费用	1.221 亿元
资产减值损失	6 447 万元
其他经营收益	
加：公允价值变动收益	0.72 万元
投资收益	1.935 亿元
其中：对联营企业和合营企业的投资收益	948.9 万元
汇兑收益	5.608 万元
营业利润	1.201 亿元
加：营业外收入	72.86 万元
其中：非流动资产处置利得	—
利润总额	1.200 亿元
减：所得税费用	2 359 万元
净利润	9 641 万元
其中：归属于母公司股东的净利润	1.187 亿元
少数股东损益	−2 227 万元
扣除非经常性损益后的净利润	−6 840 万元

11.3.4 其他综合收益税后净额、综合收益总额

其他综合收益税后净额是指公司未在利润中确认的各项账面盈亏扣除所得税影响后的净额。有的公司有一些资产，比如可供出售的金融资产（其他权益工具投资）由于这些资产公允价值变动或其他原因导致这些资产发生账面盈亏，账面盈亏不计入净利润，但要计入资产负债表股东权益下的"其他综合收益"项目，利润表中"其他综合收益税后净额"与资产负债表中"其他综合收益"相对应的。资产负债表中"其他综合收益"反映的是余额，而利润表中"其他综合收益税后净额"反映的是发生额。

资产负债表中"其他综合收益"期末数＝资产负债表中"其他综合收益"期初数＋利润表中"其他综合收益税后净额"中归属于母公司的部分

综合收益总额＝其他综合收益税后净额＋净利润

综合收益总额只是起到提示的作用，没有实际意义，见表 11-10。

表 11-10　利润表（部分）

六、其他综合收益的税后净额	
归属母公司所有者的其他综合收益的税后净额	
……	
七、综合收益总额	
归属于母公司所有者的综合收益总额	
归属于少数股东的综合收益总额	
八、每股收益：	
（一）基本每股收益	
（二）稀释每股收益	

第12章

费用主要项目分析

企业费用包括管理费用、销售费用和财务费用。另外，营业外支出、资产减值损失也算在费用内。

12.1 难以驾驭的三大费用：管理费用、销售费用和财务费用

管理费用、销售费用和财务费用又统称期间费用，是指企业本期发生的、不能直接或间接归入营业成本，而是直接计入当期损益的各项费用。另外，对于从事采掘行业的企业来说，还包括了勘探费用，但 A 股上市公司中，仅有少量企业有勘探业务，因此有勘探费用的公司事实上不多。因此，期间费用的数据来源应该是：

期间费用＝销售费用＋管理费用＋财务费用

这样，组成期间费用的几个项目就可以在报表上找到出处了。

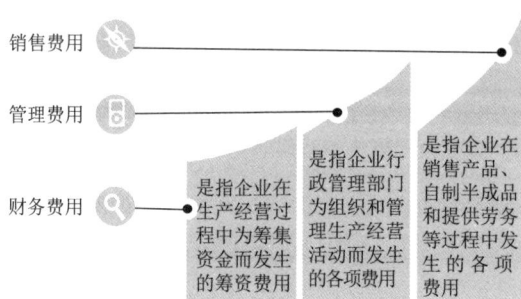

销售费用 是指企业在销售产品、自制半成品和提供劳务等过程中发生的各项费用

管理费用 是指企业行政管理部门为组织和管理生产经营活动而发生的各项费用

财务费用 是指企业在生产经营过程中为筹集资金而发生的筹资费用

有一个公式可以计算期间费用占销售收入的比率——期间费用率，其计算公式为：

$$期间费用率＝期间费用÷营业收入×100\%$$

12.1.1　解析管理费用、销售费用

企业发生的开办费、董事会和行政管理部门在企业的经营管理中发生的或者应由企业统一负担的公司经费（包括行政管理部门职工薪酬、物料消耗、低值易耗品摊销、办公费和差旅费等）、董事会费（包括董事会成员津贴、会议费和差旅费等）、聘请中介机构费、咨询费（含顾问费）、诉讼费、业务招待费、技术转让费、矿产资源补偿费、研究费用、排污费以及企业行政管理部门发生的固定资产修理费等。

从以上内容可知，管理费用的庞大。新《企业会计准则》把研发费用从管理费用中剥离，作为一个独立的费用项目，因为很多企业投入研发的费用是很惊人的。表 12-1 为格力电器的利润表。

表 12-1　利润表（部分）

利润表	2019-03-31
营业总收入	410.1 亿元
营业收入	405.5 亿元
利息收入	4.576 亿元
手续费及佣金收入	81.81 万元
营业总成本	349.5 亿元
营业成本	284.4 亿元
利息支出	3 281 万元
手续费及佣金支出	18.14 万元
研发费用	12.35 亿元
税金及附加	3.055 亿元
销售费用	41.71 亿元
管理费用	8.843 亿元
财务费用	－2 300 万元

我们看格力电器的研发费用是 12.35 亿元，管理费用是 8.843 亿元，研发费用比管理费用高 3.507 亿元。

管理费用占营业收入比＝8.843÷405.5×100％＝2.18％

销售费用占营业收入比＝41.71÷405.5×100％＝10.28％

根据表 12-1，计算格力电器 2019 年第一季度期间费用率。

$$期间费用率＝期间费用÷营业收入×100％$$
$$＝（8.843＋41.71－0.23）÷405.5×100％＝12.41％$$

本季度管理费用、销售费用都很合理。

格力电器期间费用控制得很好，投资者可以从期间费用占营业收入比判断企业管理水平与经营能力。一般来说，医药类公司销售费用大多很高，如图 12-1 所示。

图 12-1　各行业销售费用

12.1.2　解析财务费用

财务费用是公司筹集生产所需资金而发生的费用。按照我国会计制度的规定，公司财务费用科目核算内容包括利息收入、利息支出和汇兑损益及筹资发生的其他费用。

看下面这个公式：

财务费用＝手续费支出＋利息支出＋汇兑损失＋其他－利息收入－汇兑收益

当利息收入及汇兑收益之和大于手续费支出、汇兑损失、利息支出等，那么财务费用的数据是负数，反之，则为正数。

下面介绍造成财务费用为负的原因：

公司流动资金充裕，银行存款金额大大高于公司贷款融资额，会导致公司的财务费用为负	公司资金转借关联企业用于资金周转，会相应收取手续费计入利息收入，一般收益率比较可观，支付所得税后高额利息收入减去利息支出，也会导致财务费用为负	在我国现行的会计制度中，收入在收到外汇时以当时汇率确定收入，当结转或按月汇兑收益记入财务费用贷方，如果汇兑收益金额过大，也会使财务费用出现负数

12.2 新会计准则下成本费用占营业收入个别指标修正

成本费用利润率是企业一定期间的利润总额与成本、费用总额的比率。简单来说，成本费用利润率指标表明每付出 1 元成本费用可获得多少利润，体现了经营耗费所带来的经营成果。该项指标越高，利润就越多，反映企业的经济效益越好；成本费用利润率越低，说明企业的成本费用控制能力越好。

12.2.1 分子修正

成本费用利润率计算公式为：

成本费用利润率＝（营业成本＋税金及附加＋销售费用＋管理费用＋财务费用）÷营业收入×100%

我们看这个分子式：构成分子的项目中营业成本是生产产品付出的成本；税金及附加包括消费税、城市维护建设税、教育费附加、资源税、房产税、城镇土地使用税、车船税、印花税等。但要注意的是管理费用，自从执行新《企业会计准则》后，原来记在"管理费用"中的"坏账损失"及"存货跌价损失"，改记在"资产减值损失"科目中核算，"坏账损失"和"存货跌价损失"不包含在成本费用占营业收入的比重的分子中，将会导致该指标的下降。

12.2.2 分母修正

构成分母的只有一项：主营业务收入。但在具有融资性质的分期收款发出商品的核算中，由于视同给商品购买方提供了融资，因此企业的收款金额并不等于企业确认的收入金额，而应减去相应的融资收益，这会导致该指标的分母"营业收入"减小；同时，融资收益在账务处理上冲减财务费用，又会导致该指标的分子"财务费用"减小。

但融资收益应根据收款期分期确认，所以分子减少的金额与分母减少的金额在某一会计期间内通常会不一致，整体来讲对该指标的影响会难以判断。

因此，该指标在计算中，分子应增加"资产减值损失"中的"坏账损失"和"存货跌价损失"两项。

即：

修订后的成本费用占营业收入的比重＝（营业成本＋税金及附加＋销售费用＋管理费用＋财务费用＋坏账损失＋存货跌价损失）÷营业收入×100%

12.3 上市公司财务分析为什么需要剔除营业外收支的影响

营业外收支是指与生产经营过程无直接关系，应列入当期利润的收支。

12.3.1 营业外收支包括哪些项目

在股市操作中，投资者在查看上市公司财务报告时，大多关注的是利润，往往忽略营业外收入。营业外收入主要包括：非货币性资产交换利得、出售无形资产收益、债务重组利得、企业合并损益、盘盈利得、因债权人原因确实无法支付的应付款项、政府补助、教育费附加返还款、罚款收入、捐赠利得等。

我们可以把公司的主营业务收入和营业外收入占比来考量公司的经营活动变化，作为一个分析指标。为什么要考核这些呢，因为有些公司可能得到政府补助或出售资产，并将其列为公司的营业外收入进入当期损益，对当期利润将产生极大的影响，如2017年，*ST中绒、*ST东数、*ST三维在年末突击收到政府数亿元的巨额补贴，依靠政府补贴实现保壳。

但这种政策性的补贴并不是恒久的，表12-2为*ST中绒上市公司利润表部分数据。

表 12-2 利润表（部分）

利润表	2018-12-31	2017-12-31	2016-12-31
营业总收入	20.20 亿元	27.97 亿元	33.12 亿元
营业收入	20.20 亿元	27.97 亿元	33.12 亿元
营业总成本	49.22 亿元	35.09 亿元	43.47 亿元
营业成本	19.86 亿元	25.12 亿元	29.27 亿元
研发费用	—	1.033 万元	—
税金及附加	3 710 万元	4 140 万元	2 733 万元
销售费用	1.355 亿元	1.497 亿元	1.617 亿元
管理费用	1.809 亿元	1.729 亿元	3.078 亿元
财务费用	7.392 亿元	5.369 亿元	6.459 亿元
资产减值损失	18.43 亿元	9 630 万元	2.779 亿元
其他经营收益			
加：公允价值变动收益	—	—	1 387 万元
投资收益	100.4 亿元	73.37 万元	−1 849 万元
营业利润	−28.72 亿元	−1 527 万元	−10.44 亿元
加：营业外收入	604.3 万元	1.227 亿元	9 431 万元
其中：非流动资产处置利得	—	—	1.692 万元
减：营业外支出	9 067 万元	1 848 万元	1 811 万元
其中：非流动资产处置净损失	—	—	452.4 万元

2017 年的营业外收入是 1.227 亿元，而 2018 年只有 604.30 万元。我们分析该公司 2017 年营业外收入的构成：占大头的是债务重组利得 111 927 651.06 元，政府补助为 8 282 914.67 元，见表 12-3。那么计算营业外收入占营业收入的百分比：1.227÷27.97×100％＝4.39％。

表 12-3 2017 年营业外收入构成　　　　　金额单位：元

项目	本期发生额	上期发生额	计入当期非经常性损益的金额
债务重组利得	111 927 651.06		111 927 651.06
政府补助	8 282 914.67	94 046 667.81	8 282 914.67
固定资产毁损报废利得	75 233.51	16 917.83	75 233.51
无须支付往来款	2 188 948.28		2 188 948.28
其他	237 159.91	259 037.73	237 159.91
合计	122 711 907.43	94 305 705.54	122 711 907.43

我们再看 2018 年营业外收入构成（见表 12-4）：债务重组利得为 0 元，政府补助为 461 284.82 元。虽然还有政府补助，但数额明显减少。2018 年营业外收入占营业收入的百分比：604.30÷202 000×100％＝0.3％，排除非经常性发生的营业外收入，我们会看到比较真实的一个情况，见表 12-4。

表 12-4　2018 年营业外收入构成　　　　　金额单位：元

项目	本期发生额	上期发生额	计入当期非经常性损益的金额
债务重组利得		111 927 651.06	
政府补助	461 384.82	8 282 914.67	461 384.82
无须支付往来款项		2 188 948.28	
固定资产毁损报废利得		75 233.51	
其他	5 581 803.28	237 159.91	5 581 803.28
合计	6 043 188.10	122 711 907.43	6 043 188.10

12.3.2　营业利润更能真实反映公司业绩

巴菲特分析公司正常盈利能力时却首先会剔除营业外收支的影响。

巴菲特在分析利润表时，会特别列示非正常性资产处置收入（Unusual Sales of Assets），国内利润表主要列示为非流动资产处置利得或损失，处置利得计入营业外收入，处置损失则计入营业外支出，并在利润表中营业外支出下单独列示。

巴菲特分析营业外收支的方法很简单，就是分析企业正常盈利能力时剔除营业外收入和支出的影响。

营业外收入减去营业外支出就是营业外收支净额。如果营业外收支净额占利润的比例相当大，比如 30％甚至更高，类似于一个人一年的收入相当一部分来自彩票中奖或者家人捐赠，这种短期的利润猛增是偶然和不可持续的。所以，我们在分析时，要剔除这种偶然发生的非经常性损益的影响，重点分析来自日常营业活动的营业利润。巴菲特认为，营业利润更能真实反映公司业绩。那种依靠资产重组、债务重组或者政府补贴而短期取得的盈利暴涨肯定是无法长期持续的。

我们计算 * ST 中绒营业外收入占净利润的比重，2017 年净利润为 4 699 万元，即 1.227÷0.469 9×100％＝261.12％；用营业外收入净额计算这个指标，即（1.227－0.184 8）÷0.469 9×100％＝221.79％。从计算结果就可以看出营业外收入的贡献功不可没。

2018 年净利润是－29.90 亿元，由于没有营业外收入支撑，*ST 中绒本年度亏损严重，这也说明营业外收入的偶然性。

12.3.3 结构百分比分析法

结构百分比是对同一期间财务报表中不同科目编制百分比报表进行分析，即将财务报表中的某一重要项目的数据作为 100％，然后将其他项目都以这一项目的百分比形式做纵向排列，从而揭示各项目的数据在公司财务中的比例关系。

结构百分比是对同一期间财务报表中不同科目编制百分比报表进行分析。

使用方法是：

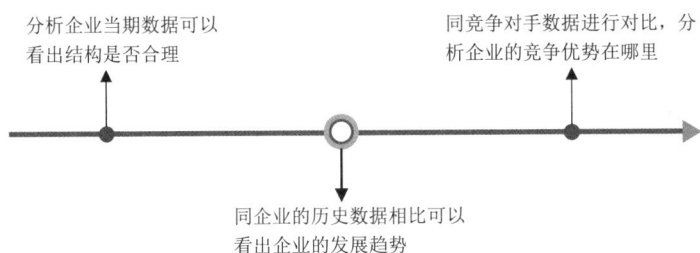

分析企业当期数据可以看出结构是否合理

同竞争对手数据进行对比，分析企业的竞争优势在哪里

同企业的历史数据相比可以看出企业的发展趋势

一般来说，利润表以营业收入为基数，资产负债表以资产总额为基数。我们以东阿阿胶为例，采用结构百分比方法进行分析，见表 12-5。

表 12-5　结构百分比分析

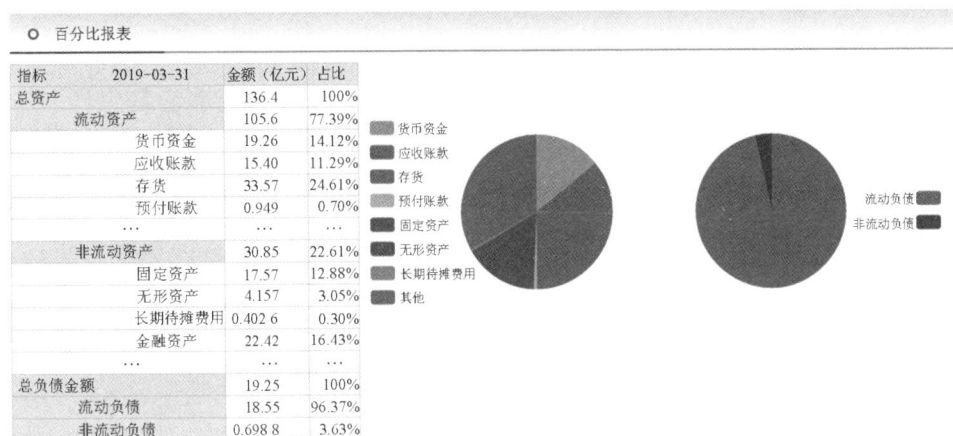

○ 百分比报表

指标	2019-03-31	金额（亿元）	占比
总资产		136.4	100%
流动资产		105.6	77.39%
货币资金		19.26	14.12%
应收账款		15.40	11.29%
存货		33.57	24.61%
预付账款		0.949	0.70%
…		…	…
非流动资产		30.85	22.61%
固定资产		17.57	12.88%
无形资产		4.157	3.05%
长期待摊费用		0.402 6	0.30%
金融资产		22.42	16.43%
…		…	…
总负债金额		19.25	100%
流动负债		18.55	96.37%
非流动负债		0.698 8	3.63%

利润表	2018-12-31		2017-12-31	
指标	数值	占比	数值	占比
营业收入（亿元）	73.40	100%	73.70	100%
营业成本（亿元）	25.00	−34.01%	25.80	−34.95%
税金及附加（亿元）	1.21	−1.65%	9 191	−1.25%
期间费用（亿元）	21.50	−29.35%	21.70	−29.43%
销售费用（亿元）	17.80	−24.20%	18.10	−24.49%
管理费用（亿元）	3.63	−4.94%	3.53	−4.78%
财务费用（亿元）	0.156 6	−0.21%	0.117 9	−0.16%
资产减值损失（亿元）	0.774 3	−1.01%	0.348 5	−0.47%
其他经营收益（亿元）	—	—	—	—
公允价值变动损益（亿元）	—	—	—	—
投资收益（亿元）	1.65	2.25%	1.20	1.62%
营业利润（亿元）	24.40	33.26%	24.10	32.69%
加：营业外收入（亿元）	0.107 6	0.15%	0.035 4	0.05%
补贴收入（亿元）				
减：营业外支出（亿元）	0.074 5	−0.10%	0.051	−0.07%
利润总额（亿元）	24.40	33.30%	24.10	32.66%
减：所得税（亿元）	3.57	−4.87%	3.64	−4.94%
净利润（亿元）	20.90	28.43%	20.40	27.73%

这就是对利润表进行的结构百分比分析，它让我们更加直观地了解利润表的结构，从中可以看到，营业成本占收入的 34.01%，期间费用（销售费用、管理费用、财务费用）占收入的 29.35%，其中销售费用占收入的 24.20%，这也符合医药企业的特点，销售费用占比很高。所得税的比例是 4.87%，到最后有 28.43% 的营业收入转化为净利润的过程。

从利润表的结构百分比中，我们可以得到企业从收入到利润是怎样一步一步实现的，对这个结构进行分析，看看企业哪一部分占比过大，反映了企业在经营过程中的哪些特点，进而从财报中挖掘更多的企业信息。

利用结构百分比还可以和企业历史数据进行比较来看企业的发展趋势。

东阿阿胶 2017 年的利润表和 2018 年的利润表结构百分比放在一起对比来看，东阿阿胶的净利润从 2017 年的 27.73% 增加到 28.43%，提高了 0.7%。我们可以看出，数据变化最大的有两个项目：营业外收入和资产减值损失。营业外收入项目，2018 年为 10 755 058.97 元，2017 年为 3 543 183.65 元；

资产减值损失 2018 年 74 430 570.39 元，2017 年为 34 852 237.06 元，如图 12-2 所示。

单位：元

营业外收入

	2018 年	2017 年	计入 2018 年非经常性损益
赔偿金、违约金及罚款等其他利得	7 549 530.37	3 082 161.19	7 549 530.37
其他	3 205 528.60	461 022.46	3 205 528.60
	10 755 058.97	3 543 183.65	10 755 058.97

资产减值损失

	2018 年	2017 年
坏账损失	68 738 466.98	33 608 357.77
存货跌价损失	5 692 103.41	1 243 879.29
	74 430 570.39	34 852 237.06

图 12-2　营业外收入和资产减值损失数据

12.4 税金及附加包括哪些项目

根据《财政部关于印发〈增值税会计处理规定〉的通知》（财会〔2016〕22 号），"营业税金及附加"科目名称调整为"税金及附加"科目，该科目核算企业经营活动发生的消费税、城市维护建设税、资源税、教育费附加及房产税、土地使用税、车船使用税、印花税等相关税费。表 12-6 是某上市公司税金及附加的部分项目列表。

表 12-6　税金及附加　　金额单位：元

项　　目	本期发生额	上期发生额
城市维护建设税	680 310 364.67	449 030 847.43

项　　目	本期发生额	上期发生额
教育费附加	292 838 686.09	193 350 234.35
资源税	350 018.00	1 544 999.86
房产税	24 393 707.24	22 297 991.50
土地使用税	49 560 403.34	48 998 647.49
车船使用税	15 714.77	306 553.04
印花税	13 132 633.02	6 736 599.52
地方教育费附加	195 225 790.76	128 889 242.74
环境保护税	1 128 741.48	
合计	1 256 956 149.37	851 155 115.93

其他说明：

税金及附加增加主要有以下三方面原因：

1. 本年酒类产品销售收入增加对应的消费税及附加税增加；

2. 根据国家税务总局税总函〔2017〕144 号文件规定申请对公司部分酒类产品消费税最低计税价格进行重新核定（川国税函〔2017〕128 号），自 2017 年 5 月 1 日起开始执行，公司消费税税基提高相应增加部分消费税及附加税；

3. 增值额提升匹配的附加税增加。

值得注意的是，车辆购置税、契税、烟叶税、关税、耕地占用税等，应记入资产成本，不在"税金及附加"科目核算。

1. 资源税

在中华人民共和国领域及管辖海域开采或者生产应税产品的单位和个人为资源税的纳税人，资源税的征税范围主要有：矿产品和盐两大类，税率采用从价计征与从量计征。

资源税税目、税率见表 12-7。

表 12-7　资源税税目、税率表

税目			税率
能源矿产		原油	6%
		天然气、页岩气、天然气水合物	6%
		煤	2%～10%
		铀、钍	4%
		油页岩、油砂、天然沥青、石煤	1%～4%
金属矿	黑色金属	铁、锰、铬、钒、钛	1%～9%
	有色金属	铜、铅、锌、锡、镍锑、镁、铋、汞	2%～10%
		铝土矿	2%～9%

税目			税率
非金属矿产	矿物类	高岭土~	1%~6%
		石墨	3%~12%
水气矿产		二氧化碳气、硫化氢气、氦气、氡气	2%~5%
盐		矿泉水	1%~20%或每立方米1至30元
		钠盐、钾盐、镁盐、锂盐	3%~15%
		海盐	2%~5%

2. 土地使用税

在城市、县城、建制镇、工矿区范围内使用土地的单位和个人，为城镇土地使用税（以下简称土地使用税）的纳税人。土地使用税以纳税人实际占用的土地面积为计税依据，依照规定税额计算征收。

土地使用税每平方米年税额如下：

（1）大城市1.5元至30元；

（2）中等城市1.2元至24元；

（3）小城市0.9元至18元；

（4）县城、建制镇、工矿区0.6元至12元。

3. 环境保护税

《中华人民共和国环境保护税法》已由第十二届全国人民代表大会常务委员会第二十五次会议于2016年12月25日通过，自2018年1月1日起施行。在中华人民共和国领域和中华人民共和国管辖的其他海域，直接向环境排放应税污染物的企业事业单位和其他生产经营者为环境保护税的纳税人，应当缴纳环境保护税。

4. 车船税法

根据2019年4月23日第十三届全国人民代表大会常务委员会第十次会议《关于修改〈中华人民共和国建筑法〉等八部法律的决定》修正。

在中华人民共和国境内属于《车船税税目税额表》规定的车辆、船舶（以下简称车船）的所有人或者管理人，为车船税的纳税人，应当依照本法缴纳车船税。车船的适用税额依照《车船税税目税额表》执行。

车辆的具体适用税额由省、自治区、直辖市人民政府依照《车船税税目税额表》规定的税额幅度和国务院的规定确定。车船税按年申报缴纳。

5. 教育费附加

教育费附加是对缴纳增值税、消费税的单位和个人，就其实际缴纳的税额为计税依据征收的一种附加费。

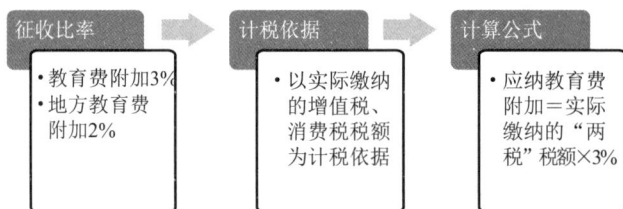

征收比率	→	计税依据	→	计算公式
·教育费附加3% ·地方教育费附加2%		·以实际缴纳的增值税、消费税税额为计税依据		·应纳教育费附加＝实际缴纳的"两税"税额×3%

需要注意的是：

（1）教育费附加出口不退，进口不征。

（2）对由于减免增值税、消费税而发生的退税，可同时退还已征收的教育费附加。

6. 印花税

2021年6月10日，第十三届全国人民代表大会常务委员会第二十九次会议通过《中华人民共和国印花税法》，明确印花税纳税人、计税依据、税率等。印花税是对经济活动和经济交往中书立、领受、使用的应税经济凭证的单位和个人所征收的一种税。因纳税人主要是通过在应税凭证上粘贴印花税票来完成纳税义务，故名印花税。印花税采用比例税率。

第 13 章

现金流量主要项目分析

现金流量包括流入与流出，通过分析，判断企业现金流。

13.1 自由现金流

自由现金流是指企业每年拥有可以自由支配的现金，是企业支付必要的运营成本费用（比如购买生产资料、支付员工工资等）和资本性支出（比如建造厂房购买设备）后所剩余的现金流。

13.1.1 为什么要看企业的自由现金流

自由现金流之所以重要是因为利润表具有一定的迷惑性。利润表不能准确地反映企业的现金流情况。作为投资者来说，首先要看的是现金流量表，为什么要先看现金流量表呢，我们看一下万科 2018 年报利润表，见表 13-1。

表 13-1 万科 2018 年利润表

编制单位：万科企业股份有限公司　　　2018 年　　金额单位：元　　　币种：人民币

项目	附注十五	2018 年	2017 年
一、营业总收入	23	3 063 497 614.08	1 855 798 486.64
二、营业总成本		5 407 485 833.97	2 442 418 087.88
其中：营业成本	23	460 862.29	463 265.40

项目	附注十五	2018 年	2017 年
税金及附加	24	30 512 736.01	20 326 877.07
管理费用		2 501 151 119.21	1 092 875 914.60
财务费用	25	2 875 349 113.56	1 328 757 786.01
其中：利息费用	25	9 038 045 524.88	5 523 667 660.74
利息收入	25	6 220 945 908.83	4 194 082 411.99
资产减值损失		—	(5 755.20)
信用减值损失		12 002.90	—
加：投资收益	26	25 489 017 395.85	14 024 404 122.95
其中：对联营企业和合营企业的投资收益	26	226 695 033.88	3 226 761.29
公允价值变动损益		2 044 931.51	—
资产处置收益（损失以"－"填列）		265 175.52	(294 807.50)
三、营业利润		23 147 339 282.99	13 437 489 714.21
加：营业外收入		358 091.15	15 000 000.00
减：营业外支出		514 666.69	15 273 733.93
四、利润总额		23 147 182 707.45	13 437 215 980.28
减：所得税费用		160 834 282.64	—
五、净利润		22 986 348 424.81	13 437 215 980.28
六、其他综合收益的税后净额		—	—
七、综合收益总额		22 986 348 424.81	13 437 215 980.28

在这张利润表上，我们看到一个很好的数据，2018 年净利润 22 986 348 424.81元，利润相当可观。

那么我们再看看现金流量表，经营活动现金流净额为负的，即－38 905 354 239.11元，就是说本期销售出去的产品取得的现金与产品有相关的支出相抵后是负数，见表 13-2。

表 13-2　母公司现金流量表

编制单位：万科企业股份有限公司　　　　2018 年　　金额单位：元　　　　币种：人民币

项目		2018 年	2017 年
一、经营活动产生的现金流量			
收到其他与经营活动有关的现金		202 957 877 249.31	219 108 479 321.41
经营活动现金流入小计		202 957 877 249.31	219 108 479 321.41
支付给职工以及为职工支付的现金		645 020 598.97	575 417 231.27
支付的各项税费		329 364 749.32	44 738 127.15
支付其他与经营活动有关的现金		240 888 846 140.13	232 619 831 806.71
经营活动现金流出小计		241 863 231 488.42	233 239 987 165.13
经营活动产生的现金流量净额		(38 905 354 239.11)	(14 131 507 843.72)

有利润但没有钱，是什么原因造成的呢，我们会计核算采用的是权责发生制，就是产品销售出去，就记收入，不管收没收到钱。所以就会出现利润表中的"纸上富贵"。

13.1.2　如何计算自由现金流

美国西北大学拉巴波特、哈佛大学詹森等学者于 20 世纪 80 年代提出"自由现金流"的概念，自由现金流量则是根据收付实现制确定的，自由现金流是作为一种企业价值评估的新概念、理论、方法和体系，经历 20 多年的发展，特别是美国某些上市公司利润指标完美无瑕但却纷纷破产后，这一指标已成为企业价值评估领域使用最广泛，理论最健全的指标，美国证监会更是要求公司年报中必须披露这一指标。

自由现金流由经营产生的现金流减去资本性支出得到。因此对自由现金流的分析，我们通常抓住两个方面：一个是经营现金流，另一个是资本性支出。自由现金流在经营活动现金流的基础上考虑了资本性支出和股息支出。自由现金流等于经营活动现金净额。

表 13-3 是格力电器的自由现金流。

表 13-3　格力电器的自由现金流　　　　　　　　金额单位：亿元

现金流量表	2019-3-31	2018-12-31	2018-9-30	2018-6-30	2018-3-31
经营活动产生的现金流量净额	77.33	269.40	150.70	89.39	143.60
投资活动产生的现金流量净额	−16.52	−218.50	−50.46	50.29	−53.88
自由现金流	60.81	50.90	100.24	39.10	89.72

自由现金流为正，表明企业运营良好，像格力电器有良好的现金流。所以对于投资者来说，要看的就是自由现金流。

13.1.3　增加现金流的利器

由于企业采用权责发生制，收入和费用的确认与现金实际流入流出在时间上不是同步的，这就产生时间上的差异，时间上的差异可以调节现金流量。比如，通过缩短收款时间，延长应付款时间；增加预收款，减少预付款等，增加现金流。

另外，由于税法和会计在某些事项上处理方法不同，实际申报和缴纳税款的数字和在财务报表上显示的数字是有差异的。两者之间的差异，就是"递延"。

1. 最常见的"递延所得税（负债）"产生方式

减少税负的一个常见的方法是改变资产的折旧方式。2019 年 4 月 29 日，财政部发布《关于扩大固定资产加速折旧优惠政策适用范围的公告》，自 2019 年 1 月 1 日起，适用《财政部、国家税务总局关于完善固定资产加速折旧企业所得税政策的通知》（财税〔2014〕75 号）和《财政部、国家税务总局关于进一步完善固定资产加速折旧企业所得税政策的通知》（财税〔2015〕106 号）规定固定资产加速折旧优惠的行业范围，扩大至全部制造业领域。具体规定如下：

2014年1月1日后新购进的研发和生产经营共用的仪器、设备
单位价值不超过100万元的，允许一次性计入当期成本费用，在计算应纳税所得额时扣除，不再分年度计算折旧

单位价值超过100万元的
可缩短折旧年限或采取加速折旧的方法

对所有行业企业持有的单位价值不超过5 000元的固定资产
允许一次性计入当期成本费用在计算应纳税所得额时扣除，不再分年度计算折旧

缩短折旧年限的，最低折旧年限不得低于折旧年限的60%
选择加速折旧方法的，可采取双倍余额递减法或者年数总和法

我们根据新规定，比较一下直线法折旧和加速折旧对企业现金流的影响。假如兴达印刷公司花 450 万元购买彩色印刷机，可以使用 3 年，最后净残值为 0。采用直线法和采用加速折旧法，企业所得税率 25%。计算结果见表 13-4。

表 13-4　直线法和年数总和法计算对比　　　　金额单位：万元

所得税率	25%			采用年数总和法计提折旧额		
资产初始成本	450			年折旧额	第一年折旧额	225 [450×3÷（1+2+3）]
采用直线法计提折旧额	150	150	150		第二年折旧额	150 [450×2÷（1+2+3）]

直线法				年折旧额	第三年折旧额	75〔450×2÷（1+2+3）〕		
会计方式	第一年	第二年	第三年	会计方式		第一年	第二年	第三年
收入	2 000	2 000	2 000	收入		2 000	2 000	2 000
成本与费用	1 000	1 000	1 000	成本与费用		1 000	1 000	1 000
折旧	150	150	150	折旧		225	150	75
税前利润	850	850	850	税前利润		775	850	925
所得税	212.50	212.50	212.50	所得税		193.75	212.50	231.25
净利润	637.50	637.50	637.50	净利润		581.25	637.50	693.75

通过对比可以看出，采用加速折旧时，导致第一年所得税、净利润减少，最后一年所得税和净利润增加，但总的应纳税额不变。加速折旧不但可以起到延迟纳税的作用，还有调节净利润和现金流的作用。企业可根据实际情况，选择折旧方法。

由于折旧的差异，第一年和第三年产生了递延所得税。"递延所得税（负债）"可以看作是企业在融资，见表13-5。

表13-5　折旧方法对纳税的影响　　　金额单位：万元

	第一年	第二年	第三年	合计
会计下的应纳税额	212.50	212.5	212.5	637.5
税法下的应纳税额	193.75	212.5	231.25	637.5
递延所得税：	18.75	0	−18.75	0

第一年企业可以用少付的18.75万元，相当于从政府那里借了无息贷款，第三年结束时还上，见表13-6。

表13-6　折旧方法对现金流量影响　　　金额单位：万元

现金流量表	无递延所得税	有递延所得税
经营活动产生的现金流：		
净利润	637.5	637.5
折旧	150	150
递延所得税	—	18.75
营运资产与负债的变化		
应收账款的变化	—	—

现金流量表	无递延所得税	有递延所得税
预付费用的变化	—	—
存货的变化	—	—
应付账款的变化	—	—
递延收入的变化	—	—
经营活动产生的现金流：	787.5	806.25

从表 13-6 中可以看出，递延所得税（负债）会增加企业的经营性现金流。当然，企业也会有"递延所得税资产"产生：企业当期多付了税款，今后有权利少付给政府税款，这项权利就成为企业的资产。只要税法上资产的折旧额逐年增加，就会产生"递延所得税资产"。递延所得税资产会减少企业当期的经营性现金流。

当然也有永久性的差异产生，比如税收政策上对某些费用加倍扣除、政府优惠减免税款等，当期节约的税款以后不用补缴。

13.2 | 上市公司现金流量结构分析

现金流量的结构百分比分析是指将现金流量表中某一项目的数字作为基数（即为 100%），再计算出该项目各个组成部分占总体的百分比，以分析各项目的具体构成，使各个组成部分的相对重要性明显地表现出来，从而揭示现金流量表中各个项目的相对地位和总体结构关系，用于分析现金流量的增减变动情况和发展趋势。

现金流量表分为总收入结构和三项活动收入（经营活动、投资活动、筹资活动）的内部结构分析。它是反映企业的各项业务活动的现金流入，如经营活动的现金流入、投资活动的现金流入、筹资活动的现金流入等在全部现金流入中的比重以及各项业务活动现金中具体项目的构成情况，明确企业的现金究竟来自何方，现金流入主要依靠什么等。

现金流出结构分析是指企业各项现金流出占企业当期全部现金流出的百分比，它具体地反映企业的现金用在哪些方面，从而可以知道要节约开支应从哪些方面入手。

以格力电器历年现金流入与流出为例，见表 13-7。

表 13-7　格力电器历年现金流入与流出金额　　金额单位：亿元

项　　目	2018 年	2017 年	2016 年	2015 年
现金流入	1 837.89	1 395.83	934.51	1 313.29
其中：				
经营活动现金流入	1 462.00	1 137.00	755.20	1 188.00
投资活动现金流入	99.49	40.03	34.41	11.79
筹资活动现金流入	276.40	218.80	144.90	113.50
现金流出	1 762.20	1 877.10	1 035.90	993.52
其中：				
经营活动现金流出	1 193.00	973.20	606.60	744.20
投资活动现金流出	317.90	662.60	226.90	58.92
筹资活动现金流出	251.30	241.30	202.40	190.40

格力电器的现金流入在不断增加，2018 年与 2017 年相比增加了 39.95%，2017 年与 2016 年相比增加了 6.28%，2016 年与 2015 年相比减少 28.84%。

2016 年现金流入减少主要是因为销售商品、提供劳务收到的现金比 2015 年减少 410 亿元。

投资活动现金流入有所增长，说明格力电器的投资政策较为稳健。筹资活动现金流入逐年上升，见表 13-8。

表 13-8　现金流入占比

项　　目	2018	2017	2016	2015
经营活动现金流入占总现金流入比	79.55%	81.46%	80.81%	90.46%
投资活动现金流入占总现金流入比	5.41%	2.87%	3.68%	0.89%
筹资活动现金流入占总现金流入比	15.04%	15.68%	15.51%	8.64%
经营活动现金流出占总现金流出比	67.70%	51.85%	58.56%	74.91%
投资活动现金流出占总现金流出比	18.04%	35.53%	21.90%	5.9%
筹资活动现金流出占总现金流出比	14.26%	12.85%	19.54%	19.16%

现金流量结构分析

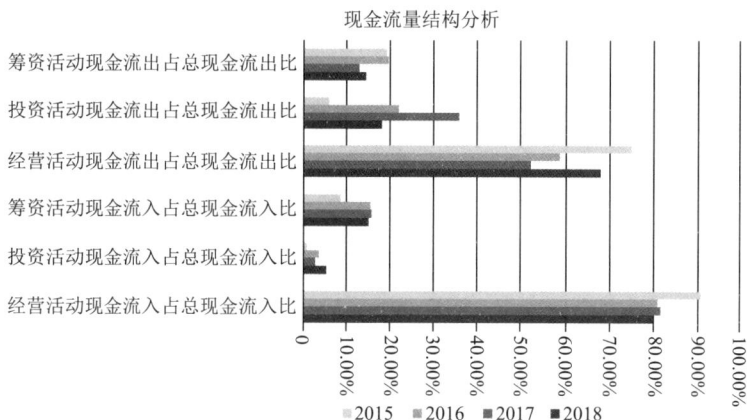

| 筹资活动现金流出占总现金流出比 |
| 投资活动现金流出占总现金流出比 |
| 经营活动现金流出占总现金流出比 |
| 筹资活动现金流入占总现金流入比 |
| 投资活动现金流入占总现金流入比 |
| 经营活动现金流入占总现金流入比 |

0 10.00% 20.00% 30.00% 40.00% 50.00% 60.00% 70.00% 80.00% 90.00% 100.00%

■ 2015　■ 2016　■ 2017　■ 2018

13.3 | 现金流量表的比率分析

现金流量表的比率分析是以经营活动现金净流量与资产负债表等财务报表中的相关指标进行对比分析，全面揭示企业的经营水平，测定企业的偿债能力，反映企业的支付能力。

13.3.1 偿还债务能力分析

企业真正能用于偿还债务的是现金流量，用现金流量和债务的比较可以更好地反映企业偿还债务的能力。

以下三个公式可以反映企业的偿还债务能力分析。

> **现金到期债务比**
> 现金到期债务比＝经营现金净流入÷本期到期债务
> 本期到期债务是指本期到期的长期债务和本期的应付票据，因为这两种债务是不能延期的，必须按时偿还。若企业的现金债务比高于同行业的平均值，则表明企业偿还到期债务的能力是较好的

> **现金流动负债比**
> 现金流动负债比＝经营现金净流入÷流动负债
> 反映企业利用经营活动产生的现金流量偿还到期债务的能力。该比率越高，企业的支付能力越强

> **现金债务总额比**
> 现金债务总额比＝经营现金净流入÷债务总额
> 反映企业用当年的现金流量偿还所有债务的能力。比率越高，企业承担债务的能力越强

13.3.2　现金流量表的趋势分析

现金流量表趋势分析主要是通过观察连续报告期（至少为 2 年，比较期越长，越能客观反映情况及趋势）的现金流量表，对报表中的全部或部分重要项目进行对比，比较分析各期指标的增减变化，并在此基础上判断其发展的趋势，对未来做出预测的一种方法。趋势分析注重可比性，具体问题具体分析。因此，正确计算运用趋势百分比，可使报表使用者了解有关项目变动趋势及其变动原因，在此基础上预测企业未来的财务状况，为其决策提供可靠的依据。

一般对于一个健康的正在成长的企业来说，经营活动产生的现金净流入量应是正数，投资活动产生的现金净流入量应是负数，而筹资活动产生的现金净流入量则介于正数和负数之间变动。

13.3.3　现金流量财务弹性分析

所谓财务弹性，是指企业适应经济环境变化和利用投资机会的能力。这种能力来源于现金流量和支付现金需要的比较。现金流量超过需要，有剩余的现金，适应性就强。因此，财务弹性的衡量是用经营现金流量与支付要求进行比较。支付要求可以是投资需求或承诺支付等。

1. 现金满足投资比率

现金满足投资比率是指经营活动现金净流入与资本支出、存货购置及发放现金股利的比值，它反映经营活动现金满足程度。

其计算公式为：

现金满足投资比率＝近 5 年经营活动现金净流入÷近 5 年资本支出、存货增加、现金股之和

如果现金满足投资率大于 1，表明企业经营活动所形成的现金流量能够满足企业日常基本需要，不需要外部筹资；若该比率计算结果小于 1，说明企业现金来源不能满足股利和经营增长的水平，不足的现金依靠减少现金余额或外部筹资提供。某年的现金满足投资比率，不一定能说明问题，用 5 年或 5 年以上的总和计算，可以剔除周期性和随机性影响，得出更有意义的结论。如果一个企业的现金满足投资比率长期小于 1，则表明其理财政策没有可持续性。

2. 现金股利保障倍数

现金股利保障倍数是指经营活动净现金流量与现金股利支付额之比，反映企业支付现金股利的能力。现金股利保障倍数越高，说明企业的现金股利占获取经营现金的比重越小，企业支付现金越有保障。

其计算公式为：

现金股利保障倍数＝经营活动现金净流入÷现金股利额×100%

用 5 年或者更长时间的总数计算该比率，可以剔除股利政策变化的影响。

第 14 章

财务综合分析

财务综合分析法包括：杜邦分析法、沃尔评分法。

14.1 | 杜邦分析法

杜邦分析法，又称杜邦模型，是将企业的获利水平、经营效率和风险承受能力综合在一起评价企业财务管理效果的方法。

14.1.1 杜邦分析法要点

杜邦分析阐述的三大要点：

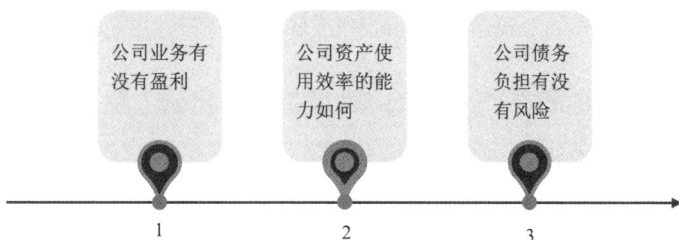

| 公司业务有没有盈利 | 公司资产使用效率的能力如何 | 公司债务负担有没有风险 |

1　　　　　2　　　　　3

杜邦分析的公式如下：

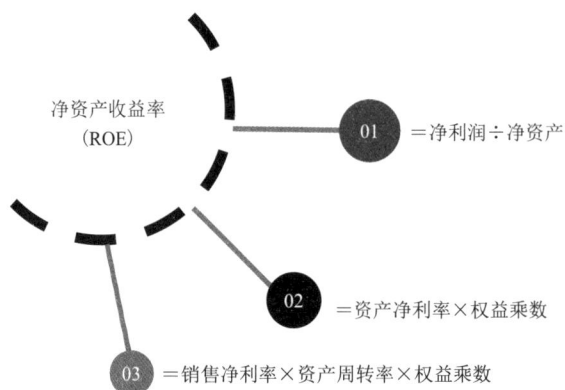

净资产收益率
（ROE）

01 ＝净利润÷净资产

02 ＝资产净利率×权益乘数

03 ＝销售净利率×资产周转率×权益乘数

什么是净资产收益率呢，简单地说就是股东投入 100 元钱，能到的利润是几元。我们还是从资产负债表的角度分析，见表 14-1。

表 14-1　资产负债简表

2019 年 8 月 31 日　　　　　　　　　　　　　　金额单位：力元

资产	期末余额	负债和所有者权益	期末余额
货币资金	320	借款	200
存货	40	应付利息	10
固定资产	100	负债总额	210
		股本	200
		本年盈利	50
		所有者权益合计	250
资产总额	460	所有者权益和负债总额	460

这是一家水果店的资产负债表，水果店老板出资 200 万元，再借朋友小王 200 万元，年利率 5%。从会计的角度来看，股东的投入是 200 万元，负债 200 万元，第一年扣除各种费用和还小王的利息还赚了 50 万元，水果店净资产收益率就是 25%（50÷200）。

14.1.2　利用杜邦分析法解读青岛海尔和九阳股份财务状况

我们以上市公司海尔电器和九阳股份 2019 年季报，利用杜邦分析法分析净资产收益率。

图 14-1 为海尔电器各项财务指标。

九阳股份，消费者最熟悉的就是九阳豆浆机。图 14-2 为九阳股份各项财务指标。

我们从三个方面对比这两个公司的财务状况。

1. 营业净利润率——这个指标是衡量公司到底赚不赚钱

营业净利润率计算公式如下：

$$营业净利润率＝净利润÷销售收入×100\%$$

青岛海尔营业净利润率为 5.56%，九阳股份营业净利润率为 8.89%。

这个指标表明 1 元销售收入与其成本费用之差得出的净利润是多少。通过对比可以看出，九阳股份营业净利润率比青岛海尔高出 3.33%（8.89%－5.56%）。

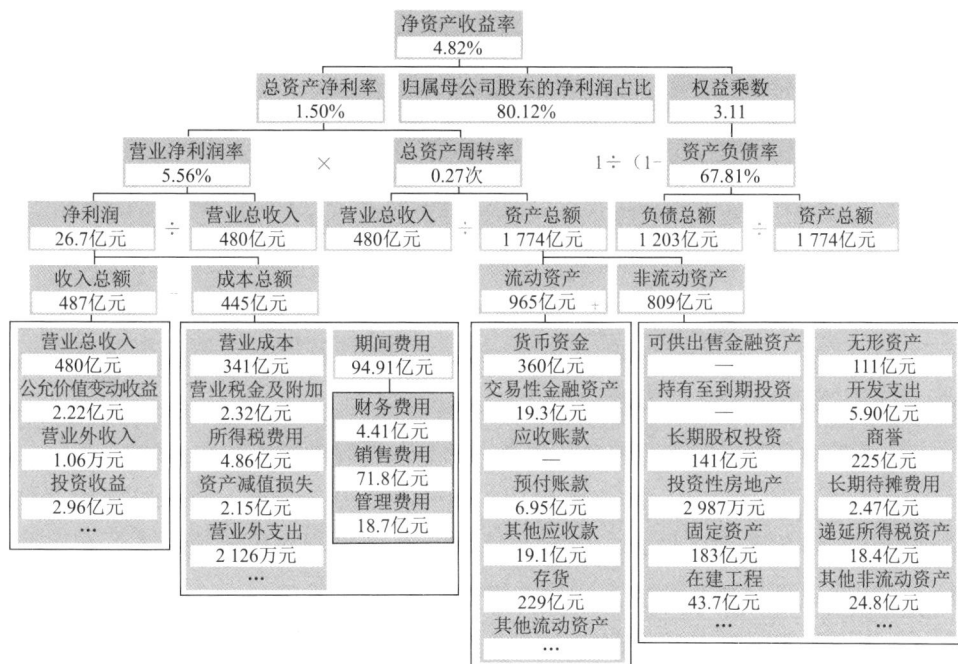

图 14-1 海尔电器各项财务分析指标

净资产收益率 3.87%

总资产净利率 2.58% ｜ 归属母公司股东的净利润占比 102.16% ｜ 权益乘数 1.50

营业净利润率 8.89% × 总资产周转率 0.29次 ｜ 1÷(1- ｜ 资产负债率 33.38%

净利润 1.60亿元 ÷ 营业总收入 18.0亿元 ｜ 营业总收入 18.0亿元 ÷ 资产总额 60.8亿元 ｜ 负债总额 20.3亿元 ｜ 资产总额 60.8亿元

收入总额 18.2亿元 − 成本总额 15.8亿元 ｜ 流动资产 42.5亿元 ＋ 非流动资产 18.3亿元

营业总收入 18.0亿元 / 公允价值变动收益 — / 营业外收入 201万元 / 投资收益

成本总额：营业成本 12.1亿元 / 营业税金及附加 988万元 / 所得税费用 4 946万元 / 资产减值损失 56.8万元

期间费用 3.06亿元：财务费用 656万元 / 销售费用 2.38亿元 / ……

流动资产：货币资金 14.0亿元 / 交易性金融资产 — / 应收账款 3.69亿元 / 预付账款 2 852万元 / 存货 5.66亿元 / 其他流动资产 3.90亿元

非流动资产：可供出售金融资产 — / 持有至到期投资 — / 长期股权投资 2.59亿元 / 投资性房地产 6.92亿元 / 在建工程 629万元

无形资产 1.25亿元 / 开发支出 — / 商誉 — / 长期待摊费用 4 652万元 / 其他非流动资产 —

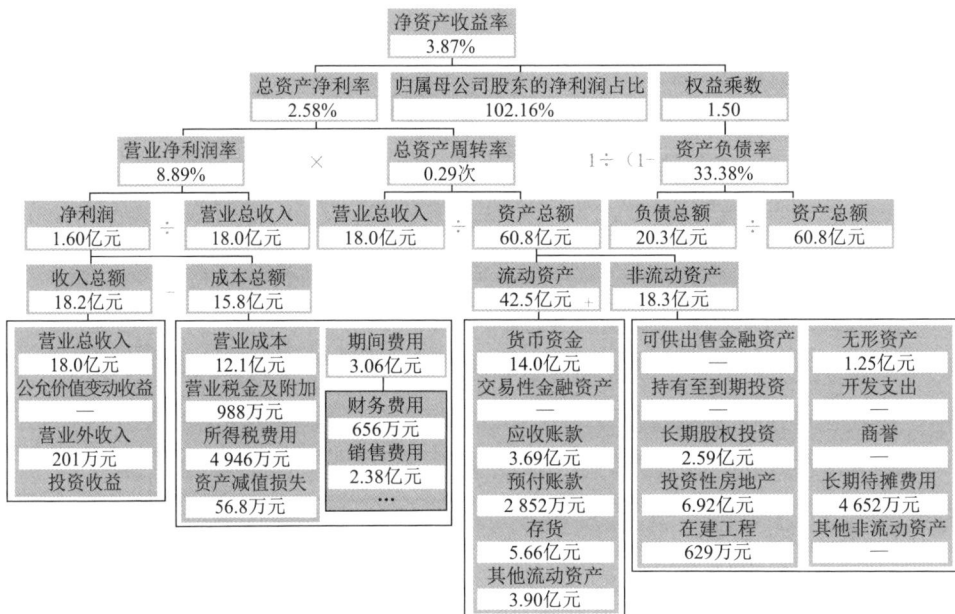

图 14-2　九阳股份各项财务指标

2. 总资产周转率——公司的资产得没得到有效利用

总资产周转率计算公式如下：

$$总资产周转率＝销售收入÷总资产×100\%$$

海尔电器总资产周转率为 0.27 次，九阳股份总资产周转率是 0.29 次。

我们看看海尔电器的总资产 1 774 亿元，销售收入 480 亿元；九阳股份总资产 60.8 亿元，销售收入 18.0 亿元，海尔电器总资产是九阳股份总资产的 29.17 倍，销售收入是九阳股份的 7.89 倍。

3. 权益乘数——公司欠了多少债务，还不上钱的风险高不高

由于所有者权益等于总资产减去总负债，因此这个指标其实是资产负债率的变体，当负债占比越大，所有者权益越小，权益乘数就会越大，杠杆越大，说明企业借钱生钱的能力越强。财务杠杆即表明债务多少，与偿债能力有关，财务杠杆影响总资产净利率和权益净利率之间的关系，还表明权益净利率的风险高低，与盈利能力有关。

权益乘数公式如下：

$$权益乘数＝1÷（1－资产负债率）×100\%$$

海尔电器的权益乘数是 3.11，九阳股份是 1.50。

14.1.3 "资产负债表"和"利润表"的有机结合

通过以上的对比，计算如下：

$$九阳股份净资产收益率＝总资产净利率×权益乘数$$
$$＝2.58\%×1.50$$
$$＝3.87\%$$

$$海尔电器净资产收益率＝总资产净利率×权益乘数$$
$$＝1.50\%×3.11$$
$$＝4.82\%$$

通过对比后发现，青岛海尔净资产收益率比九阳股份高 0.95%，但总资产净利率比九阳股份低 1.08%，总资产净利率指标反映的是公司运用全部资产所获得利润的水平，即公司每占用 1 元的资产能获得多少元的利润。总资产净利率是影响净资产收益率的最重要的指标，取决于销售净利率和资产周转率的高低。

总资产净利率越高，表明资产的利用效率越高，说明公司在增加收入和节约资金使用等方面取得了良好的效果，否则相反。两家公司总资产净利率如图 14-3 所示。

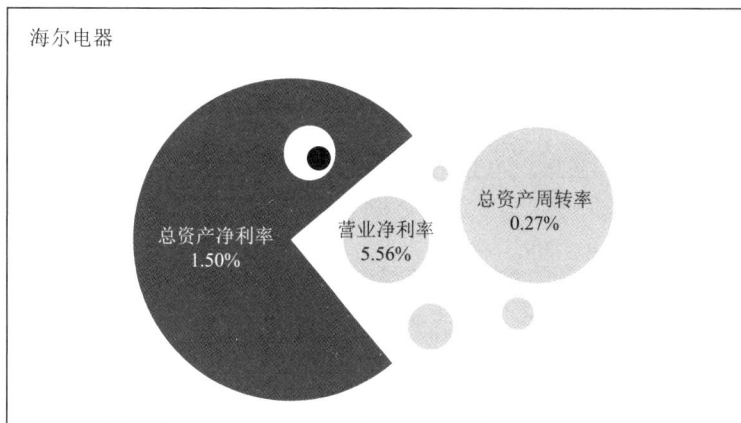

图 14-3

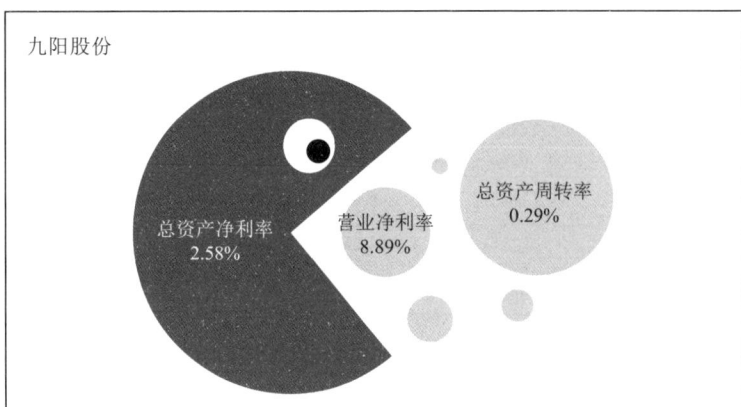

图 14-3　两家公司总资产净利率对比（续）

通过对比可以看出，海尔电器营业净利率不如九阳股份，这也从侧面说明，九阳股份资产使用效率高于海尔电器。

杜邦分析体系的威力所在，将"资产负债表"和"利润表"有机的结合，从不同的角度审视自己公司和同行业公司的优缺点，发现后进行改善或保持。

14.1.4　杜邦分析法的局限与改进

杜邦分析是 1912 年杜邦公司的销售员法兰克·唐纳德森·布朗创立的，已经有 100 多年历史。经过 100 多年的发展，研究人员发现它的局限性。

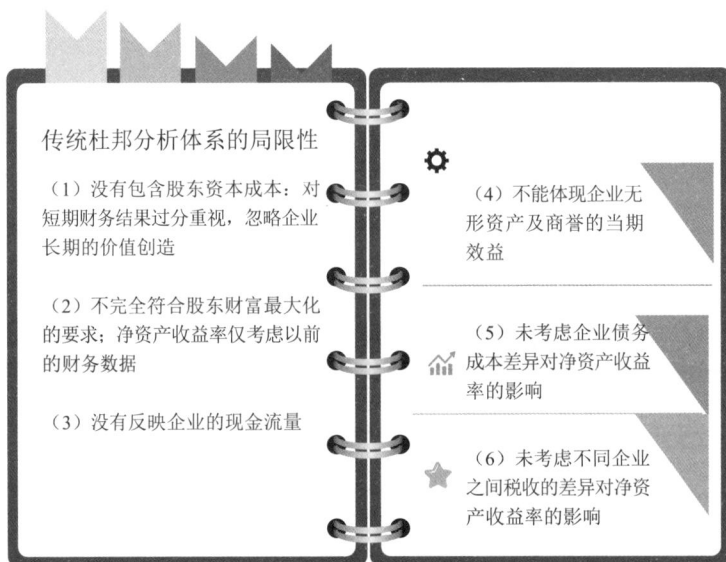

传统杜邦分析体系的局限性

（1）没有包含股东资本成本：对短期财务结果过分重视，忽略企业长期的价值创造

（2）不完全符合股东财富最大化的要求：净资产收益率仅考虑以前的财务数据

（3）没有反映企业的现金流量

（4）不能体现企业无形资产及商誉的当期效益

（5）未考虑企业债务成本差异对净资产收益率的影响

（6）未考虑不同企业之间税收的差异对净资产收益率的影响

根据上述局限，对杜邦体系进行改进，见表 14-2。

表 14-2　资产负债简表

2018 年 12 月 31 日　　　　　　　　　　　金额单位：万元

资　　产	期末余额	负债和所有者权益	期末余额
流动资产：		流动负债：	
现金和存款		短期借款	
有价证券		短期债券	
应收账款	营运资本	应付账款	
预付账款		应付费用	
存货		到期长期负债	有息负债
非流动资产：		非流动负债：	
金融资产		长期贷款	
无形资产		长期债券	
固定资产 / 净值		所有者权益	
总资产：		负债 + 所有者权益	

根据表 14-2，按照流动性较好分为营运资本，负债提炼出短期借款、短期债券、长期贷款、长期负债这四项，归类为有息负债，改进后的杜邦分析法计算公式如图 14-4 所示。

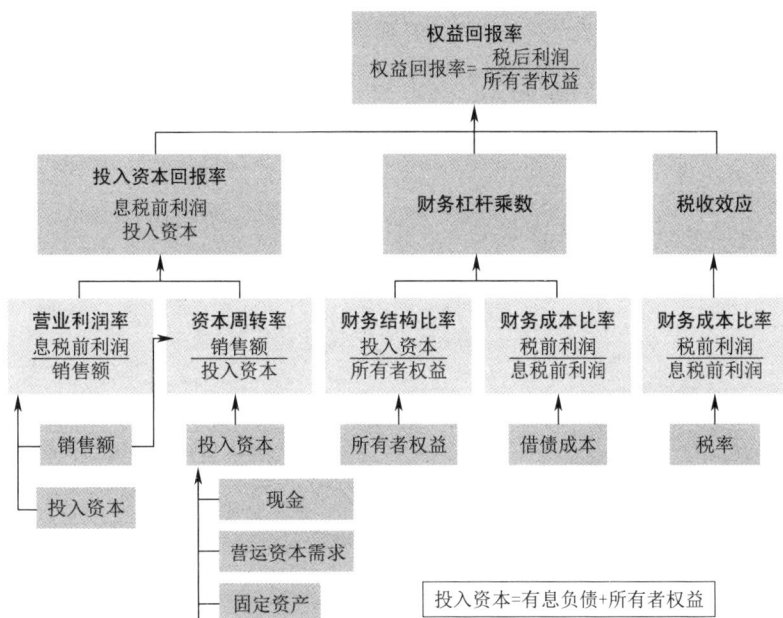

图 14-4　改进后的杜邦分析体系

14.2 沃尔评分法

企业财务综合分析的先驱者之一是亚历山大·沃尔。他选择七种财务比率，分别给定了其在总评价中所占的比重，总和为 100 分；然后，确定标准比率，并与实际比率相比较，评出每项指标的得分，求出总评分。

14.2.1 沃尔评分法具体运用

【例 14-1】某企业是一家中型电力企业，2022 年的财务状况评分的结果见表 14-3。

表 14-3 相关分析指标

财务比率	比重	标准比率	实际比率	相对比率	综合指数
	1	2	3	4=3÷2	5=1×4
流动比率	25	2.00	1.66	0.83	20.75
净资产÷负债	25	1.50	2.39	1.59	39.75
资产÷固定资产	15	2.50	1.84	0.736	11.04
销售成本÷存货	10	8	9.94	1.243	12.43
销售收入÷应收账款	10	6	8.61	1.435	14.35
销售收入÷固定资产	10	4	0.55	0.138	1.38
销售收入÷净资产	5	3	0.40	0.13	0.65
合计	100				100.35

沃尔评分法存在问题如下：

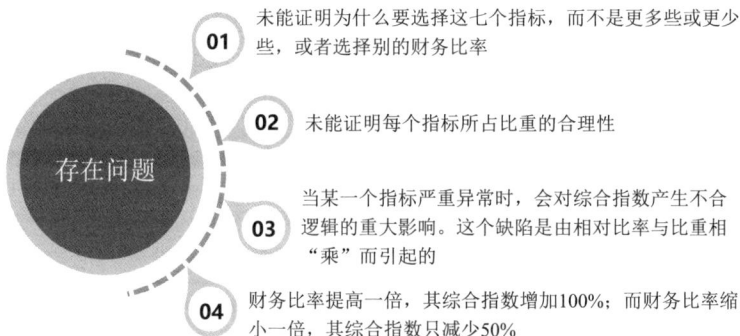

01 未能证明为什么要选择这七个指标，而不是更多些或更少些，或者选择别的财务比率

02 未能证明每个指标所占比重的合理性

03 当某一个指标严重异常时，会对综合指数产生不合逻辑的重大影响。这个缺陷是由相对比率与比重相"乘"而引起的

04 财务比率提高一倍，其综合指数增加100%；而财务比率缩小一倍，其综合指数只减少50%

14.2.2　现代沃尔评分法

现代社会与沃尔的时代相比，已有很大变化。一般认为企业财务评价的内容首先是盈利能力，其次是偿债能力，再次是成长能力，它们之间大致可按 5：3：2 的比重来分配。盈利能力的主要指标是总资产报酬率、销售净利率和净资产收益率，这三个指标可按 2：2：1 的比重来安排。偿债能力有四个常用指标。成长能力有三个常用指标（都是本年增量与上年实际量的比值）。如果仍以 100 分为总评分。

【例 14-2】仍以【例 14-1】中企业 2022 年的财务状况为例，以中型电力生产企业的标准值为评价基础，则其综合评分标准见表 14-4。

表 14-4　现代综合评分标准

指标	标准评分	标准比率（％）	行业最高比率（％）	最高评分	最低评分	每分比率的差
盈利能力：						
总资产报酬率	20	5.5	15.8	30	10	1.03
销售净利率	20	26	56.2	30	10	3.02
净资产收益率	10	4.4	22.7	15	5	3.66
偿债能力：						
自有资本比率	8	25.9	55.8	12	4	7.475
流动比率	8	95.7	253.6	12	4	39.475
应收账款周转率	8	290	960	12	4	167.5
存货周转率	8	800	3 030	12	4	557.5
成长能力：						
销售增长率	6	2.5	38.9	9	3	12.13
净利增长率	6	10.1	51.2	9	3	13.7
总资产增长率	6	7.3	42.8	9	3	11.83
合计	100			150	50	

每分比率的差计算公式如下：

$$每分比率的差 = \frac{行业最高比率 - 标准比率}{最高评分 - 标准评分}$$

根据表 14-4，对相关指标调整见表 14-5。

表 14-5 对相关指标的调整

指标	实际比率	标准比率	差异	每分比率的差	调整分	标准评分值	得分
	1	2	3＝1－2	4	5＝3÷4	6	7＝5＋6
盈利能力							
总资产报酬率	10	5.5	4.5	1.03	4.37	20	24.37
销售净利率	33.54	26.0	7.54	3.02	2.50	20	22.50
净资产收益率	13.83	4.4	9.43	3.66	2.58	10	12.58
偿债能力							
自有资本比率	72.71	25.9	46.81	7.475	6.26	8	14.26
流动比率	166	95.7	70.3	39.475	1.78	8	9.78
应收账款周转率	861	290	571	167.5	3.41	8	11.41
存货周转率	994	800	194	557.5	0.35	8	8.35
成长能力							
销售增长率	17.7	2.5	15.2	12.13	1.25	6	7.25
净利增长率	1.74	10.1	11.84	13.7	0.86	6	6.86
总资产增长率	46.36	7.3	39.06	11.83	3.03	6	9.03
合计	100	126.39					126.39

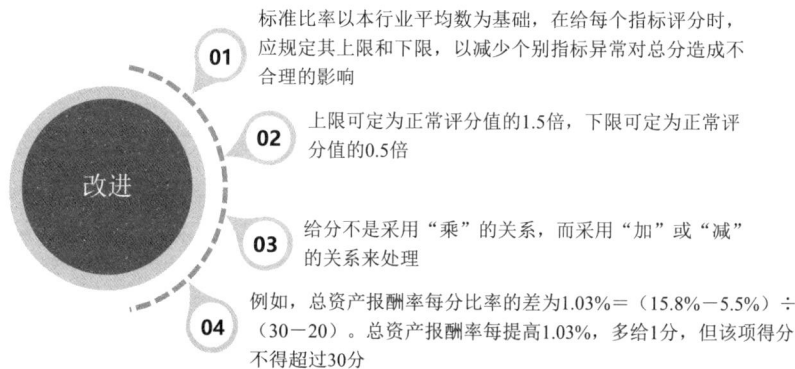

01 标准比率以本行业平均数为基础，在给每个指标评分时，应规定其上限和下限，以减少个别指标异常对总分造成不合理的影响

02 上限可定为正常评分值的1.5倍，下限可定为正常评分值的0.5倍

03 给分不是采用"乘"的关系，而采用"加"或"减"的关系来处理

04 例如，总资产报酬率每分比率的差为1.03%＝（15.8%－5.5%）÷（30－20）。总资产报酬率每提高1.03%，多给1分，但该项得分不得超过30分

改进

对该企业的财务状况重新进行综合评价，得 126.39 分，是一个中等略偏上水平的企业。

第 15 章

不可小觑的会计报表附注

哪些信息必须要在会计报表附注中披露，为什么某些上市公司竭力隐瞒重大担保、关联方交易、抵押等事件，本章着重介绍会计报表附注的内容。

15.1 │ 附注是用来说明什么的

会计报表附注是会计报表的补充，主要是对会计报表不能包括的内容或者披露不详尽的内容做进一步的解释说明，包括对基本会计假设发生变化；会计报表各项目的增减变动（报表主要项目的进一步注释），以及或有事项或资产负债表日后事项中的不可调整事项的说明：关联方关系及交易的说明等。

1. 不符合基本会计假设的说明

一般认为，会计假设是会计核算的前提条件，基于会计核算而编制的财务报表一般也是以基本会计假设为前提的。

编制财务报表一般都以基本会计假设为前提，财务报表使用者不会有任何误解，所以在一般情况下不需要加以说明。但如果编制的财务报表未遵循基本会计假设，则必须予以说明，并解释这样做的理由。例如企业在破产、清算，或被收购等情形下，持续经营假设不成立，应在财报中说明。

2. 重要会计政策和会计估计的说明，以及重大会计差错更正的说明

会计报表附注应披露的重要会计政策主要包括：

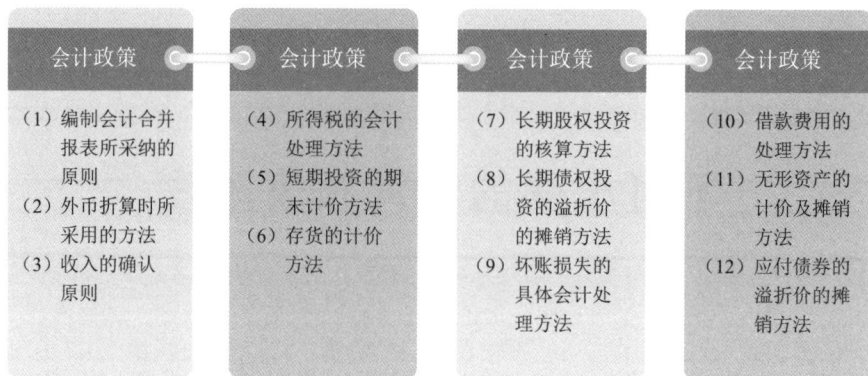

会计政策	会计政策	会计政策	会计政策
（1）编制会计合并报表所采纳的原则 （2）外币折算时所采用的方法 （3）收入的确认原则	（4）所得税的会计处理方法 （5）短期投资的期末计价方法 （6）存货的计价方法	（7）长期股权投资的核算方法 （8）长期债权投资的溢折价的摊销方法 （9）坏账损失的具体会计处理方法	（10）借款费用的处理方法 （11）无形资产的计价及摊销方法 （12）应付债券的溢折价的摊销方法

3. 重要承诺及或有事项的说明

企业资产抵押或质押，抵押贷款等。如某上市公司资产负债表日存在的重要承诺。

4. 资产负债表日后事项的说明

资产负债表日后事项包括未决诉讼、仲裁，担保等。

5. 关联方关系及其交易的说明

关联方是上市公司财报中必须披露内容，关联方是母公司、子公司、合营及联营企业、其他关联方等。关联方交易是指购销业务、租赁、担保、资金拆借，关联方债务重组、资产转让等。

6. 会计报表中重要项目的说明

会计报表中重要项目的说明，如应收账款及应收票据，以及应收利息、其他应收款及计提坏账准备、长期股权投资、对联营合营企业的投资、营业收入及营业成本、投资收益等。

7. 其他重大会计事项的说明

其他重大会计事项说明包括以下内容：

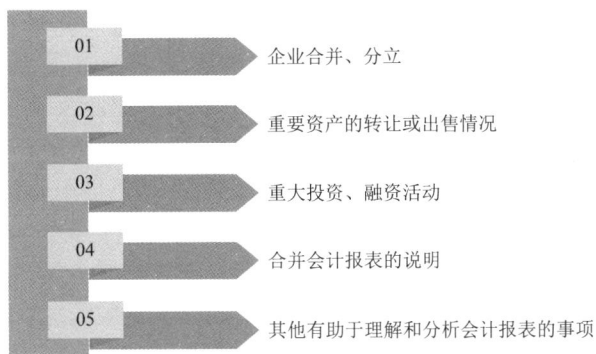

01	企业合并、分立
02	重要资产的转让或出售情况
03	重大投资、融资活动
04	合并会计报表的说明
05	其他有助于理解和分析会计报表的事项

从"西藏发展"到"*ST西发",都是担保惹的祸

从前,西藏发展主营啤酒业务,股票表现波澜不惊,日子平平淡淡。忽一天,惊雷天上来,顿陷担保罗生门。

这事儿还得从 2016 年 6 月说起,天易隆兴斥资 7 亿元成为西藏发展的第一大股东。向西藏发展派驻三名董事:王某波、谭某彬以及吴某。2017 年 6 月,王某波被选为公司董事长。2018 年 6 月,西藏发展收到天易隆兴送达的涉诉通知及相关法律文书。文件显示,公司作为被告卷入金融借款合同纠纷案件中。

早在 2016 年 5 月,天易隆兴与国投泰康信托签署了《信托贷款合同》。约定国投泰康信托以其设立的信托资金向天易隆兴发放贷款 4.5 亿元,用于天易隆兴补充流动资金。2017 年 9 月 18 日,西藏发展向国投泰康信托出具承诺函,承诺对天易隆兴在《信托贷款合同》项下的全部债务承担连带保证责任。

而另一起金融借款合同纠纷的起诉书显示:2017 年 3 月,国投泰康信托与隆徽新能源签署了《信托贷款合同》,贷款总金额 3.2 亿元。2017 年 6 月,天易隆兴承诺对隆徽新能源在《信托贷款合同》项下的全部债务承担连带保证责任。2017 年 9 月,西藏发展承诺对隆徽新能源在《信托贷款合同》项下的全部债务承担连带保证责任。

因为前述承诺未履行还款义务,国投泰康信托将隆徽新能源、西藏发展等告上法庭。而西藏发展回应称,公司董事会、股东大会从未审议批准对外提供担保的任何承诺函。这是怎么回事呢?原来在 2017 年,王某波、吴某私自以上市公司名义借款及提供担保,涉及金额数亿元。事发后,董事长兼总经理王某波于 2018 年 7 月 4 日宣布辞职。但此事件未因董事长辞职而风平浪静，西藏发展 2018 年年报也遭会计师事务所出具"非标准审计意见"，雪上加霜的是多位董事、监事更是"划清界限"，表示无法保证年报真实。

2019 年 4 月 10 日开市时起复牌，复牌后实行其他风险警示。实行其他风险警示后的股票简称由"西藏发展"变为"*ST 西发"。

> ☞ **小贴士**
>
> 风险警示板是上海证券交易所保障上市公司退市制度的切实执行，保护投资者的合法利益，拟设立的对被予以退市风险警示的公司及其他重大风险公司实行另板交易。

15.2 | 会计政策变更

会计政策是指企业在会计确认、计量和报告中所采用的原则、基础和会计处理方法。企业采用的会计计量基础也属于会计政策。

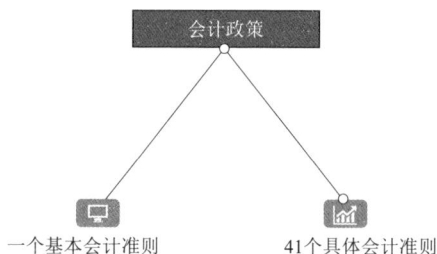

会计政策变更的条件有以下两点：

（1）法律、行政法规或国家统一的会计制度等要求变更。

依照法律、行政法规以及国家统一的会计准则制度的规定，要求企业采用新的会计政策。例如，《企业会计准则第 14 号——收入》（财会〔2017〕22 号）发布实施以后，同时在境内境外上市的公司于 2018 年 1 月 1 日执行。

（2）会计政策的变更能够提供更可靠、更相关的会计信息。

在《年报中财务报告－重要会计政策及会计估计》部分，每家公司的会计政策都会清清楚楚的列示出来。

但是，2019 年《关于修订印发 2019 年度一般企业财务报表格式的通知》（财会〔2019〕6 号），把应收票据及应收账款又分别单独列示，东阿阿胶公司还得在 2019 年报中说明。

15.3 | 会计估计及其变更

会计估计，是指企业对其结果不确定的交易或事项以最近可利用的信息为基础所作的判断。

15.3.1 常见会计估计变更的项目

下列各项属于常见的需要进行估计的项目如下。

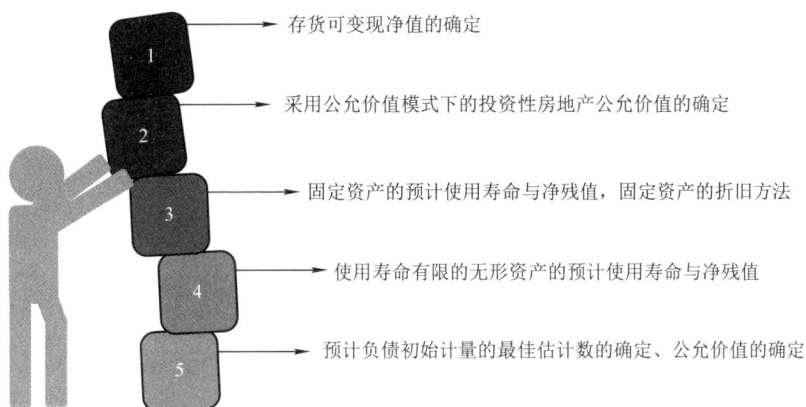

- 存货可变现净值的确定
- 采用公允价值模式下的投资性房地产公允价值的确定
- 固定资产的预计使用寿命与净残值，固定资产的折旧方法
- 使用寿命有限的无形资产的预计使用寿命与净残值
- 预计负债初始计量的最佳估计数的确定、公允价值的确定

15.3.2 会计估计变更的影响

会计估计变更，是指由于资产和负债的当前状况及预期经济利益和义务发生了变化，从而对资产或负债的账面价值或者资产的定期消耗金额进行调整。

通常情况下，企业可能由于以下原因而发生会计估计变更：

（1）赖以进行估计的基础发生了变化。企业进行会计估计，总是要依赖于一定的基础，如果其所依赖的基础发生了变化，则会计估计也相应作出改变。例如，企业某项无形资产的摊销年限原定为 15 年，以后获得了国家专利保护，该资产的受益年限已变为 10 年，则应相应调减摊销年限。

（2）取得了新的信息，积累了更多的经验。企业进行会计估计是就现有资料对未来所作的判断，随着时间的推移，企业有可能取得新的信息、积累更多的经验，在这种情况下，也需要对会计估计进行修订。

大家熟知的山东东阿阿胶股份有限公司，2018 年发布关于生物性资产折旧的公告主营业务如图 15-1 所示。

> 公告显示，本次会计估计变更内容为：变更前，成熟生产性生物资产的成龄种驴，按照年限平均法计提折旧，折旧年限为 5 年，净残值率为 5%；变更后，成熟生产性生物资产的成龄种驴，按照年限平均法计提折旧，折旧年限为 10 年，净残值率为 60%。
>
> 对于本次会计估计变更对财务报表的影响及变更时间，山东东阿阿胶股份有限公司公告表示按照《企业会计准则》规定本次会计估计变更采用未来适用法，不改变以前期间的会计估计，也不调整以前期间的报告结果。会计估计变更后，根据测算预计影响每年增加净利润 325.55 万元。

图 15-1　会计估计变更公告

《企业所得税税法》中关于生产性生物资产计提折旧的规定，主要集中在第 63、64 条中：企业应当根据生产性生物资产的性质和使用情况，合理确定生产性生物资产的预计净残值。生产性生物资产的预计净残值一经确定，不得变更。生产性生物资产计算折旧的最低年限如下：林木类生产性生物资产，为 10 年；畜类生产性生物资产，为 3 年。

我们看到，东阿阿胶会计估计变更后，根据测算预计影响每年增加净利润 325.55 万元。也就是说，经过种驴折旧年限由 5 年到 10 年的变更，东阿阿胶每年能增加 325.55 万元的净利润。

第16章

如何读懂上市公司财务报表

通过财务报表可以分析企业的经营状况与盈利能力，到底从哪些数据与指标入手？本章我们从资产负债表、利润表、现金流量表了解企业的整体情况。

16.1 | 读懂资产负债表

通过前面对资产负债表的学习，我们基本了解资产负债表各项目的含义与原理，那么如何快速读懂资产负债表呢，我们一般通过总资产规模、偿债能力、成长能力等几个指标了解企业的实力。

16.1.1 总资产规模

企业总资产的规模代表公司掌控的资源规模，在一定程度上反映企业的实力和行业地位

行业中排名第一的公司，一般情况下总资产排名第一的公司，就是此行业的龙头公司。如果这家公司资产同比负增长，那么这家公司很可能处于收缩或衰退中。

云南白药集团股份有限公司合并资产负债表，2020 年 12 月 31 日，资产总额为 552.19 亿元；2019 年 12 月 31 日，资产总额为 496.58 亿元，增长率

为 11.19%，说明这家企业处于扩张中。再来看看葵花药业集团股份有限公司 2020 年 12 月 31 日资产总额为 53.09 亿元，2019 年 12 月 31 日，资产总额为 53.09 亿元，增长率为 0，说明这家企业停步不前。云南白药集团股份有限公司总资产规模是葵花药业集团股份有限公司的 10.4 倍，说明两家公司实力相差较远。当然总资产规模最大，同比增长也比较快，也并不一定代表公司实力最强，因为资产总额中很可能相当多的部分是负债。

总资产同比增长较快也可能来自债务扩张而不是公司净利润增长，公司可能处于债务危机当中。

当然，企业的资产规模也不是越大越好。资产规模过大，将形成资产的大量闲置，造成资金周转缓慢；但是，资产规模过小，也将因为难以满足企业生产经营需要而使企业的生产经营活动难以正常进行。

16.1.2 看负债和股东权益

根据"资产＝负债＋所有者权益"等式，总负债÷总资产×100%＝资产负债率。

资产负债率有两个指标：一是绝对值；二是同比增长情况。

一般情况下，可以把资产负债率警戒线设在 70%，如果一家公司资产负债率大于 70%，这家企业发生债务危机的可能性非常高。2020 年，中华人民共和国住房和城乡建设部、中国人民银行明确了重点房地产企业资金监测和融资管理规则，其中有一条为：房企剔除预收款后的资产负债率不得大于 70%。

资产负债率不是越低越好，应付账款、应付票据的数额较大，说明企业竞争力很强。

2020 年 12 月 31 日，云南白药集团股份有限公司负债总额 168.75 亿元；2019 年 12 月 31 日负债总额 115.58 亿元；2020 年 12 月 31 日，葵花药业集团股份有限公司负债总额 18.80 亿元；2019 年 12 月 31 日负债总额 18.80 亿元。

2020 年 12 月 31 日，云南白药集团股份有限公司资产负债率＝168.75÷552.19×100%＝30.56%

2019 年 12 月 31 日，云南白药集团股份有限公司资产负债率＝115.58÷496.58×100%＝23.28%

2020 年 12 月 31 日，葵花药业集团股份有限公司资产负债率＝18.80÷53.09×100%＝35.41%

2019 年 12 月 31 日，葵花药业集团股份有限公司资产负债率＝18.80÷53.09×100％＝35.41％

一般来说，资产负债率同比大幅增加的企业，遇到的问题也比较棘手。通过资产负债率可以判断企业未来发生债务危机的可能性。

16.1.3　有息负债与货币资金的比率

为了进一步判断企业的偿债能力，要看有息负债与货币资金的比率。有息负债就是需要还本付息的债务，它是因为公司融资行为产生的。"短期借款""长期借款""应付债券""一年内到期的非流动性负债""一年内到期的融资租赁负债""长期融资租赁负债"都是有息负债。此外，应付票据、应付账款、其他应付款，都可能是有息的。有息负债总额计算公式如下。

有息负债总额＝短期借款＋一年内到期的非流动性负债＋长期借款＋应付债券＋长期应付款＋应付利息

有息负债和货币资金主要看两点：一是两者大小；二是有无异常。

要确保企业不发生偿债危机，货币资金就要大于有息负债总额。虽然有息负债小于货币资金，但借款金额都很大，一个企业有大量的现金，还要借入资金，而且是有利息的，这很可能意味着企业在账面上有大量现金，而实际上没有，这就是风险。

我们来看看云南白药集团股份有限公司年度报告中有息负债项目，见表 16-1。

表 16-1　云南白药集团股份有限公司有息负债数据（金额单位：万元）

项目		2020 年	2019 年
有息负债	短期借款	1 965 443 134.17	
	应付利息	439 125.00	312 000.00
	一年内到期的非流动负债	917 928 974.00	
	长期借款	36 600 000.00	3 600 000.00
	应付债券	912 928 974.00	
	长期应付款	656 157 151.25	661 012 380.98
	合计	4 489 497 358.42	664 924 380.98
货币资金		15 279 726 658.64	12 994 207 213.17

2020 年 12 月 31 日，云南白药集团股份有限公司有息负债总额为

4 489 497 358.42元，远远小于货币资金总额，但 2019 年有息负债只有 664 924 380.98元，2020 年比 2019 年增长 5.75 倍，与企业借款、发行债券有关。企业扩张的打算很明显，大概率与疫情有关。

16.1.4　应收、应付与预收、预付款项对比

应收是指"应收票据""应收账款"；应付是指"应付票据""应付账款"；预收预付是指"预收账款""预付账款"。一般来说，"应收票据＋应收账款＋预付账款"合计金额越小，说明企业竞争力强，行业地位高；"应付票据＋应付账款＋预收账款"合计金额越大，也说明竞争力强，行业地位高。

应收应付与预收预付有两个指标：

（1）"应付票据＋应付账款＋合同负债＋预收账款"与"应收票据＋应收账款＋预付账款＋合同资产"数值的大小；"（应付票据＋应付账款＋预收账款）－（应收票据＋应收账款＋预付账款）"，若是大于零，说明公司很强势；若是小于零，说明公司竞争力弱，在经营过程中企业的自有资金被其他企业占用。

云南白药集团股份有限公司合并资产负债表中"应收、预付"项目金额，见表 16-2。

表 16-2　合并资产负债表应收应付项目数据　　　金额单位：万元

项目	2020 年	2019 年
应收票据	302 743.29	180 793.45
应收账款	355 416.14	203 797.07
预付款项	46 529.71	57 752.12
合同资产	—	—
合计	704 689.14	442 342.64

应付、预收项目金额见表 16-3。

表 16-3　应付预收项目数据　　　金额单位：万元

项目	2020 年	2019 年
应付票据	167 868.75	165 340.59
应付账款	463 689.10	459 052.74
预收款项	188.35	116 633.67
合同负债	207 607.93	—
合计	839 354.13	741 027

2020 年，云南白药集团股份有限公司"应收预收"款项（704 689.14）－应付预收款项（839 354.13）＝－134 664.99（万元）

134 664.99 相当于无息贷款，保持企业充裕的现金流。从侧面说明该公司的行业地位比较高。

2019 年，云南白药集团股份有限公司"应收预收"款项（442 342.64）－应付预收款项（741 027）＝－298 684.36（万元）

2019 年，企业的强势地位更明显，2020 年地位下降说明外部经营状态发生变化，原因之一就是疫情的影响。

（2）二是应收账款与总资产的比率。

应收账款÷总资产＞20％，说明企业经营风险大，相关数据见表 16-4。

表 16-4 2020—2019 年应收账款与总资产数据（金额单位：万元）

项目	2020 年	2019 年
应收账款	355 416.14	203 797.07
总资产	5 521 944.82	4 965 804.91

2020 年"应收账款÷总资产×100％"＝355 416.14÷5 521 944.82×100％＝6.44％

2019 年"应收账款÷总资产×100％"＝203 797.07÷4 965 804.91×100％＝4.10％

云南白药集团股份有限公司"应收账款÷总资产"比率远远小于 20％，说明这是一家运营健康的企业。

我们还可以采用这种方法同时对比几家公司的财务数据，以及这些公司最近 5 年的数据进行分析，更能具体地得出结果，在此就不多介绍。

16.1.5 看固定资产，了解企业维持竞争力的成本

公司为了保持竞争力，需要不断地在固定资产上加大投入：一方面，企业获得更好的产品，增强在市场上的竞争力；另一方面投资固定资产会影响企业利润与现金流，进而影响股东分红。因此，固定资产的比重也成为判断一家公司是重要指标。

一般来说，固定资产、在建工程（包括工程物资，2018 年财务报表将工

程物资并入在建工程）与总资产的比率不超过 40%。如果一家企业固定资产占总资产超过 40%，可认定为重资产企业，重资产型企业维持竞争力的成本比较高，风险较大，但不一定企业盈利能力就差。

还是以云南白药集团股份有限公司为例，见表 16-5。

表 16-5　固定资产、在建工程与总资产　　　金额单位：万元

项目	2020 年	2019 年
固定资产	309 679.17	200 866.99
在建工程	38 712.23	97 029.03
合 计	348 391.40	297 896.02
总资产	5 521 944.82	4 965 804.91

2020 年"固定资产＋在建工程"÷总资产×100%
＝348 391.40÷5 521 944.82×100%＝6.31%
2019 年"固定资产＋在建工程"÷总资产×100%
＝297 896.02÷4 965 804.91×100%＝6.0%

通过上述计算结果，表明云南白药集团股份有限公司是一家轻资产型公司。那么固定资产超过 40% 的公司就没有竞争力了吗，我们看看三一重工股份有限公司财报，见表 16-6。

表 16-6　固定资产、在建工程与总资产　　　金额单位：万元

项目	2020 年	2019 年
固定资产	1 084 089.30	1 061 804.40
在建工程	374 344.60	110 477.70
合 计	1 458 433.90	1 172 282.10
总资产	12 625 454.80	9 924 153.60

2020 年"固定资产＋在建工程"÷总资产×100%
＝1 458 433.90÷12 625 454.80×100%＝11.55%
2019 年"固定资产＋在建工程"÷总资产×100%
＝1 172 282.10÷9 924 153.60×100%＝11.81%

16.1.6　看投资类资产，了解企业主业专注度

投资类资产包括两种：一是与主业无关的投资类资产；二是与主业有关

的投资类资产。

与主业无关的投资类资产包括：交易性金融资产、债权投资、其他债权投资、其他权益工具投资、投资性房地产、与主业无关的长期股权投资。与主业有关的投资类资产包括与主业有关的长期股权投资。

投资类资产关注一个指标——与公司主业无关的投资类资产占总资产的比率。优秀的公司一定是专注主业的公司，这个比率最好为0。但一般的企业达不到这个指标，那最多也不要超过10%。

云南白药集团股份有限公司合并资产负债表中投资类资产见表16-7。

表 16-7　投资类资产项目数据　　　　　　　金额单位：万元

项目	2020 年	2019 年
债权投资	0	0
其他债权投资	0	0
长期股权投资	32 894.92	31 745.98
其他权益工具投资	0	0
合计	32 894.92	31 745.98

云南白药集团股份有限公司是一家非常专注主业的企业，那么我们看看长期股权投资的内容，见表16-8。

表 16-8　长期股权投资的内容　　　　　　　金额单位：万元

被投资单位	期初余额（账面价值）	追加投资	本期增减变动情况		期末余额（账面价值）
			权益法下确认的投资损益	其他综合收益调整	
合营企业	—	—	—	—	—
联营企业					
香港万隆控股集团有限公司	316 637 148.82		6 327 153.77	3 231 037.79	326 195 340.38
文山云桂农业发展有限公司	—	2 000 000.00	−20 657.18	—	1 979 342.82
云南白药清逸堂香港有限公司	822 734.64	—	1 625.64	−49 830.01	774 530.27

续上表

被投资单位	期初余额 （账面价值）	追加投资	本期增减变动情况		期末余额 （账面价值）
			权益法下确认 的投资损益	其他综合 收益调整	
云南白药 中草药科 技有限公司	—	—	—	—	—
合计	317 459 883.46	2 000 000.00	6 308 122.23	3 181 207.78	328 949 213.47

从上表可以看出，云南白药集团股份有限公司长期股权投资基本属于主业投资，这样有利于长期保持行业领先地位。

16.2 读懂利润表

在上一节中，我们从资产负债表分析一家企业的基本情况，当然要深入了解这家企业的具体情况，还需要掌握利润表中的指标与数据。

16.2.1 看营业收入的数据，洞察企业的行业地位及成长性

通过营业收入增长率可以洞察企业的成长能力。营业收入金额较大且"销售商品、提供劳务收到的现金"与"营业收入"的比率大于110%的公司行业地位高，产品竞争力强。"营业收入"增长率大于10%的公司，成长性较好。

云南白药集团股份有限公司营业收入，见表16-9。

表 16-9　营业收入相关数据　　　　　金额单位：万元

项目	2020 年	2019 年
营业总收入（万元）	3 274 276.68	2 966 467.39
营业收入增长率	10.38%	—
销售商品、提供劳务收到的现金（万元）	382 890.66	210 474.48
销售商品、提供劳务收到的现金与营业收入的比率	11.69%	7.10%

2020 年营业收入增值率＝（3 274 276.68－2 966 467.39）÷2 966 467.39×

$100\% = 10.38\%$

2020 年销售商品、提供劳务收到的现金与营业收入的比率
$= 382\,890.66 \div 3\,274\,276.68 \times 100\% = 11.69\%$

2020 年，云南白药集团股份有限公司营业收入增长率 10.38％，从数据上看是有增长的，但是，"销售商品、提供劳务收到的现金"与"营业收入"的比率只有 11.69％，说明大部分的应收账款没有收回。

一般来说，"销售商品、提供劳务收到的现金"与"营业收入"的比率小于 100％的公司、营业收入增长率小于 10％的企业需要警惕风险。

16.2.2　计算毛利率，了解公司的产品竞争力及风险

毛利率是毛利与营业收入的百分比，其中毛利是营业收入减去营业成本的差额。毛利反映的是商品增值部分。一般来说，毛利率大于 40％的公司都有某种核心竞争力。优秀公司的毛利率不但高还比较稳定，波动幅度比较小。毛利率低于 40％的企业，面临的竞争压力较大，风险也高。以云南白药集团股份有限公司为例，以三年的数据分析该公司产品竞争力及风险，见表 16-10。

表 16-10　相关数据　　　　金额单位：万元

项目	2020 年	2019 年	2018 年
营业收入	3 274 276.68	2 966 467.39	2 701 691.45
营业成本	2 365 587.81	2 119 136.44	1 857 453.25
毛利	908 688.87	847 330.95	84 423.82
毛利率	27.75％	28.56％	31.25％

云南白药集团股份有限公司的毛利率都在 30％以下，总体呈小幅下降趋势。

16.2.3　通过期间费用率了解公司的成本管控能力

期间费用是指企业在某一会计期间所发生，不能直接或间接归入营业成本，也不形成企业的资产为目的的经济业务。通常情况下，它包括了企业的销售费用、管理费用、研发费用及财务费用，采掘企业发生的勘探费用，等

等；期间费用与营业收入的比，被称为期间费用率，表示企业 1 元营业收入中有多少是企业的期间费用。

1. 期间费用

期间费用的组成如下：

期间费用＝销售费用＋管理费用＋研发费用＋财务费用＋勘探费用

（1）销售费用是指企业在销售产品、自制半成品和提供劳务等过程中发生的各项费用，包括由企业负担的包装费、运输费、广告费、装卸费、保险费、委托代销手续费、展览费、租赁费（不含融资租赁费）和销售服务费、销售部门人员工资、差旅费、折旧费、修理费、物料消耗、低值易耗品摊销以及其他经费等。

（2）管理费用是指企业行政管理部门为组织和管理生产经营活动而发生的各项费用。

（3）研发费用是指企业为研究开发产品而发生的费用，包括但不限于相应的人工成本、差旅交通、办公费用、材料试制费用、研发设备设施场所的折旧与摊销费用等。

（4）财务费用是指企业在生产经营过程中为筹集资金而发生的筹资费用。包括企业生产经营期间发生的利息支出（减利息收入）、汇兑损益、金融机构手续费、企业发生的现金折扣或收到的现金折扣等。

（5）勘探费用是采掘企业在进行地质勘探过程中所发生的探矿权使用费、地质调查、物理化学勘探各项支出和非成功探井等支出。

期间费用的分析，通常是采用纵向与历史对比的方式，尤其是同比的增减变化，分析企业期间费用的变动情况。

2. 期间费用率

期间费用率，则是指期间费用占营业收入的比率，这是一个分析企业管理能力的重要的管控指标之一。其计算公式为：

期间费用率＝期间费用÷营业收入×100％

期间费用率主要看数值。期间费用率越低，公司的成本管控能力就越强。毛利率高，期间费用率低，净利润率才可能高。优秀公司的期间费用率与毛利率的比率一般小于 40％。

云南白药集团股份有限公司期间费用与期间费用率以及期间费用率与毛利率的比率，见表 16-11。

表 16-11　相关数据

项目	2020 年	2019 年	2018 年
营业收入（万元）	3 274 276.68	2 966 467.39	2 701 691.45
销售费用（万元）	379 503.40	415 630.29	397 289.96
管理费用（万元）	86 044.79	95 745.86	42 890.84
研发费用（万元）	18 108.24	17 388.79	11 188.44
财务费用（万元）	− 23 194.58	− 6 280.36	3 813.15
四费合计（万元）	460 461.85	522 484.58	455 182.39
期间费用率	14.06%	17.61%	16.85%
毛利率	33.29%	36.74%	35.09%
期间费用率÷毛利率	42.23%	47.93%	48.02%

云南白药集团股份有限公司期间费用率比较高，2020、2019、2018 年的期间费用率分别为 14.06%、17.61% 和 16.85%，期间费用率与毛利率的比率分别为 42.23%、47.93% 和 48.02%，全部大于 40%，说明该公司成本管控能力比较差，需要加强内部管理，否则长期下去很可能面临亏损。

16.2.4　通过销售费用率了解公司产品的销售难易度

销售费用率是指公司的销售费用与营业收入的比率，它体现企业为取得 1 元收入中销售费用占比是多少。销售费用率主要看两点，数值和变动趋势。一般来说，销售费用率小于 15% 的公司，其产品比较容易销售，销售风险相对较小。销售费用率大于 30% 的公司，其产品销售难度大，销售风险大。在投资实践中，一般把销售费用率大于 30% 的公司淘汰掉。

依然采用云南白药集团股份有限公司的资料分析，见表 16-12。

表 16-12　相关数据

项目	2020 年	2019 年	2018 年
销售费用（万元）	379 503.40	415 630.29	397 289.96
营业收入（万元）	3 274 276.68	2 966 467.39	2 701 691.45
销售费用率	11.59%	14.01%	14.70%

云南白药集团股份有限公司在过去三年中，销售费用率小于 15%，产品销售比较容易，品牌效应比较明显，但应控制销售费用率的比率，在 2020 年

销售利润率为 11.59％，比 2019、2018 年降低三个百分点，说明公司也在削减销售费用。

16.2.5　通过主营利润看公司主业的盈利能力及利润质量

主营利润，又称基本业务利润，是营业收入减去营业成本、税金及附加、期间费用得到的利润，计算公式如下：

主营利润计算公式如下。

主营利润＝营业收入－营业成本－税金及附加－期间费用

主营利润率＝主营利润÷营业利润

主营利润主要看两点：主营利润率和主营利润与营业利润的比率。主营利润率指标反映公司的主营业务获利水平，没有足够大的主营业务利润率就无法形成企业的最终利润，为此，结合企业的主营业务收入和主营业务成本分析，能够充分反映出企业成本控制、费用管理、产品营销、经营策略等方面的不足与成绩。只有当公司主营业务突出，即主营业务利润率较高的情况下，才能在竞争中占据优势地位。

云南白药集团股份有限公司的主营利润率及主营利润与营业利润的比率，见表 16-13。

表 16-13　相关数据

项目	2020 年	2019 年	2018 年
营业收入（万元）	3 274 276.68	2 966 467.39	2 701 691.45
营业成本（万元）	2 365 587.81	2 119 136.44	1 857 453.25
税金及附加（万元）	16 462.82	14 364.62	18 134.48
销售费用（万元）	379 503.40	415 630.29	397 289.96
管理费用（万元）	86 044.79	95 745.86	42 890.84
研发费用（万元）	18 108.24	17 388.79	11 188.44
财务费用（万元）	−23 194.58	−6 280.36	3 813.15
"四费"合计	460 461.85	522 484.58	455 182.39
主营利润	431 764.20	310 481.75	370 921.33
营业利润（万元）	681 200.30	474 297.82	370 309.59
主营利润率	13.19％	10.47％	13.73％
主营利润÷营业利润	63.38％	65.46％	100.17％

虽然云南白药集团股份有限公司主营利润率大于 15％，但主营利润与营业利润的比率波动却很大，2018 年主营利润与营业利润的比率为 100.17％，但 2019、2020 年只有 63.38％ 和 65.46％，说明公司主业经营出现了问题，管理层应尽快找到原因，采取措施，以免这个指标进一步下滑。

16.2.6　通过净利润了解公司的经营成果及含金量

净利润是指企业当期利润总额减去所得税后的金额，即企业的税后利润。计算公式如下：

净利润＝利润总额×（1－所得税税率）

净利润＝利润总额－企业所得税

净利润现金比率＝经营活动产生的现金流量净额÷净利润×100％

通过净利润了解云南白药集团股份有限公司，相关资料见表 16-14。

表 16-14　相关数据

项目	2020 年	2019 年	2018 年
经营活动产生的现金流量净额（万元）	382 890.66	210 474.48	154 903.44
净利润（万元）	551 103.62	417 305.20	348 041.23
净利润现金比率	69.48％	50.44％	44.51％

云南白药集团股份有限公司 2020、2019、2018 年净利润现金比率分别为 69.48％、50.44％ 和 44.51％，净利润含金量呈现逐年上升的趋势。这个比率越大越好，很多优秀公司的这个比率常常达到 100％。

16.3 ｜ 读懂现金流量表

以收付实现制编制的现金流量表，更能反映企业现金流的真实情况。

16.3.1　通过经营活动产生的现金流量净额判断企业的造血功能

经营活动产生的现金流量净额是指现金及现金等价物的净增加额减去筹资活动产生的现金流量净额再减去投资活动产生的现金流量净额。

云南白药集团股份有限公司的经营活动产生的现金流量净额，
见表16-15。

表 16-15　相关数据

项目	2020 年	2019 年	2018 年
经营活动产生的现金流量净额（万元）	382 890.66	210 474.48	154 903.44
经营活动产生的现金流量增长率	81.92％	35.87％	34.04％

云南白药集团股份有限公司经营活动产生的现金流量净额近三年整体都
趋于稳定增长的趋势，2020 年受大环境影响出现 81.92％的增长率，说明公
司持续发展的内部动力强劲。

16.3.2 通过"购买固定资产、无形资产和其他长期资产支付的现金" 判断企业未来的成长能力

"购买固定资产、无形资产和其他长期资产支付的现金"金额越大，表明
企业未来成长能力越强。"购买固定资产、无形资产和其他长期资产支付的现
金"与"经营活动现金流量净额"比率一般在 10％～60％。

云南白药集团股份有限公司购买固定资产、无形资产和其他长期资产支
付的现金，见表16-16。

表 16-16　相关数据

项目	2020 年	2019 年	2018 年
经营活动产生的现金流量净额（万元）	382 890.66	210 474.48	154 903.44
购建固定资产、无形资产和其他长期资产所支付的现金（万元）	48 642.06	78 328.37	55 626.10
购建固定资产、无形资产和其他长期资产所支付的现金与经营活动产生的现金流量净额的比率	12.70％	37.22％	35.91％

2019、2018 年的"购建固定资产、无形资产和其他长期资产支付的现
金"金额较大，表明公司正在扩张中，未来公司的营业收入和净利润有可能
出现提升。通过 2020 年的数据，可以看出营业收入与净利润与前两年相比收
缩较多。

16.3.3 通过现金流量净额的组合类型判断企业是否优秀

优秀的企业一般是"正负负"和"正正负"类型。通过云南白药集团股份有限公司合并现金流量表三大活动现金流量净额的组合类型，见表 16-17。

表 16-17 相关数据

项目	2020 年	2019 年	2018 年
经营活动产生的现金流量净额（万元）	382 890.66	210 474.48	2 989 017.89
投资活动产生的现金流量净额（万元）	108 649.37	1 396 626.16	−85 880.64
筹资活动产生的现金流量净额（万元）	−297 844.34	−934 067.60	−161 982.28
公司类型	正正负	正正负	正负负

云南白药集团股份有限公司连续三年保持"正负负"和"正正负"类型，属于优秀公司的类型。公司经营活动产生的现金流量净额为正，说明公司主业经营赚钱；投资活动产生的现金流量净额为负，说明公司在继续投资，公司处于扩张之中。筹资活动现金流量净额为负，说明公司在还钱或者分红。公司靠着主营业务赚的钱支持扩张的同时偿还债务或进行分红。说明会有良好的持续。

我们再看看葵花药业集团股份有限公司 2018 至 2020 年合并现金流量表三大活动现金流量净额的情况，见表 16-18。

表 16-18 2018—2020 年三大活动现金流量净额的情况

项目	2020 年	2019 年	2018 年
经营活动产生的现金流量净额（万元）	116 986.70	98 132.77	86 620.73
投资活动产生的现金流量净额（万元）	−20 384.62	−31 368.70	−28 714.99
筹资活动产生的现金流量净额（万元）	−78 359.91	−42 781.60	−25 161.18
公司类型	正负负	正负负	正负负

葵花药业集团股份有限公司连续三年保持"正负负"类型，属于优秀公司的类型。公司经营活动产生的现金流量净额为正，说明公司主业经营赚钱；投资活动产生的现金流量净额为负，说明公司在继续投资，公司处于扩张之中。筹资活动产生的现金流量净额为负，说明公司在还钱或者分红。公司靠着主营业务赚钱支持扩张同时偿还债务或进行分红。说明会有良好的持续。

参 考 文 献

[1] 张新民.从报表看企业:数字背后的秘密[M].4版.北京:中国人民大学出版社,2021.

[2] 王鹰武.财务报表编制、合并与分析从入门到实践[M].北京:人民邮电出版社,2021.

[3] 平准.财务报表编制与分析[M].北京:人民邮电出版社,2019.

[4] 李秀玉,阮希阳,李国强.上市公司财报分析实战[M].北京:清华大学出版社,2019.

[5] 速溶综合研究所,王建.读懂财务报表就是这么简单[M].北京:人民邮电出版社,2018.

[6] 宋娟.财务报表分析从入门到精通(实例版)[M].北京:机械工业出版社,2018.

[7] 薛云奎.穿透财报,发现企业的秘密[M].北京:机械工业出版社,2018.

[8] 张颖.财务报表真账实操全图解[M].北京:中国铁道出版社,2018.

[9] 唐朝.手把手教你读财报[M].北京:中国经济出版社,2015.

[10] 郑朝晖.财报粉饰面对面[M].北京:机械工业出版社,2015.

[11] 肖星.一本书读懂财报[M].杭州:浙江大学出版社,2014.

[12] 文杨.一本书读懂财务报表[M].北京:中国华侨出版社,2014.